Bernhard Maier

Grammatikübungsbuch
WALISISCH

BUSKE

Rhai enwau lleoedd – Einige Ortsnamen

Aberdaugleddau	Milford Haven
Abergwaun	Fishguard
Aberhonddu	Brecon
Abermaw	Barmouth
Abertawe	Swansea
Aberteifi	Cardigan
Amwythig	Shrewsbury
Caerdydd	Cardiff
Caerfyrddin	Carmarthen
Caergybi	Holyhead
Caerllion	Caerleon
Cas-gwent	Chepstow
Casnewydd	Newport
Castell Nedd	Neath
Ceinewydd	Newquay
Croesoswallt	Oswestry
Dinbych-y-pysgod	Tenby
Henffordd	Hereford
Hwlffordd	Haverfordwest
Llanbedr Pont Steffan	Lampeter
Llanelwy	St. Asaph
Llanilltud Fawr	Llantwit Major
Llanymddyfri	Llandovery
Pen-y-bont ar Ogwr	Bridgend
Pontarfynach	Devil's Bridge
Rhaeadr Gwy	Rhayader
Sain Ffagan	St. Fagan
Treffynnon	Holywell
Tyddewi	St. David's
Wrecsam	Wrexham
Y Barri	Barry
Y Drenewydd	Newtown
Y Felinheli	Port Dinorwic
Y Fenni	Abergavenny
Y Gelli	Hay-on-Wye
Y Trallwng	Welshpool

Inhaltsverzeichnis

Verben

Präpositionen

Adverbien

Partikeln

Satzstrukturen

Anhang

Vorwort

Das vorliegende Buch bietet eine Einführung in die keltische Sprache von Wales. Es wendet sich sowohl an Leserinnen und Leser ohne Vorkenntnisse als auch an solche, die bereits erste Erfahrungen mit dem Walisischen gemacht haben und ihre Kenntnisse ausbauen und vertiefen wollen. Zu diesem Zweck ist es zugleich als Nachschlagewerk und Lehrbuch für das Selbststudium oder mit einem Lehrer angelegt. Eine ausführliche Einleitung orientiert zunächst über die Stellung des Walisischen im Kreis der keltischen Sprachen, seine Geschichte, die verschiedenen Sprachebenen und Dialekte sowie die Hilfsmittel, die zu seiner Erlernung zur Verfügung stehen. Danach geben 30 Kapitel einen fundierten und systematischen Überblick über die Schreibung, die Aussprache und alle wesentlichen Aspekte der Grammatik des Walisischen. Zahlreiche Übungen dienen der Vertiefung des Gelernten und – in Verbindung mit dem Schlüssel am Ende des Buchs – der Selbstkontrolle. Als authentische Sprachbeispiele dienen sodann einige Sprichwörter. Zwei Wörterlisten (Walisisch – Deutsch und Deutsch – Walisisch) geben erste Einblicke in den walisischen Grundwortschatz und werden durch ein abschließendes Stichwortregister ergänzt.

Im Unterschied zu vielen anderen neueren Lehrbüchern behandelt das vorliegende Buch nicht ausschließlich oder hauptsächlich die moderne Umgangssprache, sondern berücksichtigt in gleicher Weise die traditionelle Schriftsprache. Es eröffnet damit nicht nur den Zugang zu einer noch immer lebendigen keltischen Sprache der Gegenwart, sondern auch zu einer reichen Literatur, deren Geschichte sich von den Werken der walisischen Humanisten des 16. Jahrhunderts bis zu den Dichtern und Schriftstellern der Gegenwart erstreckt. Darüber hinaus bietet das Buch einen geeigneten Ausgangspunkt für die weiterführende Beschäftigung mit der walisischen Sprache des Mittelalters, die nicht zuletzt wegen der walisischen Erzählungen um König Arthur/Artus von weit überregionaler Bedeutung ist.

Wer mit entsprechenden Vorkenntnissen das Buch als Nachschlagewerk oder zur Wiederholung einzelner Aspekte der Grammatik benutzen will, ist nicht an eine bestimmte Reihenfolge der Kapitel gebunden. Das Buch ist jedoch so aufgebaut, dass man es auch als Lehrbuch verwenden kann. Sämtliche Übungen setzen immer nur die Kenntnisse voraus, die in den vorausgehenden Kapiteln vermittelt wurden. Sie sind daher bei sorgfältiger Lektüre mit Hilfe der beiden Wörterverzeichnisse auch im Selbstudium zu bewältigen. Für die Anfertigung der Karte auf Seite 3 danke ich meiner Tochter Friederike. Für hilfreiche Hinweise und Anregungen danke ich den Studierenden, die im Laufe der Jahre meine Einführungen ins Walisische besucht haben, und meiner Kollegin Dr. Marged Haycock.

Tübingen, April 2021

Der Autor

Abkürzungsverzeichnis

Folgende Abkürzungen kommen in diesem Grammatikübungsbuch vor:

Adj.	Adjektiv
Adv.	Adverb
dt.	deutsch
engl.	englisch
etw.	etwas
f.	feminin (weiblich)
i.	intransitiv
jdm.	jemandem
jdn.	jemanden
Konj.	Konjunktion
m.	maskulin (männlich)
n.	neutral (sächlich)

N.	Name
NW	Nordwales, nordwalisisch
Pl.	Plural (Mehrzahl)
Präp.	Präposition
Pron.	Pronomen
Sg.	Singular (Einzahl)
SW	Südwales, südwalisisch
t.	transitiv
Unpers.	Unpersönliche Form
V.	Verb
wal.	walisisch

~	steht im Wortregister für das jeweilige Stichwort
*	steht vor Wörtern oder Formen, die nicht bezeugt sind
>	bedeutet „wird zu“ (p > b = p wird zu b)

Einleitung

Das Walisische im Kreis der keltischen Sprachen

Die keltische Sprache von Wales nennt man im Deutschen entweder „Walisisch“ (engl. *Welsh*) oder „Kymrisch“ (wal. *Cymraeg*). Sie gehört zusammen mit dem Bretonischen (das in der Spätantike aus dem Südwesten Britanniens in die Bretagne gelangte), dem bereits im Mittelalter ausgestorbenen Kumbrischen in Nordengland und dem im 18. Jh. ausgestorbenen Kornischen in Cornwall zur britannischen oder brythonischen Untergruppe des Keltischen. Zu dieser Untergruppe gehörte außerdem wohl auch das nur bruchstückhaft überlieferte und ebenfalls bereits im Mittelalter ausgestorbene Piktische in Schottland, das früher mitunter für eine nicht-indogermanische Sprache gehalten wurde.

Mit dem Britannischen oder Brythonischen zunächst verwandt ist die goidelische Untergruppe des Keltischen, zu dem das Irische, das Schottisch-Gälische und die im 20. Jh. ausgestorbene Sprache der Insel Man gehören. Die britannischen und goidelischen Sprachen bilden zusammen die Gruppe der inselkeltischen Sprachen, die in größerem Umfang erst seit dem Frühen Mittelalter überliefert sind. Sie sind eng verwandt mit den lediglich aus der Antike bekannten und nur bruchstückhaft überlieferten festlandkeltischen Sprachen, zu denen das Gallische auf dem Gebiet des heutigen Frankreich und in Oberitalien, das Lepontische in Oberitalien sowie das Keltiberische auf der Iberischen Halbinsel gehören. Bei dem Galatischen in Kleinasien, das man vor allem durch Namen in antiken Literaturwerken kennt, handelt es sich vermutlich um eine Variante des Gallischen. Ob einige weitere bruchstückhaft überlieferte Sprachen auf der Iberischen Halbinsel – wie etwa das Lusitanische und das Tartessische – ebenfalls zur festlandkeltischen Sprachgruppe gehören, ist umstritten.

Die vorgeschichtliche, inschriftlich nicht bezeugte und daher nur auf dem Wege des Sprachvergleichs rekonstruierbare Grundform aller dieser Sprachen ist das (Ur-)Keltische. Es bildet den westlichsten Zweig der indogermanischen oder indoeuropäischen Sprachfamilie, zu der unter anderem noch das Lateinische und Griechische sowie die germanischen, baltischen, slawischen, iranischen und viele indische Sprachen gehören.

Geschichte des Walisischen

Die Geschichte des Walisischen beginnt im 6. Jh., als sich das Britannische durch eine Reihe sprachlicher Neuerungen, darunter den Fortfall der Endsilben, zu den drei Tochtersprachen Walisisch, Bretonisch und Kornisch zu entwickeln begann. Vom späten 6. bis zum späten 8. Jh. datiert man das Ur- oder Frühwalisische (engl. *Primitive Welsh*, *Archaic Welsh* oder *Early Welsh*), das lediglich aus Namen in Inschriften und lateinischen Texten bekannt ist. Darauf folgte vom späten 8. bis zur Mitte des 12. Jh.s das Altwalisische (engl. *Old Welsh*), das man vor allem aus Eigennamen in lateinischen und angelsächsischen Urkunden sowie durch einige wenige, nur zufällig erhaltene kurze Texte kennt. Der vielleicht älteste fortlaufende Text in walisischer Sprache ist das nach seinem ersten – lateinischen – Wort benannte *Surexit Memorandum*. Dabei handelt es sich um einen ungefähr sechzig Wörter zählenden Vermerk über die Beilegung eines Rechtsstreits, der in einem lateinischen Evangeliar aus dem 8. Jh., dem sogenannten *Book of St. Chad* oder *Book of Teilo*, auf uns gekommen ist. Daneben kennt man Glossen zu lateinischen Autoren wie Ovid und Martianus Capella, zwei Gedichte in einer Handschrift mit dem Text des spätlateinischen Dichters Juvencus sowie als längsten fortlaufenden Text in altwalisischer

Sprache das sogenannte *Computus Fragment*. Dabei handelt es sich um 23 Zeilen mit Ausführungen zu unterschiedlichen Arten der Kalenderberechnung, die wohl in der ersten Hälfte des 10. Jh.s aufgezeichnet wurden. Zu den spätesten Zeugnissen des Altwalisischen gehören einige Vermerke über Landbesitz in einer lateinischen Handschrift aus der ersten Hälfte des 12. Jh.s, dem sogenannten *Liber Landavensis* oder *Book of Llandaff*. Aus der Epoche des Altwalisischen stammen auch einige Gedichte, die man später den sogenannten „Frühen Dichtern" (wal. *Cynfeirdd*) Aneirin und Taliesin aus der Zeit um 600 zuschrieb, ferner einige anonym überlieferte Gedichtzyklen um die Sagenfiguren Heledd und Llywarch Hen. Diese sind indessen erst aus späterer Zeit und in einer dementsprechend überarbeiteten sprachlichen Gestalt auf uns gekommen.

Von der Mitte des 12. bis zur Mitte des 15. Jh.s erstreckt sich die Epoche des Mittelwalisischen, aus der erstmals eine größere Menge von Texten überliefert ist. Dabei handelt es sich teils um Übersetzungen und Bearbeitungen lateinischer und französischer Vorlagen, teils um eigenständige walisische Dichtung und Prosa. Zu den bekanntesten einheimischen Prosatexten gehören elf Prosaerzählungen, die seit dem 19. Jh. unter der Bezeichnung *Mabinogion* bekannt sind. An Prosatexten besitzen wir außerdem Übersetzungen romanhafter Literaturwerke wie etwa der altfranzösischen *Geste de Boun de Hamtone* oder der lateinischen *Epistola Presbyteri Joannis*, Übertragungen lateinischer Geschichtswerke wie etwa der *Historia Daretis Phrygii de excidio Troiae* oder der *Historia Regum Britanniae*, zahlreiche Heiligenleben, grammatisch-metrische, medizinische und geographische Abhandlungen, Rechtstexte, Sammlungen von Sprichwörtern und Genealogien. Zur mittelwalisischen Dichtung gehören die Werke der sogenannten „recht frühen Dichter" (wal. *Gogynfeirdd*), die man bis zum Tod des letzten unabhängigen Fürsten von Wales im Jahr 1282 auch als „Fürstendichter" (wal. *Beirdd y Tywysogion*) bezeichnet. Auf sie folgten die sogenannten „Adelsdichter" (wal. *Beirdd yr Uchelwyr*), deren unter normannischem Einfluss entstandene Werke sich durch ihren Wortschatz, ihre grammatischen Formen und ihren Satzbau deutlich von der älteren Dichtung unterscheiden und damit bereits zur Epoche des Neuwalisischen überleiten.

In den Zeitraum von der Mitte des 15. bis zum späten 16. Jh. datiert man die Periode des Frühneuwalisischen, die mit der erstmals 1588 veröffentlichten Übersetzung der Bibel in die Periode des Spätneuwalisischen übergeht. Von überragender Bedeutung für die weitere Entwicklung der Sprache war zum einen die englische Annexion von Wales in den 1530er Jahren, zum anderen die Einführung der Reformation. Verbannte die Annexion durch England das Walisische fast vollständig aus den Bereichen der Rechtsprechung und Verwaltung, so schuf die Reformation mit ihrer zwischen 1588 und 1620 eingeführten Bibelübersetzung die Grundlage für eine allgemein anerkannte Schriftsprache. Zusätzlich verstärkt wurde diese Funktion der walisischen Bibel seit dem späten 18. Jh. durch die Hinwendung der walisischen Bevölkerung zu den nonkonformistischen Methodisten, Baptisten und Kongregationalisten, da diese durch die Einrichtung von Sonntagsschulen für beide Geschlechter und alle Altersgruppen der am Vorbild der walisischen Bibel orientierten Schriftsprache auf breiter Ebene Akzeptanz verschafften. Die ungefähr gleichzeitig einsetzende Industrialisierung mit Schwerpunkten auf dem Schieferabbau, der Kohleförderung und der Eisenproduktion schuf zunächst zahlreiche neue Arbeitsplätze und verhinderte dadurch die Abwanderung breiter Bevölkerungsschichten in das englischsprachige Ausland, trug langfristig jedoch durch die Zuwanderung englischsprachiger Arbeiter vor allem in Südwales wesentlich zur sprachlichen Anglisierung dieser Region bei.

Durch die verstärkte Ausbreitung des Englischen vor allem in Südwales und in den Städten, aber auch infolge des Niedergangs der walisischen Schwerindustrie nach dem Ende des Ersten Weltkriegs und der damit verbundenen Verarmung breiter Bevölkerungsschichten ging der Gebrauch des Walisischen in der ersten Hälfte des 20. Jh.s stark zurück. Die dadurch ausgelöste Befürchtung, das Walisische könnte innerhalb weniger Generationen vollständig verschwinden, führte zu einer Gegenbewegung, die 1937 die Einführung eines walisischsprachigen Radiosenders und 1942 die Erlaubnis zu einer begrenzten Verwendung der walisischen Sprache vor Gericht durchsetzte. Starken Auftrieb erhielten die Unterstützer des Walisischen 1962 durch die Radioansprache *Tynged yr Iaith* („Das Los der Sprache") des Schriftstellers Saunders Lewis (1893–1985). Sie führte noch im gleichen Jahr zur Gründung einer *Cymdeithas yr Iaith Gymraeg* (Gesellschaft der walisischen Sprache) und 1967 zu einem Parlamentsbeschluss zur Verbesserung der Stellung des Walisischen. 1982 wurde mit *Sianel 4 Cymru* der erste (und bislang einzige) walisischsprachige Fernsehsender eingerichtet. 1993 verfügte ein weiterer Parlamentsbeschluss, dass das Walisische dem Englischen im öffentlichen Leben gleichzustellen und Maßnahmen zu seiner Förderung von einer eigens eingerichteten Sprachbehörde, dem *Bwrdd yr Iaith Gymraeg / Welsh Language Board*, zu überwachen seien. Den Volkszählungen der Jahre 1981, 1991, 2001 und 2011 zufolge beträgt die Zahl der Sprecher des Walisischen seit nunmehr einer Generation mehr oder weniger konstant zwischen 18 und 21 % der Gesamtbevölkerung von Wales.

Sprachebenen

Der überragende Einfluss der frühneuzeitlichen Bibelübersetzung auf die walisische Literatur, aber auch die mehrhundertjährige Vorherrschaft des Englischen in der Verwaltung, Rechtsprechung und weiten Teilen des öffentlichen Lebens führten dazu, dass sich das literarische Walisisch lange Zeit stark vom umgangssprachlichen Walisischen unterschied. Dabei handelt es sich nicht nur um Unterschiede der Aussprache, sondern auch um solche der grammatischen Formen und des Satzbaus. Gerade in den vergangenen Jahrzehnten wurden diese Unterschiede jedoch zumindest teilweise dadurch ausgeglichen, dass Eigenheiten der bis dahin fast ausschließlich mündlich gebrauchten Umgangssprache immer häufiger auch geschrieben wurden und dadurch Eingang in die Schriftsprache fanden. Umgekehrt verwendeten Sprecher des Walisischen etwa im Rundfunk und Fernsehen für gleichsam offizielle Äußerungen manche Formen und Konstruktionen, die bis dahin als vorrangig schriftsprachlich galten. Gleichwohl bildet der Gegensatz zwischen bzw. das Nebeneinander von Schrift- und Umgangssprache nach wie vor ein augenfälliges und gerade für Anfänger oft verwirrendes Kennzeichen der walisischen Gegenwartssprache.

Dialekte

Neben den situationsbedingten unterschiedlichen Sprachebenen kennt das Walisische auch regionale Unterschiede. Im Allgemeinen unterscheidet man entweder vier Hauptdialekte (im Nordwesten, im Nordosten und in der Mitte, im Südwesten sowie im Südosten) oder aber eine nördliche und eine südliche Variante des Walisischen. Ein charakteristischer Unterschied ist die Aussprache des Buchstaben *u*, der im Nordwalisischen als /ɨ/ oder /ɨ:/, im Südwalisischen dagegen als /i/ oder /i:/ artikuliert wird. Auch spricht man die häufige Pluralendung *-au* im Norden

/a/, im Süden dagegen /e/. Als Affirmativpartikel verwendet man im Norden *mi*, im Süden dagegen *fe*, so dass der literarischen Form *gwelaf* („ich sehe“) in der Umgangssprache im Norden *Mi wela i*, im Süden dagegen *Fe wela i* entspricht. Charakteristische Unterschiede im Wortschatz sind NW *budr* – SW *brwnt* („schmutzig“), NW *deffro* – SW *dihuno* („erwachen“), NW *efo* – SW *gyda* („mit“), NW *llwynog* – SW *cadno* („Fuchs“), NW *nain* – SW *mam-gu* („Großmutter“), NW *rŵan* – SW *nawr* („jetzt“), NW *syrthio* – SW *cwympo* („fallen“), NW *taid* – *SW tad-cu* („Großvater“) u. a. m. Im Gegensatz zu den Unterschieden zwischen den verschiedenen Sprachebenen betreffen die Dialektunterschiede des Walisischen jedoch kaum jemals die grammatischen Formen und den Sprachbau, so dass sie in einem Grammatikübungsbuch wie dem vorliegenden weitgehend außer Betracht bleiben können.

Hilfsmittel

Für die Beschäftigung mit dem Walisischen steht eine Vielzahl von Hilfsmitteln zur Verfügung, von denen jedoch die weitaus meisten die Beherrschung der englischen oder walisischen Sprache voraussetzen. Dies ist im Folgenden jeweils durch einen kurzen Hinweis (engl. bzw. wal.) gekennzeichnet.

Die mit Abstand ausführlichste walisische Grammatik, in der sowohl die Schrift- als auch die Umgangssprache auf Grundlage der modernen Sprachwissenschaft umfassend dargestellt wird, ist Thomas 1996 (wal.). Die Schriftsprache behandeln ferner Williams 1980a (wal.) bzw. Williams 1980b (engl.) sowie Thorne 1993 (engl.) bzw. Thorne 1996 (wal.). Die Umgangssprache behandelt ausführlich King 1993, 2003 und 2014, King 1996a und 2014 sowie King 1996b (alle engl.). Dem Einüben der grammatischen Strukturen und des Nebeneinanders von umgangs- und schriftsprachlichen Formen und Konstruktionen dienen die Übungsbücher von Jones 1965 (wal.) bzw. Jones 1985 (engl.), Thorne 1997 (wal.), Brake 1998 (wal.) und Thorne 2000 (wal.). Eine sprachwissenschaftliche Beschreibung des Nebeneinanders von Schrift- und Umgangssprache bietet Jones 1993 (wal.). Einen Schwerpunkt auf die gesprochene Sprache legt das deutschsprachige Lehrbuch von Schulze-Thulin 2021; einen ersten Einstieg in die Grammatik sowie eine Auswahl nützlicher Vokabeln und Redewendungen bietet Schulze-Thulin 2014.

Kurzgefasste Beschreibungen der walisischen Sprachstruktur bieten Thorne 1991 (engl.) und Watkins 1992 (dt). Einbändige Gesamtdarstellungen der Sprachgeschichte geben Lewis 2008 (dt.), Davies 2014 (engl.) und – sehr viel ausführlicher – Jones 1997 (wal.). Einzelne Epochen der Sprachgeschichte behandeln ausführlich Jenkins 1997, Jenkins 1998, Jenkins 2000 sowie Jenkins u. Williams 2000 (alle engl.). Zu den walisischen Dialekten vgl. Thomas 1973 (engl.), Thomas 1989 (wal.) und Thomas 2000 (engl.). Neuere sprachwissenschaftliche Studien einzelner Aspekte des Neuwalisischen in englischer Sprache bieten Hannahs 2013 (Phonologie), Ball u. Müller 1992 (Anlautveränderungen), Sadler 1988, Shisha-Halevy 1998 sowie Borsley u. a. 2007 (Syntax), Willis 1998 und Roberts 2005 (Wortstellung), Jones 1999 (Frage-Antwort-Schemata), Borsley u. Jones 2005 (Negationen), Jones 2010 (Tempus und Aspekt) sowie Zimmer 2000 (Wortbildung).

Literaturverzeichnis

Ball u. Müller 1992: Martin J. Ball und Nicole Müller, *Mutation in Welsh*, London: Routledge. xiv, 321 S.

Borsley u. Jones 2005: Robert D. Borsley und Bob Morris Jones, *Welsh negation and grammatical theory*, Cardiff: University of Wales Press. xiv, 279 S.

Borsley u. a. 2007: Robert D. Borsley, Maggie Tallerman und David Willis, *The syntax of Welsh*, Cambridge: Cambridge University Press. xix, 388 S.

Brake 1998: Phylip Brake, *Cymraeg Graenus*, Llandysul: Gomer. 168 S.

Davies 2014: Janet Davies, *The Welsh Language: a history*, new edition, Cardiff: University of Wales Press. xiii, 208 S.

Hannahs 2013. S. J. Hannahs, *The Phonology of Welsh*, Oxford: Oxford University Press. xiv, 183 S.

Jenkins 1997: Geraint H. Jenkins (Hrsg.), *The Welsh language before the Industrial Revolution*, Cardiff: University of Wales Press. xiv, 455 S.

Jenkins 1998: Geraint H. Jenkins (Hrsg.), *Language and community in the nineteenth century*, Cardiff: University of Wales Press. xiv, 437 S.

Jenkins 2000: Geraint H. Jenkins (Hrsg.), *The Welsh language and its social domains, 1801–1911*, Cardiff: University of Wales Press. xiv, 629 S.

Jenkins u. Williams 2000: Geraint H. Jenkins und Mari A. Williams (Hrsg.), *Let's do our best for the ancient tongue: The Welsh language in the twentieth century*, Cardiff: University of Wales Press. xiv, 700 S.

Jones 1965: Morgan D. Jones, *Cywiriadur Cymraeg*, Llandysul: Gomer. 113 S.

Jones 1985: Morgan D. Jones, *A guide to correct Welsh*, Llandysul: Gomer. 140 S.

Jones 1993: Bob Morris Jones, *Ar lafar ac ar bapur: cyflwyniad i'r berthynas rhwng yr iaith lafar a'r iaith ysgrifenedig*, Aberystwyth: Y Ganolfan Astudiaethau Addysg. xi, 281 S.

Jones 1997: Robert Owen Jones, *Hir Oes i'r Iaith: Agweddau ar hanes y Gymraeg a'r gymdeithas*, Llandysul: Gomer. 462 S.

Jones 1999: Bob Morris Jones, *The Welsh answering system*, Berlin: Mouton de Gruyter. xvi, 360 S.

Jones 2010: Bob Morris Jones, *Tense and aspect in informal Welsh*, Berlin: Mouton de Gruyter. xxii, 389 S.

King 1993: Gareth King, *Modern Welsh: a comprehensive grammar*, London: Routledge. viii, 340 S.

King 1996a: Gareth King, *Basic Welsh: a grammar and workbook*, London: Routledge. viii, 146 S.

King 1996b: Gareth King, *Intermediate Welsh: a grammar and workbook*, London: Routledge. x, 156 S.

King 2003: Gareth King, *Modern Welsh: a comprehensive grammar*, second edition, London: Routledge. xii, 403 S.

King 2014: Gareth King, *Basic Welsh: a grammar and workbook*, second edition, London: Routledge. viii, 152 S.

King 2016: Gareth King, *Modern Welsh: a comprehensive grammar*, third edition, London: Routledge. xxiii, 519 S.

Lewis 2008: Henry Lewis, *Die kymrische Sprache: Grundzüge ihrer geschichtlichen Entwicklung*, dt. Bearb. von Wolfgang Meid, 2., rev. Aufl., Innsbruck: Institut für Sprachen und Literaturen. 159 S.

Richards 1938: Melville Richards, *Cystrawen y frawddeg Gymraeg*, Caerdydd. Gwasg Prifysgol Cymru. x, 205 S.

Roberts 2005: Ian G. Roberts, *Principles and parameters in a VSO language*, Oxford: Oxford University Press. 207 S.

Sadler 1988: Louisa Sadler, *Welsh syntax: a government-binding approach*, London: Croom Helm. 288 S.

Schulze-Thulin 2014: Britta Schulze-Thulin, *Walisisch – Wort für Wort*, 3., neu bearb. und verb. Aufl., Bielefeld: Reise-Know-How-Verlag Rump. 192 S.

Schulze-Thulin 2021: Britta Schulze-Thulin, *Lehrbuch der walisischen Sprache*, 2., bearbeitete Auflage, Hamburg: Buske. XII, 243 S.

Shisha-Halevy 1998: Ariel Shisha-Halevy, *Structural studies in modern Welsh syntax: aspects of the grammar of Kate Roberts*, Münster: Nodus. 268 S.

Thomas 1973: Alan R. Thomas, *The Linguistic Geography of Wales: a contribution to Welsh dialectology*, Cardiff: University of Wales Press. xiii, 555 S.

Thomas u. Thomas 1989: Beth Thomas und Peter Wynn Thomas, *Cymraeg, Cymrâg, Cymrêg: cyflwyno'r tafodieithoedd*, Caerdydd: Gwasg Tâf. xii, 178 S.

Thomas 1996: Peter Wynn Thomas, *Gramadeg y Gymraeg*, Caerdydd: Gwasg Prifysgol Cymru. x, 837 S.

Thomas 2000: Alan R. Thomas (Hrsg.), *The Welsh dialect survey*, Cardiff: University of Wales Press. xx, 741 S.

Thorne 1991: David A. Thorne, „The Welsh Language, its history and structure", in: Glanville Price (Hrsg.), *The Celtic Connection* (Gerrards Cross: Colin Smythe), S. 171–205.

Thorne 1993: David A. Thorne, *A Comprehensive Welsh Grammar*, Oxford: Blackwell. x, 491 S.

Thorne 1996: David A. Thorne, *Gramadeg Cymraeg*, Llandysul: Gomer. 480 S.

Thorne 1997: David A. Thorne, *Taclo'r treigladau*, Llandysul: Gomer. 131 S.

Thorne 2000: David A. Thorne, *Gafael mewn gramadeg*, Llandysul: Gomer. xii, 252 S.

Watkins 1992: T. Arwyn Watkins, *Kurze Beschreibung des Kymrischen*, dt. Bearbeitung von Konstantin Wöbking, Innsbruck: Institut für Sprachwissenschaft. 117 S.

Williams 1980a: Stephen J. Williams, *Elfennau gramadeg Cymraeg*, Caerdydd: Gwasg Prifysgol Cymru. xii, 246 S.

Williams 1980b: Stephen J. Williams, *A Welsh Grammar*, Cardiff: University of Wales Press. xi, 184 S.

Willis 1998: David W. E. Willis, *Syntactic Change in Welsh: a study of the loss of verb-second*, Oxford: Clarendon Press. xiii, 306 S.

Zimmer 2000: Stefan Zimmer, *Studies in Welsh Word-Formation*, Dublin: Dublin Institute for Advanced Studies. xxiv, 696 S.

Schreibung und Aussprache

1 Die Buchstaben und ihr Lautwert

Das walisische Alphabet besteht aus 29 Buchstaben, da *ch, dd, ff, ng, ll, ph, rh* und *th* keine Buchstabenverbindungen, sondern eigene Buchstaben sind. Die im Deutschen gängigen Buchstaben *k, q, v, x* und *z* fehlen.

Schreibung	Lautwert	Name
a	/a/, /a:/	*â* /a:/
b	/b/	*bî* /bi:/
c	/k/	*èc* /ek/
ch	/x/	*èch* /ex/
d	/d/	*dî* /di:/
dd	/ð/	*èdd* /eð/
e	/e/, /e:/	*ê* /e:/
f	/v/	*èf* /ev/
ff	/f/	*èff* /ef/
g	/g/	*èg* /eg/
ng	/ŋ/, /ŋg/	*èng* /eŋ/
h	/h/	*âets* /aytʃ/
i	/i/, /i:/	*î* /i:/
j	/dʒ/	*èj* /edʒ/
l	/l/	*èl* /el/

Schreibung	Lautwert	Name
ll	/ɬ/	*èll* /eɬ/
m	/m/	*èm* /em/
n	/n/	*èn* /en/
o	/o/, /o:/	*ô* /o:/
p	/p/	*pî* /pi:/
ph	/f/	*ffî* /fi:/
r	/r/	*èr* /er/
rh	/r̥/	*rho* /r̥o/
s	/s/	*ès* /es/
t	/t/	*tî* /ti:/
th	/θ/	*èth* /eθ/
u	/ɨ/, /ɨ:/, /i/, /i:/	*û* /ɨ:/, /i:/
w	/u/, /u:/, /w/	*ŵ* /u:/
y	/i/, /i:/, /ə/	*y* /ə/

Konsonanten sind *b, c, ch, d, dd, f, ff, g, ng, h, j, l, ll, m, n, p, ph, r, rh, s, t* und *th*. Abweichend vom Deutschen spricht man *ch* /x/ wie *ch* in dt. *Dach* (niemals wie *ch* /ç/ in dt. *ich*), *dd* /ð/ wie stimmhaftes *th* in engl. *the*, *f* /v/ wie *v* in engl. *violin*, *j* /dʒ/ wie *j* in engl. *judge*, *ng* /ŋ/ wie *ng* in dt. *Ring* (mitunter auch wie /ŋ/ + /g/) und *th* /θ/ wie stimmloses *th* in engl. *thick*. Der Buchstabe *r* /r/ bezeichnet ein „gerolltes" Zungenspitzen-r und *rh* /r̥/ die behauchte, wie eine enge Verbindung von /h/ und /r/ klingende Variante davon. Den für das Walisische charakteristischen, mit *ll* bezeichneten Laut /ɬ/ spricht man, indem man die Zunge in die Position für die Aussprache eines /l/ bringt, dann aber ein /h/ spricht (und zwar ohne die Zunge zu bewegen).

Vollvokale sind *a, e, i, o, u, w* und *y*, die je nachdem (zu den Regeln s. u.) kurz oder lang zu sprechen sind. Wie im Deutschen spricht man *a* (/a/ oder /a:/), *e* (/e/ oder /e:/), *i* (/i/ oder /i:/) und *o* (/o/ oder /o:/). Abweichend vom Deutschen bezeichnet *u* in Südwales /i/ oder /i:/, in Nordwales dagegen /ɨ/ oder /ɨ:/, womit ein ohne Lippenrundung gesprochenes *ü* /y/ gemeint ist. Den im Deutschen zumeist mit *u* bezeichneten Laut /u/ bzw. /u:/ bezeichnet man im Walisischen dagegen mit *w*. Den Buchstaben *y* spricht man im Artikel y(r) *der/die/das*, in der Präposition yn *in*, in den Wörtern fy *mein(e)* und dy *dein(e)* sowie außerhalb der letzten Silbe von mehrsilbigen Wörtern /ə/, ansonsten /i/ oder /iː/.

Als Halbvokale fungieren Vokale, wenn sie selbst keine Silbe bilden, sondern – gerade so wie ein Konsonant – eine Silbe öffnen oder schließen. Dementsprechend bestehen Diphthonge oder Doppelvokale aus der Verbindung eines Halbvokals mit einem Vollvokal. Je nachdem, ob der Halbvokal dem Vollvokal vorausgeht oder ihm folgt, spricht man von einem fallenden oder einem steigenden Diphthong. Fallende Diphthonge (Vokal + Halbvokal) werden durch *ai, ei, oi, ŵy, ey, ae, oe, au, eu, ou, aw, ew, iw, uw, yw* und *ow* bezeichnet, steigende Diphthonge (Halbvokal + Vokal) dagegen durch *ia, ie, iw, iy, wa, we, wi, wo, wy* und *wŷ*.

Einfache Vollvokale sind in mehrsilbigen Wörtern stets kurz und nur in manchen einsilbigen Wörtern lang. Lang sind *a, e, i, o* und *w* in allen einsilbigen Wörtern, die auf Vokal oder auf *g, b, d, ch, th, ff, s, f* und *dd* auslauten, sowie in einigen einsilbigen Wörtern, die auf *l, n* und *r* auslauten. Lang ist ferner *y* in allen einsilbigen Wörtern, die auf *b, d, g, ch, ff, th, s, f* oder *dd* auslauten, sowie *y* in einigen einsilbigen Wörtern, die auf *l, n* und *r* auslauten. Lang ist auch *u* in allen einsilbigen Wörtern, die auf *g, b, d, ch, ff, th, s, f, ll, l, n* oder *r* auslauten.

Zur Verdeutlichung der Aussprache oder der grammatischen Funktion eines Wortes dienen verschiedene diakritische Zeichen. Der Akut (´) dient zur Bezeichnung des Wortakzents, wenn dieser auf einer anderen Silbe liegt, als man es erwarten würde: casáu *hassen*, aber camau *Schritte* (Pl.). Der Gravis (`) dient in einsilbigen Wörtern zur Bezeichnung der Kürze eines Vokals, wo man aufgrund der Ausspracheregeln einen Langvokal erwarten würde: sgìl /sgil/ *Fähigkeit* (aus engl. *skill*) gegenüber sgil oder sgîl /sgiːl/ *Rücken*. Der Zirkumflex (ˆ) steht dort, wo entgegen den Aussprachregeln statt eines Kurzvokals ein Langvokal zu sprechen ist, und zwar in einsilbigen Wörtern vor *-nt, -p, -t, -c, -ng*, und *-m*, ferner zur Bezeichnung der Länge von *a, e, i, o, w* und *y* vor *-l, -n* und *-r* (vgl. llên /ɬeːn/ *Literatur* gegenüber *llen* /ɬen/ *Vorhang*). Außerdem steht ˆ manchmal über dem ersten oder zweiten Buchstaben der Buchstabenverbindung *wy*, um Wörter unterschiedlicher Bedeutung zu differenzieren (vgl. gŵyr /guir/ *er weiß* gegenüber gwŷr / gwiːr/ *Männer*). Das Trema ¨ zeigt an, dass zwei aufeinanderfolgende Vokale zu verschiedenen Silben gehören, also keinen Doppellaut bilden (crëwr /ˈkre-ur/ *Schöpfer*).

Laute, die dem Walisischen von Haus aus fehlen, werden in Fremd- und Lehnwörtern zumeist wie folgt wiedergegeben: Für engl. *ch* /tʃ/ steht am Wortanfang oft *si*, im Wortinnern und am Wortende oft *ts*. Für engl. *j* /dʒ/ steht teils *j*, teils *si* oder *ts*. Für engl. *sh* /ʃ/ steht am Wortanfang und im Wortinneren oft *si*, am Wortende oft *s*. Für engl. *qu* /kw/ steht zumeist *cw*.

Übungen

1. Notieren Sie die folgenden einsilbigen Wörter mit langem Vokal oder Diphthong im Internationalen Phonetischen Alphabet.

1. awr | 2. bod | 3. coch | 4. drws | 5. glaw | 6. grudd | 7. gwir | 8. llys | 9. nhw | 10. peth

2. Ermitteln Sie zu den folgenden im Internationalen Phonetischen Alphabet notierten einsilbigen Wörtern die korrekte walisische Schreibung.

1. /baːx/ | 2. /brunt/ | 3. /kaus/ | 4. /koːv/ | 5. /druːg/ | 6. /forð/ | 7. /guːr/ | 8. /huir/ | 9. /ɬau/ | 10. /ən/

3. Ermitteln Sie anhand der ähnlich lautenden deutschen Entsprechungen die Bedeutung der folgenden walisischen Substantive.

1. abacus | 2. academi | 3. albwm | 4. alwminiwm | 5. amatur | 6. banc | 7. Beibl | 8. biwrocrat | 9. canibal | 10. capten | 11. clwb | 12. coffi | 13. comisiwn | 14. cwricwlwm | 15. deialog | 16. economi | 17. eliffant | 18. feiolin | 19. feteran | 20. ffenomen | 21. ffisiotherapi | 22. gitâr | 23. harmoniwm | 24. hobi | 25. indecs | 26. institiwt | 27. jîns | 28. jòb | 29. litr | 30. meicroffon | 31. miliwn | 32. moleciwl | 33. nerf | 34. nicotîn | 35. omled | 36. papur | 37. paradwys | 38. peilot | 39. rali | 40. rygbi | 41. sacsoffon | 42. seicotherapi | 43. sgets | 44. siec | 45. tacsi | 46. teleffon | 47. tiwtor | 48. trwmped | 49. theatr | 50. thesawrws

Graffito yn annog pobl i gofio cwm Tryweryn a foddwyd yn y 1960au i greu cronfa ddŵr i ddarparu cyflenwad dŵr i Lerpwl.

Ein Graffito mahnt zur Erinnerung an das Tal von Tryweryn, das in den 1960er Jahren zur Schaffung eines Wasserreservoirs für die Wasserversorgung von Liverpool überflutet wurde.

2 Der Wortakzent

Im Allgemeinen trägt bei mehrsilbigen Wörtern die vorletzte Silbe den Wortakzent, den man im Internationalen Phonetischen Alphabet durch einen der betonten Silbe vorangestellten kleinen senkrechten Strich (ˈ) bezeichnet. Vokale in unbetonten Silben werden gleichwohl deutlich artikuliert und nicht etwa zu einem Murmelvokal (/ə/) abgeschwächt. Ausnahmsweise auf der letzten Silbe betont werden (1.) die Adjektive Cymraeg *walisisch(sprachig)* und Cymreig *walisisch* sowie das Substantiv Cymraes *Waliserin*, (2.) die mit der Vorsilbe *ym-* zusammengesetzten einsilbigen Verben, (3.) die Verben auf *-hau*, *-au* und *-oi*, (4.) die betonten Personalpronomina myfi *ich*, tydi *du*, efo *er*, hyhi *sie*, nyni *wir*, chwychwi *ihr* und hwynt-hwy *sie*, (5.) einige ursprünglich aus zwei Teilen zusammengesetzte Präpositionen, Adverbien und Pronomina wie z. B. drachefn *wieder*, erioed *jemals*, gerllaw *in der Nähe von*, heblaw *außer*, paham *warum*, ymhell *weit*, ymhlith *unter*, *zwischen* und ymlaen *vorwärts*, (6.) einige aus dem Englischen entlehnte Wörter wie z. B. carafán *Wohnwagen*. Zu beachten ist außerdem, dass *w* bei anlautendem *gw-* vor Konsonant einen flüchtig gesprochenen Halbvokal (/ʷ/) bezeichnet, so dass Wörter wie gwlad *Land* und gwlyb *feucht* als einsilbig gelten und der Wortakzent dementsprechend auf dem *a* (/a:/) bzw. *y* (/i:/) liegt.

Übungen

1. Notieren Sie die folgenden Wörter im Internationalen Phonetischen Alphabet.

1. achos | 2. adnabod | 3. Almaenwr | 4. bachgen | 5. blodyn | 6. brysio | 7. bychan | 8. cerdded | 9. cyntaf | 10. chwech | 11. deuddeg | 12. diwedd | 13. efallai | 14. eistedd | 15. felly | 16. Ffrainc | 17. ffurflen | 18. gerllaw | 19. gwrando | 20. hefyd | 21. hollol | 22. hwyrach | 23. ifanc | 24. lwc | 25. llawer

2. Ermitteln Sie zu den folgenden im Internationalen Phonetischen Alphabet aufgezeichneten Wörtern die korrekte walisische Schreibung.

1. / ˈɬəgad/ | 2. /ˈmiɬtir/ | 3. /ˈmənið/ | 4. /nhu:/ | 5. /ˈnoswaiθ/ | 6. /oˈblegid/ | 7. /ovˈnadui/ | 8. /parˈhai/ | 9. /ˈperθin/ | 10. /pri:d/ | 11. /r̥a:d/ | 12. /r̥əð›hai/ | 13. /r̥əŋwˈladol/ | 14. /ˈsikruið/ | 15. /ˈsəmid/ | 16. /ˈtebig/ | 17. /ˈθerapi/ | 18. /iwxˈben/ | 19. /iˈgeinved/ | 20. /ˈuiθnos/ | 21. /əmˈðiðan/ | 22. /feˈnestri/ | 23. /goˈbeiθio/ | 24. /əŋˈhilx/ | 25. /kanˈvəðav/

3 Lenierung

Ein wichtiges Mittel zum Ausdruck grammatischer Beziehungen ist die als Lenierung bezeichnete Veränderung anlautender Konsonanten. Sie betrifft die Konsonanten *p* /p/ (> *b* /b/), *t* /t/ (> *d* /d/), *c* /k/ (> *g* /g/), *b* /b/ (> *f* /v/), *d* /d/ (> *dd* /ð/), *g* /g/ (> -), *ll* /ɬ/ (> *l* /l/), *m* /m/ (> *f* /v/) und *rh* /r̥/ (> *r* /r/).

Lenierung	Beispiel
p /p/ > *b* /b/	pen *Kopf* – dy ben *dein Kopf*
t /t/ > *d* /d/	tad *Vater* – dy dad *dein Vater*
c /k/ > *g* /g/	cap *Mütze* – dy gap *deine Mütze*
b /b/ > *f* /v/	bys *Finger* – dy fys *dein Finger*
d /d/ > *dd* /ð/	dydd *Tag* – dy ddydd *dein Tag*
g /g/ > -	gardd *Garten* – dy ardd *dein Garten*
ll /ɬ/ > *l* /l/	llaw *Hand* – dy law *deine Hand*
m /m/ > *f* /v/	mam *Mutter* – dy fam *deine Mutter*
rh /r̥/ > *r* /r/	rhaw *Schaufel* – dy raw *deine Schaufel*

Lenierung kann bei Substantiven, Adjektiven und Verben auftreten und je nach Zusammenhang unterschiedliche Ursachen haben.

Ein Substantiv wird leniert,

(1.) wenn es feminin ist und im Singular unmittelbar nach dem Artikel y/yr steht (wobei jedoch mit *ll-* oder *rh-* anlautende Substantive von dieser Regel ausgenommen sind),

(2.) wenn es unmittelbar auf eine der Präpositionen am *über*, ar *auf*, at *hin zu*, dan *unter*, dros *über*, drwy *durch*, heb *ohne*, i *für*, o *von*, wrth *bei*, gan *mit* oder hyd *bis* folgt,

(3.) wenn es nach den präfigierten Personalpronomina dy *dein(e)*, ei *sein(e)* oder deren infigierten Entsprechungen 'th und 'i bzw. 'w steht,

(4.) wenn es nach yn als Prädikatsnomen fungiert, wobei mit *ll-* oder *rh-* anlautende Substantive von dieser Regel ausgenommen sind,

(5.) wenn es als direktes Objekt nach einer flektierten Verbform steht,

(6.) wenn es auf ein Adjektiv in der Grundform (also nicht im Äquativ oder Komparativ) folgt,

(7.) wenn es nach den Zahlwörtern un *eine* (f.) oder dau (m.) bzw. dwy (f.) *zwei* steht, wobei mit *ll-* oder *rh-* anlautende Substantive von dieser Regel ausgenommen sind,

(8.) wenn es nach den Zahlwörtern saith *sieben* oder wyth *acht* steht und außerdem mit *c-*, *p-*, *t-*, *ll-* oder *rh-* anlautet,

(9.) wenn es feminin ist und unmittelbar nach einer Ordinalzahl steht,

(10.) wenn man es wie ein Adjektiv zur näheren Beschreibung eines vorausgehenden femininen Substantivs im Singular verwendet,

(11.) wenn man es als direkte Anrede verwendet,

(12.) wenn es in Apposition zu einem vorausgehenden Substantiv steht,

(13.) wenn man es innerhalb eines Satzes als Adverb verwendet,

(14.) wenn es durch eine Änderung der gewöhnlichen Wortfolge von einem dazugehörigen Verb durch ein Wort oder mehrere Wörter getrennt ist,

(15.) wenn es nach einem der Wörter ambell *gelegentlich*, aml *zahlreich*, amryw *einige*, cyfryw *solch(e, -r, -s)*, dyma *hier (ist)*, dyna *da (ist)*, dacw *dort (ist)*, holl *alle*, y naill *der eine*, neu *oder*, pa *welche(r)*, pa fath *welche Art*, (un)rhyw *irgendein*, wele *siehe (da)* oder ychydig *etwas* steht.

Ein Adjektiv wird leniert,

(1.) wenn es nach einem femininen Substantiv im Singular steht, wobei man bei auslautendem *-s* vor anlautendem *d-* mitunter eine Ausnahme macht,

(2.) wenn es nach yn als Prädikatsnomen fungiert, wobei mit *ll-* oder *rh-* anlautende Adjektive von dieser Regel ausgenommen sind,

(3.) wenn es nach mor und cyn *(eben)so* im Äquativ steht, wobei mit *ll-* und *rh-* anlautende Adjektive von dieser Regel ausgenommen sind,

(4.) wenn es im Äquativ steht, um Überraschung oder Verwunderung auszudrücken,

(5.) wenn man es nach einem anderen Adjektiv in der Funktion eines Adverbs verwendet,

(6.) wenn es bei der Verdoppelung eines Adjektivs zum Ausdruck der Steigerung an zweiter Stelle steht,

(7.) wenn es nicht auf ein Substantiv folgt, sondern zwischen dem Artikel und einem femininen Substantiv im Singular steht,

(8.) wenn es mit Bezug auf ein feminines Substantiv im Singular nach dem bestimmten Artikel steht,

(9.) wenn man es im Superlativ in der Form eines Adverbs verwendet,

(10.) wenn es nach der Konjunktivform po *sei* im Superlativ steht.

Ein Verb wird leniert,

(1.) wenn es nach den Fragepartikeln a oder oni steht und außerdem mit *g-*, *b-*, *d-*, *ll-*, *m-* oder *rh-* anlautet,

(2.) wenn es nach dem Relativpronomen a *der/die/das* steht,

(3.) wenn es nach den Konjunktionen pan *als* oder oni *bis* steht,

(4.) wenn es nach den Negationspartikeln ni *nicht* oder *na dass nicht* steht,

(5.) wenn es nach den Affirmationspartikeln mi oder fe steht.

Einige mit *g-* anlautende englische Lehnwörter werden entgegen den obigen Regeln nicht leniert. Dazu gehören unter anderem gêm *Spiel*, giât *Tor* und golff *Golf*.

Übungen

1. **Bilden Sie die Grundform der folgenden, nach dem Artikel lenierten femininen Substantive und ermitteln Sie ihre Bedeutung.**

1. y ddihareb | 2. y gannwyll | 3. y farn | 4. yr ardd | 5. y fasged | 6. y fam | 7. y gosb | 8. y don | 9. y frawddeg | 10. y gyllell

2. **Setzen Sie *dy* „dein(e)" vor die folgenden Substantive und lenieren Sie sie gegebenenfalls.**

1. banc | 2. gêm | 3. brawd | 4. llaw | 5. dillad | 6. tad | 7. cadair | 8. chwaer | 9. merch | 10. ffrind

3. **Übersetzen Sie ins Deutsche.**

1. y dafodiaith leol | 2. yr ystafell wag | 3. cath fuan | 4. y frawddeg ganlynol | 5. côt lwyd | 6. ardal wledig | 7. yr ardd fawr | 8. awr dawel | 9. merch garedig | 10. cneuen galed | 11. cyllell dda | 12. gwraig ddall | 13. grudd goch | 14. carreg fach | 15. yr iaith lafar | 16. gwlad rydd | 17. cath ddu | 18. yr eglwys fach | 19. basged wag | 20. cosb galed

4. **Übersetzen Sie ins Walisische.**

1. deine Eltern | 2. auf einer Brücke | 3. für Kinder | 4. die dritte Stunde | 5. von einer Mutter | 6. über eine Lektion | 7. zwei Bahnhöfe | 8. ein (einziger) Garten | 9. von Burgen | 10. die Katzen | 11. bei einer Kerze | 12. das Jahr | 13. sein Tisch | 14. deine Brüder | 15. für einen Bettler | 16. auf Pferden | 17. welche Person | 18. auf der ganzen Erde | 19. von Hand zu Hand | 20. ein Stier oder ein Schaf

Ich dien (Almaeneg am Gwasanaethaf), arwyddair Tywysog Cymru. Fe'i mabwysiadwyd gan Edward, y Tywysog Du, wedi iddo drechu'r Brenin John o Fohemia ym mrwydr Crécy yn 1346.

Ich dien (deutsch), das Motto des Prince of Wales. Edward, der Schwarze Prinz, übernahm es 1346 nach seinem Sieg über König Johann von Böhmen in der Schlacht von Crécy.

4 Nasalierung

Neben der Lenierung ist auch die als Nasalierung bezeichnete Veränderung anlautender Konsonanten ein wichtiges Mittel zum Ausdruck grammatischer Beziehungen. Sie betrifft die Konsonanten *p* /p/ (> *mh* /mh/), *t* /t/ (> *nh* /nh/), *c* /k/ (> *ngh* /ŋh/), *b* /b/ (> *m* /m/), *d* /d/ (> *n* /n/) und *g* /g/ (> *ng* /ŋ/).

Nasalierung	Beispiel
p /p/ > *mh* /mh/	pen *Kopf* – fy mhen *mein Kopf*
t /t/ > *nh* /nh/	taith *Reise* – fy nhaith *meine Reise*
c /k/ > *ngh* /ŋh/	car *Auto* – fy nghar *mein Auto*
b /b/ > *m* /m/	barn *Meinung* – fy marn *meine Meinung*
d /d/ > *n* /n/	dillad *Kleider* – fy nillad *meine Kleider*
g /g/ > *ng* /ŋ/	gwaith *Arbeit* – fy ngwaith *meine Arbeit*

Ein Wort wird nasaliert,

(1.) wenn es nach dem Personalpronomen fy *mein(e)* steht,

(2.) wenn es nach der Präposition yn *in* steht, wobei yn vor *m* und *mh* zu ym und vor *ng* und *ngh* zu yng verändert wird,

(3.) wenn eines der Wörter blynedd, blwydd *Jahr* und diwrnod *Tag* nach einer der Kardinalzahlen pum *fünf*, saith *sieben*, wyth *acht*, naw *neun*, deng *zehn*, deuddeng *zwölf*, pymtheng *fünfzehn*, deunaw *achtzehn*, ugain *zwanzig* oder can *hundert* steht.

Übungen

1. Bilden Sie die Grundform der folgenden Wortverbindungen, die hier nach der Präposition ***yn*** (*yngh*, *ym*) nasaliert wurden, und ermitteln Sie deren Bedeutung.

1. ym mhen Dafydd | 2. ym mywyd dy dad | 3. yng nghar Marged | 4. ym mhentref Gwilym | 5. yn nŵr yr afon | 6. yng ngolau'r haul | 7. yng nghwpan Siân | 8. yn nhraethawd y ferch | 9. ym masged y bachgen | 10. yng nghlwb y brifysgol

2. Setzen Sie *fy* „mein(e)" vor die folgenden Substantive und nasalieren Sie sie gegebenenfalls.

1. baich | 2. pentref | 3. dyfodol | 4. taith | 5. brenhines | 6. teulu | 7. plentyn | 8. bwyd | 9. trên | 10. car

3. Übersetzen Sie ins Deutsche.

1. fy niodydd | 2. yn nheulu Marged | 3. fy mys bychan | 4. yng Nghymru | 5. yng ngorsaf Bangor | 6. fy mhriodas | 7. fy marn | 8. ym mhentref Dafydd | 9. fy nhŷ | 10. fy nefaid

4. Übersetzen Sie ins Walisische.

1. meine Leute | 2. mein Vater | 3. in Carmarthen | 4. meine Katze | 5. neun Tage | 6. hundert Jahre alt | 7. acht Jahre | 8. in Holyhead | 9. in Cardiganshire | 10. mein Problem

5 Spirantisierung

Neben der Lenierung und Nasalierung ist schließlich die als Spirantisierung bezeichnete Veränderung anlautender Konsonanten ein zwar insgesamt selteneres, jedoch gleichwohl wichtiges Mittel zum Ausdruck grammatischer Beziehungen. Sie betrifft die Konsonanten *p* /p/ (> *ph* /f/), *t* /t/ (> *th* /θ/) und *c* /k/ (> *ch* /x/).

Spirantisierung	Beispiel
p /p/ > *ph* /f/	pleser *Vergnügen* – ei phleser *ihr Vergnügen*
t /t/ > *th* /θ/	tafod *Zunge* – ei thafod *ihre Zunge*
c /k/ > *ch* /x/	cath *Katze* – ei chath *ihre Katze*

Ein Wort wird spirantisiert,

(1.) wenn es nach dem präfigierten Personalpronomen ei *ihr(e)* (3. Sg. f.) oder dessen infigierter Entsprechung 'i bzw. 'w steht,

(2.) wenn es nach einer der Kardinalzahlen tri *drei* oder chwe *sechs* steht,

(3.) wenn es nach einer der Präpositionen â *mit*, gyda *mit* und tua *gegen* steht,

(4.) wenn es auf eines der Wörter â *wie*, a *und*, (hyd) oni *bis* und na *als* folgt,

(5.) wenn es nach einer der Negationspartikeln ni *nicht* oder na *dass nicht* steht,

(6.) wenn es auf das Adverb tra *sehr* folgt.

Die Präpositionen gan *mit* oder *von*, gyda *mit*, ger *bei*, dros *über*, drwy *durch* und dan *unter* sowie das Adverb draw *dort* lauteten ursprünglich mit *c-* (/k/) bzw. *t-* an. Nach dem Wort a *und* wird bei ihnen dieser ursprüngliche Anlaut wiederhergestellt und das betreffende Wort sodann spirantisiert (drosodd a throsodd *über und über*, yma a thraw *hier und dort*).

Orts- und Personennamen werden im Hinblick auf die obigen Regeln zur Anlautveränderung unterschiedlich behandelt. Bei walisischen Ortsnamen werden diese Regeln durchweg angewendet, bei nicht-walisischen dagegen zumeist nur dann, wenn sie weithin bekannt sind oder wenn eine walisische Form gebräuchlich ist (o Gaerdydd *von Cardiff*, i Baris *nach Paris*, yng Nghaergrawnt *in Cambridge*, aber: i Bonn *nach Bonn*). Der Anlaut von Personennamen bleibt zumeist unverändert (llyfr i Dafydd *ein Buch für David*).

Übungen

1. Der Anlaut der folgenden Substantive wurde nach dem Zahlwort *tri* „drei“ spirantisiert. Ermitteln Sie die Grundform und deren deutsche Bedeutung.

1. tri cham | 2. tri phen | 3. tri chae | 4. tri thafod | 5. tri chastell | 6. tri pheth | 7. tri tharw | 8. tri char | 9. tri theulu | 10. tri phentref

2. Verbinden Sie die folgenden Substantive mit *a* „und“, wobei das zweite gegebenenfalls zu spirantisieren ist.

1. aderyn (ein Vogel), pysgodyn (ein Fisch) | 2. Almaenwr (ein Deutscher), Cymro (ein Waliser) | 3. bara (Brot), caws (Käse) | 4. anifail (ein Tier), planhigyn (eine Pflanze) | 5. bachgen (ein Junge), merch (ein Mädchen) | 6. te (Tee), coffi (Kaffee) | 7. tŷ (ein Haus), castell (eine Burg) |

8. plentyn (ein Kind), baban (ein Säugling) | 9. beic (ein Fahrrad), car (ein Auto) | 10. plât (ein Teller), cyllell (ein Messer)

3. Übersetzen Sie ins Deutsche.

1. o'i thad | 2. i'w chae | 3. tri chastell | 4. cŵn a chathod | 5. gyda chyfeillion | 6. ei phentref | 7. chwe theulu | 8. o'i chaneuon | 9. i'w phlant | 10. buchod a theirw

4. Übersetzen Sie ins Walisische.

1. sehr ähnlich | 2. von ihren Kindern | 3. nach Carmarthen | 4. sechs Stühle | 5. sehr dunkel | 6. drei Steine | 7. mit einem Kind | 8. ihre Familie | 9. für ihr Bein | 10. ihr Kopf

Eglwys Gadeiriol Bangor. Yn ôl y traddodiad sefydlodd Deiniol Sant fynachlog yma yn y chwеched ganrif.

Die Kathedrale von Bangor. Der Überlieferung zufolge gründete der heilige Deiniol hier im 6. Jh. ein Kloster.

Substantive und Adjektive

6 Der Artikel

Das Walisische hat keinen unbestimmten Artikel (dt. *ein, eine*). Der bestimmte Artikel (dt. *der, die, das*) erscheint abhängig von der lautlichen Umgebung, aber unabhängig vom Genus und Numerus des dazugehörigen Substantivs, in den Formen yr, y oder 'r, wobei die folgenden Regeln gelten:

(1.) Die Form yr erscheint vor einem Vokal (yr afon *der Fluss*), vor einem Diphthong (yr wythnos *die Woche*) und vor *h* (yr hetiau *die Hüte*).

(2.) Die Form y erscheint vor einem Konsonanten (y brawd *der Bruder*) sowie vor halbvokalischem *w* (y weddi *das Gebet*, y wlad *das Land*).

(3) Die Form 'r erscheint zwischen zwei Wörtern, wenn das erste auf einen Vokal oder einen Diphthong auslautet (lliw'r eira *die Farbe des Schnees*, i'r tŷ *für das Haus*). Mitunter erscheint hier statt 'r aber auch yr bzw. y, und zwar vor allem dann, wenn der Artikel enger mit den darauffolgenden als mit den vorausgehenden Wörtern zusammenhängt (Ni ddaeth Gwilym yma y diwrnod canlynol *Am folgenden Tag kam Gwilym nicht hierher*).

Der Artikel bewirkt bei einem unmittelbar darauffolgenden Wort in einigen Fällen Lenierung, und zwar

(1.) bei einem femininen Substantiv im Singular, außer wenn dieses Substantiv mit *ll* oder *rh* anlautet (y bont *die Brücke*, y daith *die Reise*, aber: y llong *das Schiff*),

(2.) bei einem femininen Adjektiv, wenn es vor dem betreffenden Substantiv steht oder selbständig als Substantiv gebraucht wird (y fechan *die Kleine*, y dlos *die Schöne*),

(3.) bei einer femininen Ordinalzahl (y drydedd ferch *die dritte Tochter*, y bedwaredd wers *die vierte Lektion*),

(4.) bei der Kardinalzahl dau (m.) bzw. dwy (f.) *zwei* (y ddau ddyn *die zwei Männer*, y ddwy wraig *die zwei Frauen*),

(5.) bei allen mit deu- und dwy- gebildeten Komposita außer dwylo *Hände* (Pl. von llaw *Hand*) und deuddeg *zwölf*.

Manchmal verwendet man im Walisischen den Artikel, wo er im Deutschen fehlt, und in anderen Fällen steht der Artikel im Deutschen, wo er im Walisischen fehlt. Besonders zu beachten sind dabei folgende Fälle:

(1.) Einige Orts- und Ländernamen stehen im Walisischen mit dem Artikel, nicht aber im Deutschen, so etwa yr Aifft *Ägypten*, yr Alban *Schottland*, yr Almaen *Deutschland*, yr Ariannin *Argentinien*, yr Eidal *Italien*, y Barri *Barry*, y Drenewydd *Newtown*, y Fenni *Abergavenny*, y Gelli *Hay-on-Wye*, y Trallwng *Welshpool*, yr Wyddfa *Snowdon* und yr Wyddgrug *Mold*.

(2.) Flussnamen stehen in der Regel ohne den Artikel (Nîl *der Nil*, Tafwys *die Themse*). Zwei Ausnahmen sind y Fenai *die Menaistraße* (neben Menai) und yr Iorddonen *der Jordan* (neben Iorddonen).

(3.) Abweichend vom Deutschen steht der Artikel auch dann, wenn ein Substantiv durch ein Demonstrativpronomen näher bestimmt wird (yr afon hon *dieser Fluss*, y pethau hyn *diese Dinge*). Ebenso y rhain *diese* (aus y rhai hyn) und y rheini *jene* (aus y rhai hynny).

(4.) Eine Ausnahme unter den Personennamen ist yr Iesu *Jesus*. Ansonsten steht ein Personenname in der Regel nur dann mit dem Artikel, wenn er durch ein hinzugefügtes Pronomen näher bestimmt wird (y Marged hon *diese Marged*, tad y Dafydd hwnnw *der Vater jenes Davids*).

(5.) In manchen allgemeinen Aussagen und Sprichwörtern fehlt der Artikel im Walisischen, wo er im Deutschen üblich ist (Amser a ddengys *Die Zeit wird es erweisen*, Gorau llyfr cof *Das beste Buch ist das Gedächtnis*).

(6.) Bei Titeln – außer Syr *Sir* – steht häufig der Artikel, wo er im Deutschen fehlt (yr Athro Jones *Professor Jones*, yr Esgob William Morgan *Bischof William Morgan*).

(7.) Bei Zahlenangaben steht der Artikel mitunter für *pro* oder *per* (trigain milltir yr awr *sechzig Meilen pro Stunde*, deg punt yr wythnos *zehn Pfund pro Woche*).

In vielen Fällen, in denen das Deutsche ein zusammengesetztes Substantiv oder eine Genitivverbindung verwendet, greift das Walisische auf die Möglichkeit zurück, ein Substantiv durch ein darauffolgendes zweites Substantiv näher zu bestimmen. Ist das zweite Substantiv in einer solchen Verbindung ein Eigenname oder ein durch den Artikel bestimmtes Substantiv, kann das vorangehende erste Substantiv nicht auch noch durch den Artikel bestimmt werden.

adeg *Zeitraum*	y Nadolig *Weihnachten*	adeg y Nadolig *die Weihnachtszeit*
pen *Kopf, Spitze*	yr Wyddfa *Snowdon*	pen yr Wyddfa *der Gipfel des Snowdon*
gwaith *Arbeit*	yr oriau *die Stunden*	oriau'r gwaith *die Abeitsstunden*
glan *Ufer*	yr afon *der Fluss*	glan yr afon *das Ufer des Flusses*
llên *Literatur*	Cymru *Wales*	llên Cymru *die Literatur von Wales*

Cyfaill y teulu bedeutet also nicht *ein Freund der Familie*, sondern *der Freund der Familie*. *Ein Freund der Familie* kann man umschreiben mit un o gyfeillion y teulu (*einer von den Freunden der Familie*).

Übungen

1. Setzen Sie den Artikel vor die folgenden Substantive und lenieren Sie sie gegebenenfalls.

1. plwyf (Gemeinde) | 2. gardd (Garten) | 3. bord (Tisch) | 4. diod (Getränk) | 5. basged (Korb) | 6. merch (Tochter) | 7. bore (Morgen) | 8. mynydd (Berg) | 9. taith (Reise) | 10. pont (Brücke)

2. Übersetzen Sie ins Deutsche.

1. y dafodiaith | 2. yr achos | 3. i'r ford | 4. o'r fasged | 5. i'r ddaear | 6. yr anrheg hon | 7. o'r mynyddoedd hynny | 8. o'r orsaf | 9. o'r llaw | 10. yr afalau

3. Übersetzen Sie die folgenden Verbindungen zweier walisischer Substantive durch ein zusammengesetztes deutsches Substantiv.

1. maes chwarae | 2. cyllell fara | 3. siop lyfrau | 4. aelod clwb | 5. anrhegion Nadolig | 6. toriad trydan | 7. beic mynydd | 8. arolwg barn | 9. oriau gwaith | 10. gyrrwr lorri

4. Bilden Sie die walisischen Entsprechungen der folgenden zusammengesetzten Substantive, indem sie ein Wort durch ein zweites näher bestimmen.

1. Softwareproblem | 2. Bushaltestelle | 3. Meilenstein | 4. Fernsehgesellschaft | 5. Volkslied | 6. Taschengeld | 7. Eierbecher | 8. Gesundheitsamt | 9. Papierteller | 10. Schuhgeschäft

Afon Seiont a mynyddoedd Eryri o fur castell Caernarfon.
Der Fluss Seiont und die Berge von Snowdonia von der Mauer der Burg von Caernarfon aus.

7 Das Substantiv

Das Walisische unterscheidet bei Substantiven die beiden Genera Maskulinum und Femininum und die beiden Numeri Singular und Plural.

Das Genus eines Substantivs ist grundsätzlich nicht mit Sicherheit vorauszusagen. Man kann jedoch die folgenden Tendenzen feststellen.

(1.) In der Regel sind Substantive, die weibliche Lebewesen bezeichnen, feminin, und Substantive, die männliche Lebewesen bezeichnen, maskulin (tad m. *Vater* – mam f. *Mutter*, ceiliog m. *Hahn* – iâr f. *Huhn*).

(2.) Einige Substantive wie z. B. baban *Säugling* und plentyn *Kind* sind maskulin, obwohl sie auch weibliche Wesen bezeichnen können. Andere wiederum, wie z. B. cath *Katze*, sind feminin, obwohl sie auch männliche Wesen bezeichnen können. In beiden Fällen kann man das biologische Geschlecht durch Hinzufügung von benyw *weiblich* oder gwryw *männlich* kennzeichnen, was jedoch am grammatischen Geschlecht des Substantivs nichts ändert (cath wryw *Kater*).

(3.) Der maskulinen Endung *-yn* entspricht mitunter die feminine Endung *-en* (hogyn m. *Junge* – hogen f. *Mädchen*).

(4.) Der maskulinen Endung *-wr* entsprechen häufig die femininen Endungen *-es* oder *-wraig* (gweithiwr m. *Arbeiter* – gweithwraig f. *Arbeiterin*).

(5.) Einige gleichlautende Wörter mit unterschiedlicher Bedeutung unterscheiden sich auch im Genus, so etwa gwaith m. *Arbeit* gegenüber gwaith f. *Mal*, *Gelegenheit*, llif m. *Flut* gegenüber llif f. *Säge* sowie mil m. *Tier* gegenüber mil f. *Tausend*.

(6.) Grundsätzlich kann man Ableitungssilben wie z. B. *-edd* oder *-aeth* danach einteilen, ob damit gebildete Substantive zumeist maskulin oder zumeist feminin sind. Dies ist aber nur eingeschränkt hilfreich, da es relativ viele Ausnahmen gibt.

(7.) Bei manchen Wörtern – besonders neueren Lehnwörtern aus dem Englischen – ist das grammatische Geschlecht nicht eindeutig festgelegt. Daher wechselt der Gebrauch von einem Dialekt zum anderen und mitunter auch von einem Sprecher zum anderen.

(8.) Sprachbezeichnungen sind grundsätzlich feminin (y Gymraeg *das Walisische*, yr Wyddeleg *das Irische*). Wenn eine Sprache jedoch durch ein Adjektiv näher charakterisiert wird, wird sie als maskulin behandelt (Cymraeg llafar *gesprochenes Walisisch*, Saesneg da *gutes Englisch*).

Der Plural eines Substantivs kann unterschiedlich aussehen und muss ebenso wie das Genus zu jedem Wort dazugelernt werden. Gleichwohl sind folgende charakteristische Bildungsweisen zu verzeichnen:

Vokalveränderung:

Singular	Plural	Bedeutung
bardd	beirdd	*Dichter*
car	ceir	*Auto*
castell	cestyll	*Burg*
Cymro	Cymry	*Waliser*
dafad	defaid	*Schaf*

Singular	Plural	Bedeutung
ffordd	ffyrdd	*Weg*
llygad	llygaid	*Auge*
maneg	menig	*Handschuh*
porth	pyrth	*Pforte*
sant	saint	*Heiliger*

Hinzufügung einer Pluralendung:

Singular	Plural	Bedeutung
cae	caeau	*Feld*
grudd	gruddiau	*Wange*
awdur	awduron	*Autor*
ysgol	ysgolion	*Schule*
ffenestr	ffenestri	*Fenster*

Singular	Plural	Bedeutung
diod	diodydd	*Getränk*
bys	bysedd	*Finger*
ardal	ardaloedd	*Region*
merch	merched	*Tochter*
creadur	creaduriaid	*Geschöpf*

Hinzufügung einer Pluralendung bei gleichzeitiger Vokalveränderung:

Singular	Plural	Bedeutung
anifail	anifeiliaid	*Tier*
arolwg	arolygon	*Umfrage*
brawd	brodyr	*Bruder*
cadair	cadeiriau	*Stuhl*
cawr	cewri	*Riese*

Singular	Plural	Bedeutung
ffrwd	ffrydiau	*Strom*
iaith	ieithoedd	*Sprache*
mab	meibion	*Sohn*
nai	neiaint	*Neffe*
taith	teithiau	*Reise*

Weglassen einer Singularendung:

Singular	Plural	Bedeutung
ffäen	ffa	*Bohne*
mochyn	moch	*Schwein*

Singular	Plural	Bedeutung
pluen	plu	*Feder*
pysgodyn	pysgod	*Fisch*

Weglassen einer Singularendung bei gleichzeitiger Vokalveränderung:

Singular	Plural	Bedeutung
aderyn	adar	*Vogel*
cneuen	cnau	*Nuss*

Singular	Plural	Bedeutung
hwyaden	hwyaid	*Ente*
plentyn	plant	*Kind*

Ersetzung einer Singularendung durch eine Pluralendung:

Singular	Plural	Bedeutung
cardotyn	cardotwyr	*Bettler*
cwningen	cwningod	*Kaninchen*

Singular	Plural	Bedeutung
diferyn	diferion	*Tropfen*
unigolyn	unigolion	*Individuum*

Ersetzung einer Singularendung bei gleichzeitiger Vokalveränderung:

Singular	Plural	Bedeutung
cerdyn	cardiau	*Karte*
cerpyn	carpiau	*Fetzen*

Singular	Plural	Bedeutung
deigryn	dagrau	*Träne*
teclyn	taclau	*Werkzeug*

Einige Substantive bilden einen unregelmäßigen Plural:

Singular	Plural	Bedeutung
blwyddyn	blynyddoedd	*Jahr*
ci	cŵn	*Hund*
Cristion	Cristnogion	*Christ*
cydymaith	cymdeithion	*Gefährte*

Singular	Plural	Bedeutung
chwaer	chwiorydd	*Schwester*
llaw	dwylo	*Hand*
pennog	penwaig	*Hering*
tŷ	tai	*Haus*

Darüber hinaus sind bei der Pluralbildung die fogenden Punkte zu beachte:

(1.) In einigen einsilbigen Wörtern werden auslautendes *-n* und *-r* bei der Hinzufügung einer Pluralendung verdoppelt:

Singular	Plural	Bedeutung
gwar	gwarrau	*Genick*
llan	llannau	*Kirche*

Singular	Plural	Bedeutung
man	mannau	*Ort*
ton	tonnau	*Welle*

(2.) Bei einsilbigen Wörtern entfällt die im Singular vorhandene Kennzeichnung eines Langvokals durch Zirkumflex bei Hinzufügung einer Pluralendung:

Singular	Plural	Bedeutung
cân	caneuon	*Lied*
côt (SW cot)	cotiau	*Mantel*
dôl	dolydd	*Wiese*

Singular	Plural	Bedeutung
ffrâm	fframiau	*Rahmen*
gwên	gwenau	*Lächeln*
môr	moroedd	*Meer*

(3.) Die Verschiebung des Wortakzents infolge der Hinzufügung einer Pluralendung bedingt mitunter weitere Veränderungen der Schreibung und Aussprache. So wird aus *nn* und *rr* oft *n* und *r*, und manchmal zeigt der Plural ein im Singular nicht mehr vorhandenes *h*:

Singular	Plural	Bedeutung
brenin	brenhinedd	*König*
cangen	canghennau	*Zweig*
cannwyll	canhwyllau	*Kerze*

Singular	Plural	Bedeutung
cenedl	cenhedloedd	*Volk*
cennad	cenhadon	*Bote*
cynnyrch	cynhyrchion	*Erzeugnis*

(4.) In einigen Fällen verschwindet ein im Singular vorhandenes *h* im Plural oder erscheint an anderer Stelle im Wort:

Singular	Plural	Bedeutung
dehongliad	deongliadau	*Deutung*

Singular	Plural	Bedeutung
dihareb	diarhebion	*Sprichwort*

(5.) In einigen Fällen werden auslautendes *-nt* und *-nc* bei Hinzufügung einer Pluralendung zu *-nn-* und *-ng-*:

Singular	Plural	Bedeutung
cant	cannoedd	*Hundert*
dant	dannoedd	*Zahn*

Singular	Plural	Bedeutung
meddiant	meddiannau	*Besitz*
tant	tannau	*Saite*

(6.) Bei vielen Substantiven sind mehrere Pluralformen gängig. So wechseln insbesondere Plurale auf *-i* und *-ydd*, *-au* und *-iau*, *-au* und *-i*, *-au* und *-oedd* sowie *-au* und *-on*.

(7.) Einige Substantive, wie z. B. rhieni *Eltern*, trigolion *Einwohner* und ysgyfaint *Lunge*, sind nur im Plural gebräuchlich.

(8.) Viele Abstrakta (wie z. B. gwres *Hitze* oder syched *Durst*) sowie Kollektiva (wie z. B. bara *Brot* oder eira *Schnee*) sind nur im Singular gebräuchlich.

Übungen

1. Ergänzen Sie in der folgenden Tabelle die fehlenden Singular- und Pluralformen.

Singular	Plural	Bedeutung
noswaith		*Abend*
	swyddfeydd	*Amt*
nant		*Bach*
	gwragedd	*Ehefrau*
lôn		*Gasse*

Singular	Plural	Bedeutung
	nefoedd	*Himmel*
crafanc		*Klaue*
	beichiau	*Last*
ffôl		*Narr*
	athrawon	*Professor*

2. Übersetzen Sie ins Deutsche.

1. amserau'r ysgol | 2. trigolion yr Almaen | 3. aelodau'r clwb | 4. dyddiau'r flwyddyn | 5. mynyddoedd Cymru | 6. cardiau Nadolig | 7. diarhebion y Cymry | 8. awduron y llyfr hwn | 9. eglwysi'r Eidal | 10. arferion yr ardal hon

3. Übersetzen Sie ins Walisische.

1. das Jordanufer | 2. Volkslieder | 3. die Erzeugnisse jenes Landes | 4. die Burgen Frankreichs | 5. die Kapitel des Buchs | 6. die Federn des Vogels | 7. die Gärten Schottlands | 8. die Familienmitglieder | 9. das Wochenende | 10. der Weg zum Snowdon

8 Das Adjektiv

Wie beim Substantiv unterscheidet man auch beim Adjektiv die beiden Genera Maskulinum und Femininum sowie die beiden Numeri Singular und Plural. Besondere Formen dafür sind aber nur noch bei relativ wenigen Adjektiven vorhanden und die Verwendung dieser besonderen Formen ist je nach Sprachebene unterschiedlich weit verbreitet. Grundsätzlich verwendet man sie in Nordwales sehr viel häufiger als im Süden.

Sofern ein Adjektiv Maskulin und Feminin unterscheidet, geschieht dies in der Regel durch die Veränderung des Vokals von *w* zu *o* und *y* zu *e*.

maskulin	feminin	Bedeutung
brwnt	bront	*schmutzig*
brych	brech	*gefleckt*
bychan	bechan	*klein*
byr	ber	*kurz*
crwm	crom	*krumm*
crwn	cron	*rund*
cwta	cota	*kurz*
cryf	cref	*stark*
cryg	creg	*heiser*
dwfn	dofn	*tief*
gwymp	gwemp	*schön*
gwyn	gwen	*weiß*

maskulin	feminin	Bedeutung
gwyrdd	gwerdd	*grün*
hyll	hell	*hässlich*
hysb	hesb	*trocken*
llwfr	llofr	*feige*
llwm	llom	*nackt*
llym	llem	*spitz*
melyn	melen	*gelb*
sych	sech	*trocken*
syml	seml	*einfach*
tlws	tlos	*schön*
trwm	trom	*schwer*
trwsgl	trosgl	*ungeschickt*

Diese Regel betrifft auch einige zusammengesetzte Adjektive wie z. B. claerwyn (f. claerwen) *leuchtend weiß* oder pengrwn (f. pengron) *rundköpfig*. Andererseits gibt es auch Adjektive mit den Stammvokalen *w* und *y*, bei denen für Maskulin und Feminin nur eine Form gebräuchlich ist, so etwa brwd *heiß*, drwg *schlecht*, gwyllt *wild*, rhydd *frei* und tywyll *dunkel*. Eine Ausnahme ist die Vokalveränderung in brith *gefleckt* – f. braith.

Weithin üblich ist die Verwendung der femininen Form im attributiven Gebrauch eines Adjektivs, das dann in der Regel leniert wird (y ford gron *der runde Tisch*, y llyn ddofn *der tiefe See*). Im prädikativen Gebrauch steht dagegen zumeist die maskuline Form (Y mae'r gyllell yn llym *Das Messer ist spitz*).

Sofern ein Adjektiv Singular und Plural unterscheidet, geschieht dies in der Regel durch eine Vokalveränderung, durch die Hinzufügung der Endung *-on* oder *-ion* oder durch eine Kombination dieser beiden Merkmale:

Singular	Plural	Bedeutung
balch	beilch(ion)	*stolz*
brau	breuon	*zerbrechlich*
buan	buain	*flink*
budr	budron	*schmutzig*
bychan	bychain	*klein*
byddar	byddair	*taub*
byr	byrion	*kurz*
cain	ceinion	*elegant*
caled	celyd	*hart*
cam	ceimion	*gebogen*
coch	cochion	*rot*
croyw	croywon	*klar*
crwn	crynion	*rund*
cul	culion	*eng*
dall	deillion	*blind*
dewr	dewrion	*tapfer*
doeth	doethion	*weise*
du	duon	*schwarz*
dwfn	dyfnion	*tief*
garw	geirw(on)	*rau*
glas	gleision	*blau*
gwag	gweigion	*leer*
gwelw	gwelwon	*bleich*

Singular	Plural	Bedeutung
gwyllt	gwylltion	*wild*
gwyn	gwynion	*weiß*
gwyrdd	gwyrddion	*grün*
hardd	heirdd(ion)	*hübsch*
hir	hirion	*lang*
hoyw	hoywon	*lebhaft*
hyll	hyllion	*hässlich*
ifanc	ifainc	*jung*
llwyd	llwydion	*grau*
llydan	llydain	*breit*
llyfn	llyfnion	*glatt*
main	meinion	*schlank*
marw	meirw(on)	*tot*
mawr	mawrion	*groß*
melyn	melynion	*gelb*
mud	mudion	*stumm*
sur	surion	*sauer*
tenau	teneuon	*dünn*
tew	tewion	*dick*
tlawd	tlodion	*arm*
truan	truain	*erbärmlich*
trwm	trymion	*schwer*
ysgafn	ysgeifn	*leicht*

Die Verwendung der Pluralformen beschränkt sich auf den attributiven Gebrauch eines Adjektivs (ceffylau buain *schnelle Pferde*, aber Mae'r ceffylau yn fuan *Die Pferde sind schnell*). Selbst dort verwendet man heute jedoch oft den Plural eines Substantivs zusammen mit dem Singular eines Adjektivs. Dies gilt insbesondere dann, wenn die Pluralform eines Adjektivs auch als Substantiv gängig ist und es daher im attributiven Gebrauch zu Missverständnissen kommen könnte. Für *blinde Kinder* steht daher plant dall, denn plant deillion könnte als *Kinder von Blinden* missverstanden werden.

Im attributiven Gebrauch stehen die weitaus meisten Adjektive nach dem Substantiv, auf das sie sich beziehen. Die wichtigsten Ausnahmen sind ambell *gelegentlich*, cryn *beträchtlich*, gau *falsch*, hen *alt* und prif *hauptsächlich* oder *wichtigst*. Eine unterschiedliche Bedeutung haben je nach Wortstellung cam (vor dem Substantiv *falsch*, nach dem Substantiv *krumm*), gwir (vor dem Substantiv *wahr* oder *echt*, nach dem Substantiv *wahrheitsgemäß*) und unig (vor dem Substantiv *einzig*, nach dem Substantiv *einsam*). Hen *alt* bedeutet nachgestellt *sehr alt*.

Abgesehen von der Grundform, dem Positiv, unterscheidet man beim Adjektiv noch den Äquativ, Komparativ und Superlativ. Diese Formen zeigen bei ein- und zweisilbigen Adjektiven die Endungen *-ed*, *-ach* und *-af*, wobei – abgesehen von wenigen Ausnahmen in dichterischer Sprache – nicht zwischen Maskulin und Feminin unterschieden wird:

Positiv	Äquativ	Komparativ	Superlativ
dewr *tapfer*	dewred *ebenso tapfer*	dewrach *tapferer*	dewraf *tapferst*
melys *süß*	melysed *ebenso süß*	melysach *süßer*	melysaf *süßest*
tal *groß*	taled *ebenso groß*	talach *größer*	talaf *größt*

Zu beachten sind folgende Besonderheiten:

(1.) Bei einigen Adjektiven mit kurzem Stammvokal wird auslautendes *-n* und *-r* im Äquativ, Komparativ und Superlativ verdoppelt:

Positiv	Äquativ	Komparativ	Superlativ
byr *kurz*	byrred *ebenso kurz*	byrrach *kürzer*	byrraf *kürzest*
llon *fröhlich*	llonned *ebenso fröhlich*	llonnach *fröhlicher*	llonnaf *fröhlichst*

(2.) Bei einigen Adjektiven erfolgt im Äquativ, Komparativ und Superlativ eine Vokaländerung:

Positiv	Äquativ	Komparativ	Superlativ
tlws *schön*	tlysed *ebenso schön*	tlysach *schöner*	tlysaf *schönst*
trwm *schwer*	trymed *ebenso schwer*	trymach *schwerer*	trymaf *schwerst*

(3.) Bei einigen Adjektiven auf *-b*, *-d*, *-g*, *-dr* und *-gr* erscheinen im Äquativ, Komparativ und Superlativ *-p-*, *-t-*, *-c-* *-tr-* und *-cr-*:

Positiv	Äquativ	Komparativ	Superlativ
drud *billig*	druted *ebenso billig*	drutach *billiger*	drutaf *billigst*
gwlyb *feucht*	gwlyped *ebenso feucht*	gwlypach *feuchter*	gwlypaf *feuchtest*
hagr *hässlich*	hacred *ebenso hässlich*	hacrach *hässlicher*	hacraf *hässlichst*
pwysig *wichtig*	pwysiced *ebenso wichtig*	pwysicach *wichtiger*	pwysicaf *wichtigst*
teg *schön*	teced *ebenso schön*	tecach *schöner*	tecaf *schönst*

(4.) Bei einigen Adjektiven erfolgt im Äquativ, Komparativ und Superlativ sowohl eine Vokaländerung als auch der Wechsel von *-b*, *-d*, *-g*, *-dr* und *-gr* zu *-p-*, *-t-*, *-c-* *-tr-* und *-cr-*:

Positiv	Äquativ	Komparativ	Superlativ
tlawd *arm*	tloted *ebenso arm*	tlotach *ärmer*	tlotaf *ärmst*

(5.) Einige Adjektive zeigen eine unregelmäßige Äquativ-, Komparativ- und Superlativbildung:

Positiv	Äquativ	Komparativ	Superlativ
agos *nah*	nesed *ebenso nah*	nes *näher*	nesaf *nächst*
anodd *schwer*	anhawsed *ebenso schwer*	anos *schwerer*	anhawsaf *schwerst*
bach *klein*	lleied *ebenso klein*	llai *kleiner*	lleiaf *kleinst*
da *gut*	cystal *ebenso gut*	gwell *besser*	gorau *best*
drwg *schlecht*	cynddrwg *ebenso schlecht*	gwaeth *schlechter*	gwaethaf *schlechtest*
hawdd *leicht*	hawsed *ebenso leicht*	haws *leichter*	hawsaf *leichtest*
hen *alt*	hyned *ebenso alt*	hŷn, hynach *älter*	hynaf *ältest*
hir *lang*	cyhyd *ebenso lang*	hwy *länger*	hwyaf *längst*
ieuanc *jung*	ieuanged *ebenso jung*	iau, ieuengach *jünger*	ieuaf, ieuangaf *jüngst*
isel *niedrig*	ised *ebenso niedrig*	is *niedriger*	isaf *niedrigst*
llydan *breit*	cyfled, lleted *ebenso breit*	lletach *breiter*	lletaf *breitest*
mawr *groß*	cymaint *ebenso groß*	mwy *größer*	mwyaf *größt*
uchel *hoch*	cyfuwch, uched *ebenso hoch*	uwch *höher*	uchaf *höchst*

Bei den meisten Adjektiven, die in der Grundform aus mehr als zwei Silben bestehen, werden Äquativ, Komparativ und Superlativ durch die Verbindung der Wörter mor *ebenso*, mwy *mehr* und mwyaf *meist* mit der Grundform des betreffenden Adjektivs gebildet (cysurus *bequem* – mor gysurus *ebenso bequem* – mwy cysurus *bequemer* – mwyaf cysurus *bequemst*). Umgangssprachlich kann der Äquativ jedes Adjektivs auf diese Weise durch die Verbindung von mor mit der Grundform gebildet werden (cyn lleted *ebenso weit* = mor llydan). Zur **Lenierung** eines Adjektivs nach cyn und mor s. ▶ **Kapitel 3**. Für *so groß wie* steht cyn daled oder mor dal â, wobei â *wie* das folgende Wort spirantisiert und vor Vokal in der Form ag erscheint: Y mae hi cyn daled / mor dal ag ef *Sie ist so groß wie er*. Für *größer als* steht talach na, wobei na ebenfalls spirantisiert und vor Vokal in der Form nag erscheint. In einem Satz wie *Er ist der größere von den beiden* steht im Walisischen statt des Komparativs üblicherweise der Superlativ: Ef yw'r talaf o'r ddau.

Übungen

1. Ermitteln Sie die Bedeutung der folgenden Substantive im Singular und ergänzen Sie die jeweils passende Form des Adjektivs.

1. bord (rund) | 2. ceffyl (stark) | 3. aderyn (weiß) | 4. cyllell (spitz) | 5. ystafell (leer) | 6. buwch (schwarz) | 7. tywydd (schön) | 8. cadair (alt) | 9. dyn (weise) | 10. basged (schwer)

2. Ermitteln Sie die Bedeutung der folgenden Substantive im Plural und ergänzen sie die passenden Pluralformen des Adjektivs.

1. ffyrdd (lang) | 2. cotiau (rot) | 3. llynnoedd (tief) | 4. llyfrau (blau) | 5. anifeiliaid (wild) | 6. adeiladau (groß) | 7. llygaid (schwarz) | 8. beichiau (schwer) | 9. plant (klein) | 10. adar (flink)

3. Übersetzen Sie ins Deutsche.

1. y dafodiaith leol | 2. stori fer | 3. yr atebion anghywir | 4. y prif amcan | 5. cath frech | 6. graddfa fechan | 7. hen ddillad | 8. cyd-ddigwyddiad anffodus | 9. hen arfer | 10. asgell wleidyddol y mudiad

4. Übersetzen Sie ins Walisische.

1. ein besonderer Tag | 2. die folgenden Sätze | 3. wilde Tiere | 4. ländliche Regionen | 5. die Ufer des kleinen Flusses | 6. die harten Arbeitsbedingungen | 7. rote Blüten | 8. das Leben Jesu | 9. die Freunde des Walisischen | 10. die Fenster des großen Hauses

5. Übersetzen Sie ins Deutsche.

1. Hi yw'r dalaf o'r ddwy ferch. | 2. (Y) Mae'r brecwast yn well na'r cinio. | 3. (Y) Mae'r siop fach cyn rhated â'r archfarchnad. | 4. Ef yw'r gorau o'r ddau. | 5. mis gwlypaf y flwyddyn | 6. (Y) Mae ef yn iau na'i chwaer. | 7. y cwestiwn hawsaf | 8. y mynydd uchaf | 9. y dillad drutaf | 10. yr eglwys hynaf

6. Übersetzen Sie ins Walisische.

1. Sie ist besser als ihr Bruder in der Schule. | 2. Ein Pferd ist schneller als ein Hund. | 3. Dein Gesicht ist weißer als Papier. | 4. Der Film ist so gut wie das Buch. | 5. Der Stuhl ist so bequem wie das Bett. | 6. Das Wetter in diesem Jahr ist so trocken wie das Wetter letztes Jahr. | 7. Die Burg von Harlech ist kleiner als die Burg von Caernarfon. | 8. Das Wetter ist kälter heute. | 9. Der Mai ist der trockenste Monat des Jahres. | 10. Siân ist größer als er.

Castell Caernarfon. Cafodd ei adeiladu yn y drydedd a'r bedwaredd ganrif ar ddeg.
Die Burg von Caernarfon. Sie wurde im 13. und 14. Jh. erbaut.

Numeralia

9 Kardinal- und Ordinalzahlen

In der traditionellen Zählweise dient die Zahl Zwanzig als Grundlage. Dabei begegnen die Kardinalzahlen und Ordinalzahlen in den folgenden Formen:

	Kardinalzahl	Ordinalzahl
1	un	cyntaf
2	dau (m.), dwy (f.)	ail
3	tri (m.), tair (f.)	trydydd (m.), trydedd (f.)
4	pedwar (m.), pedair (f.)	pedwerydd (m.), pedwaredd (f.)
5	pump, pum	pumed
6	chwech, chwe	chweched
7	saith	seithfed
8	wyth	wythfed
9	naw	nawfed
10	deg, deng	degfed
11	un ar ddeg	unfed ar ddeg
12	deuddeg	deuddegfed
13	tri *bzw.* tair ar ddeg	trydydd *bzw.* trydedd ar ddeg
14	pedwar *bzw.* pedair ar ddeg	pedwerydd *bzw.* pedwaredd ar ddeg
15	pymtheg	pymthegfed
16	un ar bymtheg	unfed ar bymtheg
17	dau *bzw.* dwy ar bymtheg	ail ar bymtheg
18	deunaw oder tri *bzw.* tair ar bymtheg	deunawfed
19	pedwar *bzw.* pedair ar bymtheg	pedwerydd *bzw.* pedwaredd ar bymtheg
20	ugain	ugeinfed
21	un ar hugain	unfed ar hugain
22	dau *bzw.* dwy ar hugain	ail ar hugain
23	tri *bzw.* tair ar hugain	trydydd *bzw.* trydedd ar hugain
30	deg ar hugain	degfed ar hugain
31	un ar ddeg ar hugain	unfed ar ddeg ar hugain
32	deuddeg ar hugain	deuddegfed ar hugain
40	deugain	deugeinfed

	Kardinalzahl	Ordinalzahl
41	un a deugain	unfed a deugain
50	deg a deugain *oder* hanner cant	degfed a deugain *oder* hanner canfed
60	trigain	trigeinfed
70	trigain a deg	trigeinfed a deg
80	pedwar ugain	pedwar ugeinfed
90	pedwar ugain a deg	pedwar ugeinfed a deg
100	cant	canfed
120	chwech ugain *oder* chweugain	chwech ugeinfed
200	dau gant	dau ganfed
300	tri chant *oder* trichant	tri chanfed
1000	mil	milfed
2000	dwy fil	dwy filfed
3000	tair mil	tair milfed
1000000	miliwn	miliynfed

Was gezählt wird, steht unmittelbar nach der Kardinalzahl im Singular (dwy awr *zwei Stunden*, pedwar bachgen *vier Jungen*, deuddeg merch *zwölf Mädchen*). Bei zusammengesetzten Zahlen wie z. B. deg ar hugain steht das Substantiv nach der ersten Zahl (deuddeg tŷ ar hugain *zweiunddreißig Häuser*). Besonders bei höheren Zahlen sowie bei cannoedd *hunderte* und miloedd *tausende* verwendet man auch die Präposition o *von* und setzt danach das – gegebenenfalls lenierte – Substantiv in den Plural (hanner cant o lyfrau *fünfzig Bücher*, cannoedd o ddefaid *hunderte Schafe*).

Der Plural von blwyddyn *Jahr* lautet gewöhnlich blynyddoedd. Die Form blynedd steht nach Kardinalzahlen (außer un und mil) zur Bezeichnung eines Zeitraums oder Zeitpunkts in Vergangenheit oder Zukunft (dwy flynedd yn ôl *vor zwei Jahren*, am dair blynedd *drei Jahre lang*). Die Form blwydd steht nach einer Kardinalzahl und vor dem Wort oed *alt* zur Bezeichnung des Lebensalters (baban un flwydd oed *ein einjähriger Säugling*).

Die Zahlen pump *Fünf*, chwech *Sechs* und cant *Hundert* erscheinen in Verbindung mit einem darauffolgenden Substantiv in den Formen pum, chwe und can (pum tŷ *fünf Häuser*, chwe cheffyl *sechs Pferde*, can punt *hundert Pfund*).

Die Zahlen deg *Zehn*, deuddeg *Zwölf* und pymtheg *Fünfzehn* erscheinen vor blwydd und *blynedd* *Jahr*, diwrnod *Tag*, munud *Minute*, milltir *Meile* und mil *Tausend* in den Formen deng, deuddeng und pymtheng. Diese Formen verursachen bei blwydd, blynedd und diwrnod Nasalierung (deng niwrnod *zehn Tage*, deuddeng mlwydd oed *zwölf Jahre alt*, pymtheng mlynedd yn ôl *vor fünfzehn Jahren*).

Zur Angabe der Uhrzeit dient die Wendung o'r gloch *Uhr*: un o'r gloch *ein Uhr*, pump o'r gloch *fünf Uhr*. Dabei steht i für *vor* und wedi für *nach*: pum munud ar hugain i dri (o'r gloch) *25 vor drei (Uhr)*, deng munud wedi saith (o'r gloch) *zehn Minuten nach sieben (Uhr)*.

Zur Angabe des Datums dienen die Ordinalzahlen: y pumed ar hugain o fis Mai *der/am 25. Mai*.

Neben der traditionellen Zählweise gibt es für Zahlen über Zehn eine einfachere, moderne Art zu zählen, die unter anderem zur Angabe des Spielstands bei sportlichen Wettkämpfen, zur Bezeichnung der Seitenzahlen in einem Buch sowie im schulischen Mathematikunterricht Verwendung findet:

	Traditionelle Zählweise	Moderne Zählweise
11	un ar ddeg	un deg un
12	deuddeg	un deg dau *bzw.* dwy
13	tri *bzw.* tair ar ddeg	un deg tri *bzw.* tair
20	ugain	dau ddeg
21	un ar hugain	dau ddeg un
30	deg ar hugain	tri deg
33	tri *bzw.* tair ar ddeg ar hugain	tri deg tri *bzw.* tair
40	deugain	pedwar deg
44	pedwar *bzw.* pedair a deugain	pedwar deg pedwar
50	hanner cant	pum deg
60	trigain	chwe deg
70	trigain a deg	saith deg
80	pedwar ugain	wyth deg
90	pedwar ugain a deg	naw deg
100	cant	cant

Übungen

1. *Y mae hi'n bump o'r gloch* bedeutet „Es ist fünf Uhr". Geben Sie auch die folgenden Uhrzeiten an.

1. 15.20 | 2. 16.50 | 3. 18.00 | 4. 19.05 | 5. 20.00 | 6. 23.07

2. Übersetzen Sie ins Deutsche.

1. dwy awr | 2. mil o flynyddoedd | 3. y drydedd bennod | 4. y plentyn cyntaf | 5. Rhisiart y cyntaf | 6. tri phen | 7. y pedwerydd plentyn ar ddeg | 8. can mil o bunnoedd | 9. tair gwaith | 10. unwaith ar ddeg

3. Übersetzen Sie ins Walisische.

1. zweiundvierzig Seiten | 2. das erste Mal | 3. ein (einziges) Schiff | 4. fünfunddreißig Häuser | 5. siebzehn Mädchen | 6. das siebente Haus | 7. dreizehn Jungen | 8. die vier Länder | 9. zehn Meilen | 10. der zehnte Psalm

Pronomina

10 Personalpronomina

Man unterscheidet abhängige und unabhängige Personalpronomina. Die unabhängigen Personalpronomina können drei verschiedene Formen annehmen, nämlich einfach, verdoppelt und kontrastiv:

	einfach	verdoppelt	kontrastiv
1. Sg.	mi, fi	myfi	minnau
2. Sg.	ti, di	tydi	tithau
3. Sg. m.	e(f)	efe, efô, fe, fo	yntau
3. Sg. f.	hi	hyhi	hithau
1. Pl.	ni	nyni	ninnau
2. Pl.	ch(w)i	chwychwi	chwithau
3. Pl.	hwy(nt), nhw	hwynt-hwy	hwythau, hwyntau

Unabhängige Personalpronomina können sowohl für das Subjekt als auch für das Objekt eines Verbs eintreten. Während die einfachen Formen keine besondere Nuancierung ausdrücken, dienen die verdoppelten der Hervorhebung und die kontrastiven der Gegenüberstellung. Die verdoppelten und die kontrastiven Formen begegnen vor allem in der Schriftsprache. Von den einfachen Formen gehören e, chi und nhw eher zur gesprochenen Sprache, ef, chwi und hwy(nt) dagegen zur Schriftsprache. Nach Verbformen und flektierten Präpositionen auf *-nt* steht hwy, nicht hwynt. Für „es" bei Zeitangaben oder mit Blick auf das Wetter steht in der Regel hi, nicht ef (Y mae hi bron yn ddeg o'r gloch *Es ist fast zehn Uhr*). – Nicht zu verwechseln mit dem Gebrauch von mi und fe als Personalpronomina für die 1. bzw. 3. Person Singular ist die Verwendung von mi und fe als (lenierende) Affirmativpartikeln, die nicht an die erste oder dritte Person des Verbs gebunden ist (Mi gewch y llyfr oder Fe gewch y llyfr *Ihr werdet das Buch bekommen*).

Die abhängigen Personalpronomina erscheinen je nachdem unter einer von drei verschiedenen Formen, nämlich präfigiert, infigiert oder affigiert:

	präfigiert	infigiert	affigiert
1. Sg.	fy, f'	'm	i, fi; innau, finnau
2. Sg.	dy, d'	'th	di, ti; dithau, tithau
3. Sg. m.	ei	'i, 'w, -s	e(f), efô, fo/fe; yntau
3. Sg. f.	ei	'i, 'w, -s	hi, hithau
1. Pl.	ein	'n	ni; ninnau
2. Pl.	eich	'ch	ch(w)i; ch(w)ithau
3. Pl.	eu	'u, 'w, -s	hwy, hwynt; hwythau

Die präfigierten Formen der abhängigen Personalpronomina dienen als Possessivpronomina zum Ausdruck eines Besitzverhältnisses oder – in Verbindung mit dem Verbalnomen eines transitiven Verbs – zum Ausdruck des Objekts eines Verbs (fy mam *meine Mutter*, f'afal *mein Apfel*, fy nghlywed *mein Hören* oder *mich zu hören*). Für die **Lenierung**, **Nasalierung** und **Spirantisierung** nach den präfigierten Personalpronomina gelten die in den ▶ **Kapiteln 3, 4 und 5** dargelegten Regeln. Zu beachten ist ferner, dass zwischen den Formen ei (f.) *ihr(e)*, ein *unser(e)* und eu (Pl.) *ihr(e)* und einem darauffolgenden Vokal ein *h* eingeschoben wird (ei harian *ihr Geld*, ein hatebion *unsere Antworten*, eu henwau *ihre Namen*).

Die infigierten Formen der abhängigen Personalpronomina stehen anstelle der präfigierten Formen nach einem vorausgehenden Vokal oder Diphthong, wobei folgende Regeln zu beachten sind:

(1.) Die Formen 'm (1. Sg.) und 'th (2. Sg.) stehen nur nach bestimmten Wörtern, und zwar nach dem Relativpronomen a *der/die/das*, nach der Konjunktion a *und*, nach den Präpositionen â, efo und gyda *mit*, i *für*, o *von* und tua *gegen*, nach den Affirmativpartikeln fe und mi, nach den Negationspartikeln ni und na *nicht*, nach na *als* (bei Vergleichen) sowie nach dem aus ddim o entstandenen Wort mo. Umgangssprachlich verwendet man in diesen Fällen jedoch oft statt der infigierten Form die präfigierte (gyda dy dad *mit deinem Vater* statt gyda'th dad).

(2.) Im Unterschied zu 'm und 'th können die Formen 'i (3. Sg.) 'n (1. Pl.), 'ch (2. Pl.) und 'u (3. Pl.) nach jedem Vokal oder Diphthong stehen (enw'i fab *der Name seines Sohnes*, torri'ch gwallt *eure Haare zu schneiden*, oriau'n bywyd *die Stunden unseres Lebens*).

(3.) Die Form 'w (3. Sg. und Pl.) steht anstelle von 'i (3. Sg.) und 'u (3. Pl.) nach der Präposition i *für* (i'w fam *für seine Mutter*, i'w gweld nhw *um sie zu sehen*).

(4.) Die Form -s wird nur an die Wörter ni *nicht*, na *dass nicht*, oni *wenn nicht* und pe *wenn* angefügt, um das Objekt (3. Sg. oder Pl.) des darauffolgenden Verbs auszudrücken (nis gwn *ich weiß es nicht*).

(5.) Zur **Lenierung** und **Spirantisierung** nach den infigierten Personalpronomina sind die in den ▶ **Kapiteln 3 und 5** dargelegten Regeln zu beachten. Nach 'i (3. Sg. f.), 'n (1. Pl.) und 'u (3. Pl.) wird – wie bei den entsprechenden präfigierten Formen – vor darauffolgendem Vokal ein *h* eingeschoben, ebenso zwischen 'w (3. Sg. f.) und darauffolgendem Vokal (y frenhines a'i hoes *die Königin und ihr Zeitalter*, ein haur a'n harian *unser Gold und unser Silber*). Wenn die infigierte Form 'i (3. Sg. m./f.) zum Ausdruck eines Besitzverhältnisses dient, bewirkt sie entweder Lenierung (ef a'i fam *er und seine Mutter*) oder Spirantisierung (hi a'i thad *sie und ihr Vater*). Wenn 'i jedoch das Objekt eines flektierten Verbs bezeichnet, wird dessen Anlaut nicht verändert (Fe'i gwelais ef/hi *Ich sah ihn/sie*). Bei 'i (3. Sg. m.) wird in diesem Fall vor darauffolgendem Vokal ein *h* eingeschoben (Ei dad a'i hanfonodd *Es war sein Vater, der ihn schickte*).

Die affigierten Formen der abhängigen Personalpronomina können nach flektierten Verben und Präpositionen stehen. Sie dienen sowohl in der einfachen Form (i, fi usw.) als auch in der kontrastiven Form (innau, finnau usw.) zur Hervorhebung oder Gegenüberstellung. In der Umgangssprache setzt man die einfachen Formen aber oft nur zur Verdeutlichung, auch wenn keine besondere Hervorhebung intendiert ist ('y mhlant i *meine Kinder*, eu plant nhw *ihre Kinder*). Wenn das Verb bzw. die flektierte Präposition in der 1. Person Singular auf *-f* endet, kann man sowohl fi als auch i verwenden. Endet das Verb bzw. die flektierte Präposition in der 2. Person Singular auf *-t*, verwendet man ti, ansonsten di.

Übungen

1. Finden Sie zu den folgenden Substantiven das passende walisische Pronomen zur Besitzanzeige und beachten Sie die gegebenenfalls erforderlichen Anlautveränderungen.

1. chwaer (deine) | 2. tad (sein) | 3. oes (unser) | 4. ofn (deine) | 5. tad (ihr) | 6. clywed (sein) | 7. rhieni (unsere) | 8. plant (ihre) | 9. bywyd (mein) | 10. brecwast (sein)

2. Finden Sie zu den folgenden Pronomina zur Besitzanzeige die dazugehörigen walisischen Substantive und beachten Sie die gegebenenfalls erforderlichen Anlautveränderungen.

1. ein (Prüfungen) | 2. fy (Sehen) | 3. ein (Lehrerin) | 4. dy (Dorf) | 5. eich (Partei) | 6. fy (Probleme) | 7. fy (Leute) | 8. d' (Gesicht) | 9. eich (Fragen) | 10. f' (Antworten)

3. Übersetzen Sie ins Deutsche.

1. fy mrawd a'm chwaer | 2. gyda'th dad | 3. i'm tŷ | 4. i'm clywed | 5. i'w hadar | 6. i'w waith | 7. ef a'i frawd | 8. ti a'th fam | 9. anrheg i'w rhieni | 10. llyfr o'i dad

4. Übersetzen Sie ins Walisische.

1. unsere Schule und unsere Lehrer | 2. mein Essen und mein Trinken | 3. der Weg von seinem Haus zu seiner Schule | 4. der Pfad vom Meer zu unserem Dorf | 5. Siân und ihr Hund | 6. Gwilym, Dafydd und ihre Freunde | 7. ein Pferd für seine beiden Töchter | 8. von einem meiner Freunde | 9. er und seine Frau | 10. sie und ihr Mann

Gweddillion y gaer Rufeinig Segontium ar lan ddwyreiniol afon Seiont ger Caernarfon.
Die Überreste der römischen Festung Segontium am Ostufer des Flusses Seiont bei Caernarfon.

11 Relativpronomina

Beim Relativpronomen, das entweder das Subjekt oder das Objekt eines Relativsatzes bezeichnet, muss man zwischen einer positiven und einer negativen Form unterscheiden. Dabei sind folgende Punkte zu beachten:

(1.) Die positive Form lautet unveränderlich a und leniert das folgende Wort (y dyn a ddaeth *der Mann, der kam*, y llyfr a brynais *das Buch, das ich kaufte*). Vor einigen Formen des Verbs bod *sein* wird a oft weggelassen, die Lenierung des folgenden Verbs aber beibehalten (Dyna'r tŷ fu ar werth *Das ist das Haus, das zu verkaufen war*). Auch in der Umgangssprache bzw. deren Wiedergabe in der Literatur wird a oft weggelassen und nur die Lenierung beibehalten (Dyna'r stori glywodd ef *Das ist die Geschichte, die er hörte*). Wenn zwischen a und dem darauffolgenden Verb ein Pronomen infigiert wird, gelten die in ▶ **Kapitel 10** dargelegten Regeln (y dyn a'i clywodd ef/hi *der Mann, der ihn/sie hörte*, y ferch a'th welodd *das Mädchen, das dich sah*).

(2.) Die negative Entsprechung von a lautet vor Vokal nad, ansonsten na. Letztere Form bewirkt bei folgendem *c-*, *p-*, *t-* Spirantisierung, bei *b-*, *d-*, *g-*, *ll-*, *rh-*, *m-* Lenierung (Dyma'r bachgen na chanodd yn dda *Hier ist der Junge, der nicht gut sang*, Dyma'r dyn na wnaeth ei waith *Da ist der Mann, der seine Arbeit nicht tat*). Wenn zwischen na und dem darauffolgenden Verb ein Pronomen infigiert wird, gelten die unter ▶ **Kapitel 10** dargelegten Regeln. Wenn sich die negative Form des Relativpronomens auf das Objekt des folgenden Verbs bezieht, lautet sie – mit infigiertem Pronomen -*s* – nas (Cafodd wers nas anghofiodd *Er erhielt eine Lektion, die er nicht vergaß*).

(3.) Wenn sich das Relativpronomen nicht auf das Subjekt oder Objekt des Satzes, sondern auf eine adverbielle Bestimmung bezieht, lautet die positive Form y (vor Konsonant) oder yr (vor Vokal und *h*), die negative wiederum na oder nad (Dyna'r pryd y cyrhaeddodd ef gartref *Das ist die Zeit, zu der er zu Hause ankam*). Die Form y bzw. yr steht auch dann, wenn das Personalpronomen in der Funktion eines Genitivs oder in Verbindung mit einer Präposition gebraucht wird (Dymar'r plentyn y lladdwyd ei dad *Hier ist das Kind, dessen Vater ums Leben kam*, Dyna'r bachgen y rhoddais yr arian iddo *Da ist der Junge, dem ich das Geld gab*).

(4.) Das Verb bod *sein* hat für die 3. Person des Indikativs Präsens eine besondere Relativform sydd (umgangssprachlich sy) *der/die/das ist* bzw. *sind* (Dyma'r bachgen sydd yn canu yn dda *Hier ist der Junge, der gut singt*). In einem verneinten Relativsatz verwendet man stattdessen nad yw (Sg.) bzw. nad ydynt (Pl.).

(5.) Die Form piau, oft leniert in der Form biau, bedeutet *dem* bzw. *der gehört* (Fi piau'r llyfr *Das Buch gehört mir*). Sie ist unveränderlich, kann jedoch zum Ausdruck verschiedener Zeitstufen außerhalb des Präsens mit der 3. Person Singular des Verbs bod *sein* kombiniert werden (Dyma'r dyn oedd piau'r tŷ *Das ist der Mann, dem das Haus gehörte*).

Übungen

1. Ergänzen Sie das jeweils passende Relativpronomen.

1. Dyma'r llyfrau ___ brynais i. | 2. Dyma'r dyn ___ ddaeth yma. | 3. Dyma'r stori ___ chlywodd hi. | 4. Dyma'r tŷ ___ phrynais i. | 5. Dyma'r cwestiwn ___ chlywodd ef.

Vokabelhilfe

prynais i	*ich kaufte*
daeth ef/hi	*er/sie kam*
glywodd ef/hi	*er/sie hörte*

2. Übersetzen Sie ins Deutsche.

1. Dyma'r dyn a oedd yn yr eglwys ddoe. | 2. Dyma'r wraig sydd yn yr ysgol heddiw. | 3. Dyma'r ffenestr a agorwyd. | 4. Dyma'r siop nad agorwyd. | 5. Dyma'r castell a welais i. | 6. Dyma'r cwestiwn na welais i.

Vokabelhilfe

oedd	*war*
agorwyd	*man öffnete*
gwelais i	*ich sah*

3. Übersetzen Sie ins Walisische.

1. der Mann, der im Garten ist | 2. die Frau, die im Haus war | 3. Das Auto gehört mir. | 4. Das Fahrrad gehört ihr. | 5. Hier ist das Brot, das man verkaufte. | 6. Hier sind die Blumen, die man nicht verkaufte.

Vokabelhilfe

gwerthwyd	*man verkaufte*

12 Interrogativpronomina

Als Interrogativpronomina dienen pwy *wer* und pa *welche(r, -s)*, die bei dem darauffolgenden Wort Lenierung bewirken. Auf pwy und pa folgt entweder eine Form von bod *sein* (Pwy yw ef? *Wer ist er?*, Pa ysgol yw hon? *Welche Schule ist dies?*) oder aber ein Relativsatz, wobei das Relativpronomen a – besonders vor Formen des Verbs bod *sein* – oft weggelassen wird: Pwy (a) wnaeth hyn? *Wer hat das gemacht?*, Pa ddiwrnod fydd hi yfory? *Welcher Tag wird morgen sein?* Darüber hinaus sind folgende Punkte zu beachten:

(1.) Statt pa beth? *welches Ding?* steht gewöhnlich nur beth? *was?* (Beth ddigwyddodd? *Was ist passiert?*, Beth sy'n bod? *Was ist los?*).

(2.) Statt pa le? *welcher Ort?* steht gewöhnlich ble? *wo?* (Ble mae'r plant? *Wo sind die Kinder?*). Für *woher?* steht o ble?, für *wohin?* steht i ble?.

(3.) Statt pa faint? steht gewöhnlich nur faint?, gefolgt von der Präposition o *von*. Folgt auf o ein Substantiv im Singular, bedeutet es *wie viel?* (Faint o arian sydd gennyt? *Wie viel Geld hast du?*). Folgt auf o ein Substantiv im Plural, bedeutet es *wie viele?* (Faint o ddynion sydd yma? *Wie viele Personen sind hier?*). Vor einem Adjektiv im Komparativ bedeutet faint *(um) wie viel* (Faint callach wyt ti nawr? *Wie viel klüger bis du nun?*).

(4.) Statt pa bryd? *welche Zeit?* steht gewöhnlich pryd? *wann?*, gefolgt von der Affirmativpartikel y (Pryd y daw ef? *Wann wird er kommen?*).

(5.) Statt pa sawl? *wie viele?* steht gewöhnlich nur sawl, gefolgt von einem Substantiv im Singular (Sawl plentyn sydd yma? *Wie viele Kinder sind hier?*).

(6.) Folgt kein weiteres Substantiv, steht für *welche(r, -s)?* (Sg.) und *welche?* (Pl.) pa un (oder p'un) bzw. pa rai (Pa un yw'r llyfr gorau? *Welches ist das beste Buch?*, Pa rai yw'r ffilmiau gwaethaf? *Welche sind die schlechtesten Filme?*).

(7.) Für *warum?* steht pam (Pam y daeth yma? *Warum kam er hierher?*). Die ältere Form paham gilt heute auch schriftsprachlich als antiquiert oder affektiert.

(8.) Für *wie …?* in Verbindung mit einem Adjektiv steht pa mor, das bei dem darauffolgenden Adjektiv Lenierung bewirkt (Pa mor ddwfn yw'r afon? *Wie tief ist der Fluss?*, Pa mor aml yr oedd ef yma? *Wie häufig war er hier?*).

Übungen

1. Ergänzen Sie ein passendes Interrogativpronomen.

1. ___ yw hi? | 2. ___ athro sydd hwn? | 3. ___ y daw y trên? | 4. ___ o arian sydd yma? | 5. ___ sydd yn yr ystafell? | 6. ___ mae'r car? | 7. ___ ystafell sydd yn yr adeilad? | 8. ___ na ddaw hi?

2. Übersetzen Sie ins Deutsche.

1. Pwy yw'r dyn a oedd yma? | 2. Pwy oedd yn yr ysgol ddoe? | 3. Faint o amser oedd gennyt? | 4. Pa ddyddiad yw hi heddiw? | 5. Sawl athro sydd gennyt (sy gen ti) yn yr ysgol? | 6. Pa un yw'r ffordd orau? | 7. Pa rai oedd yr atebion gorau? | 8. Faint o bobl oedd yn y castell? | 9. Llyfr pwy yw hwn? | 10. Ble mae'r dyn a oedd yma ddoe?

3. Übersetzen Sie ins Walisische.

1. Wie groß ist das größte Zimmer? | 2. Wie dunkel ist die Nacht? | 3. Warum seid ihr so spät? | 4. Wie feucht ist das Wetter? | 5. Warum ist dieses Zimmer so kalt? | 6. Das ist das Haus, das er sah. | 7. Wann kommt der Mann, der das Haus kaufte? | 8. Die Bücher gehören uns. | 9. Dies ist die Frau, der ich den Brief gab. | 10. Wer weiß?

Parc Cenedlaethol Eryri.
Der Snowdonia-Nationalpark.

13 Demonstrativpronomina

Bei den Demonstrativpronomina unterscheidet man zwischen Nähe und Ferne:

	Nähe	Ferne
Sg. m.	hwn *dieser*	hwnnw *jener*
Sg. f.	hon *diese*	honno *jene*
Pl. m./f.	hyn *diese*	hynny *jene*

Diese Formen können sowohl selbständig als auch attributiv gebraucht werden. Im letzteren Fall muss dem Substantiv, auf das sie sich beziehen, der Artikel vorausgehen (Afon yw hon *Dies ist ein Fluss*, Hon yw'r afon *Dies ist der Fluss*, aber: yr afon hon *dieser Fluss*). Umgangssprachlich begegnet statt hwn, hon und hyn sowie hwnnw, honno und hynny häufig 'ma (yma) *hier* bzw. 'na (yna) *dort* (y bachgen 'ma *dieser Junge*, y ferch 'na *jenes Mädchen*). Außerdem ist zu beachten:

(1.) Die Pluralformen hyn und hynny können sich nicht nur auf ein Substantiv im Plural, sondern auch auf ein abstraktes Neutrum im Singular beziehen (Nid yw hyn yn wir *Das stimmt nicht*, Beth fydd canlyniad hynny? *Was wird die Folge davon sein?*). Als Substantiv gebraucht, dienen hyn und hynny in Verbindung mit einer Präposition zur Bildung verschiedener Adverbien (ar hynny *danach*, gan hynny *deswegen*, serch oder er hynny *trotzdem*).

(2.) Y rhai hyn *diese* und y rhai hynny *jene* werden häufig zu y rhain bzw. y rheini zusammengezogen (A yw'r rhain yn iawn? *Sind diese in Ordnung?* – Mae'r rheini'n well *Jene sind besser*).

(3.) Als Demonstrativpronomen dient auch cyfryw *solch(e, -r, -s)*, das stets mit dem Artikel und vor einem – gegebenenfalls lenierten – Substantiv im Singular oder Plural steht (y gyfryw ferch *ein solches Mädchen*, y cyfryw bethau *solche Dinge*).

Übungen

1. Ergänzen Sie das passende Demonstrativpronomen (Nähe).

1. yr ateb _____ | 2. y nant _____ | 3. yr amodau _____ | 4. y goes _____ | 5. y ffilmiau _____ | 6. yr afon _____ | 7. y fuwch _____ | 8. yr adar _____

2. Ergänzen Sie das passende Demonstrativpronomen (Ferne).

1. y bwyd _____ | 2. y gadair _____ | 3. y frenhines _____ | 4. y famau _____ | 5. y siop _____ | 6. yr ardd _____ | 7. yr esgid _____ | 8. y gwledydd _____

3. Übersetzen Sie ins Deutsche.

1. yr achos hwn | 2. Basged yw hon. | 3. Hwn yw'r diwrnod diwethaf. | 4. y ffenestri hynny | 5. Afal yw hwn. | 6. (Y) Mae'r ddihareb hon yn hen iawn. | 7. Emyn Cymraeg yw hwn. | 8. yr orsaf hon | 9. y weddi honno | 10. yr amodau hyn

4. Übersetzen Sie ins Walisische.

1. jenes Gasthaus | 2. Dies ist die richtige Antwort. | 3. zu diesem Zweck | 4. jene Frauen | 5. ein solcher Brauch | 6. in jenem Sommer | 7. Dies ist ein Geschenk. | 8. von diesem Kapitel | 9. in dieser Sprache | 10. Wer ist dieser Mann?

14 Indefinitpronomina

Die folgenden Indefinitpronomina verweisen auf etwas Unbestimmtes oder dienen zur Bezeichnung einer unbestimmten oder unbestimmbaren Menge:

Un bedeutet in positiven Aussagen *einer, -e, -es* (un o'r plant *eines der Kinder*), in negativen dagegen *keiner, -e, -s*. In verneinten Aussagen steht un dabei oft mit dem Artikel (Nid oes yma'r un *Hier ist keiner*). Vor einem Substantiv bedeutet yr un (mit dem Artikel) *der-, die-, dasselbe* (Yr oedd ef yn byw yn yr un tŷ *Er lebte in demselben Haus*). Darüber hinaus begegnet un in adverbiellen Ausdrücken wie un prynhawn *eines Nachmittags* und un diwrnod *eines Tages* sowie in idiomatischen Wendungen wie o un i un *vom einen zum anderen* und bob yn un *einer nach dem anderen*.

Als Plural von un *einer, -e, -s* dient rhai *einige* oder *manche*. Als Substantiv gebraucht, steht *rhai* allein (Mae rhai yn credu bod hynny'n wir *Manche glauben, dass das stimmt*), ansonsten vor einem Substantiv im Plural (rhai geiriau *einige Wörter*). Mitunter verwendet man rhai auch, um die Wiederholung eines Substantivs im Plural zu vermeiden (Dyma'ch esgidiau chi, ond ni wn ble mae fy rhai i *Hier sind eure Schuhe, aber ich weiß nicht, wo meine sind*).

Neb bedeutet in Verbindung mit einer Verneinung *niemand* oder *keiner* (Ni welais neb *Ich sah niemanden*, Nid oedd neb yma *Hier war keiner*). Neb ond *niemand außer* bedeutet so viel wie *nur*.

Rhyw (als Substantiv *Art* oder *Geschlecht*) bedeutet vor einem darauffolgenden und gegebenenfalls lenierten Substantiv *(irgend)ein(e)* (Sg.) bzw. *irgendwelche* (Pl.). Neben Wortverbindungen wie rhyw ddyn *(irgend)ein Mann* oder *jemand* stehen zusammengesetzte Wörter wie rhywbeth *(irgend)etwas*, rywbryd und rywdro *irgendwann* oder *einmal*, rhywfaint *etwas* oder *ein bisschen*, rywle *irgendwo* und rhywun *(irgend)jemand*.

Unrhyw steht vor einem darauffolgenden und gegebenenfalls lenierten Substantiv im Singular oder Plural und bedeutet *irgendein* (Sg.) bzw. *irgendwelche* (Pl.).

Amryw steht vor einem darauffolgenden und gegebenenfalls lenierten Substantiv im Plural und bedeutet *verschiedene* oder *mehrere* (amryw bethau *verschiedene Dinge*, amryw ddyddiau *mehrere Tage*).

Vor einem Relativpronomen bzw. der Relativform eines Verbs steht y sawl mitunter für *der-, die-, dasjenige* (Sg.) bzw. *diejenigen* (Pl.) oder eben ganz allgemein *wer* (y sawl sydd yn credu hyn *wer das glaubt*).

Peth (als Substantiv *Ding* oder *Sache*) kann auch *etwas* oder *ein wenig* bedeuten. Es steht dann entweder allein oder vor einem Substantiv (Gawsoch chi fwyd? – Fe gawsom beth *Bekamt ihr Essen? – Wir bekamen etwas*, Mae ganddo beth arian *Er hat etwas Geld*). Gefolgt von der Präposition o *von*, bedeutet peth *ein Teil* (Darllenais beth o'r llyfr *Ich las einen Teil des Buchs*).

In Verbindung mit einer Verneinung steht dim (als Substantiv *Ding* oder *Sache*) oft für *(irgend) etwas* oder *nichts* (Ni welais i ddim *Ich sah nichts*). Dementsprechend bedeutet dim ond *nichts außer* so viel wie *nur*. In der Umgangssprache dient die lenierte Form ddim oft zur Verstärkung der Negationspartikel ni, die dann oft weggelassen wird (Ni ddaw ef oder Ddaw e ddim *Er wird nicht kommen*).

Ychydig bedeutet *etwas, ein wenig* (Sg.) oder *ein paar, einige* (Pl.). Es steht entweder allein (Ni welaf ond ychydig *Ich sehe nur wenig*) oder vor einem – gegebenenfalls lenierten – Substantiv im Singular oder Plural, wobei mitunter die Präposition o *von* eingeschoben wird (ychydig win *etwas Wein*, ychydig lyfrau *ein paar Bücher*, ychydig o bethau *ein paar Dinge*).

Llawer bedeutet *viel(e, -es)* und steht entweder allein oder vor einem Substantiv im Singular oder Plural. Mitunter wird dabei die Präposition o *von* eingeschoben (Dysgais lawer *Ich lernte viel*, Mae llawer yn credu hyn *Viele glauben das*, Yr oedd llawer o ddynion yma *Es waren viele Leute hier*). In Verbindung mit der Komparativform eines Adjektivs dient es vorangestellt in der Form llawer oder nachgestellt in der Form o lawer zur Hervorhebung des Unterschieds (llawer gwell *viel besser*, rhatach o lawer *viel billiger*).

Holl bzw. oll bedeutet *alle(s)*. Holl steht vor einem – gegebenenfalls lenierten – Substantiv (ei holl gyfoeth *sein/ihr ganzer Reichtum*) sowie als erster Bestandteil eines zusammengesetzten Adjektivs (hollalluog *allmächtig*). Nach einem bestimmten Substantiv, einem Personalpronomen oder einer flektierten Präposition steht dagegen oll (yr holl ddynion oder y dynion oll *alle Personen*). Außerdem dient oll nach der Superlativform eines Adjektivs zur Hervorhebung des Unterschieds (gorau oll *allerbest*, mwyaf oll *allergrößt*).

Für *jedermann* steht pawb, für *jeder, -e, -s* dagegen pob, gefolgt von einem Substantiv im Singular. Die lenierte Form bob begegnet häufig in adverbiellen Ausdrücken (bob dydd *jeden Tag*, bob nos *jede Nacht*) und idiomatischen Wendungen (bob yn un *einer nach dem anderen*, bob yn ail *abwechselnd*, bob yn dipyn *Stück für Stück*). Statt pob peth steht in der Regel popeth *alles*, statt pob man *jeder Ort* steht mitunter pobman (ym mhobman *überall*).

Zur Betonung der Verallgemeinerung dient bynnag (pwy bynnag *wer auch immer*, beth bynnag *was auch immer*, pa fodd bynnag *wie auch immer*, faint bynnag *wie viel auch immer*).

Der vergleichenden Gegenüberstellung dienen y naill … y llall *der eine … der andere* (Yr oedd y naill yma, a'r llall gartref *Der eine war hier, und der andere zu Hause*) bzw. im Plural y rhai … y lleill *die einen … die anderen*.

Übungen

1. Übersetzen Sie ins Deutsche.

1. ychydig o fara | 2. amryw gwestiynau | 3. un o athrawon y brifysgol hon | 4. ychydig o bobl | 5. llawer mwy | 6. ei holl lwyddiant | 7. pob gwesty | 8. (Y) Mae popeth yn iawn. | 9. o bob ochr | 10. peth o'r arian hwn

2. Übersetzen Sie ins Walisische.

1. Jemand ist im Garten. | 2. alle Bewohner dieser Region | 3. viele Personen | 4. nur Wasser | 5. alle diese Dinge | 6. zu jedem Zweck | 7. alle Besucher der Burg | 8. irgendein Grund | 9. einige Leute | 10. derselbe Gedanke

15 Reflexivpronomina

Als Reflexivpronomina dienen hunan (Sg.) und hunain (Pl.) sowie hun (Sg./Pl.), jeweils mit vorausgehendem präfigierten oder infigierten abhängigen Personalpronomen (Y mae ef yn ei ganmol ei hunan *Er lobt sich*, Fe'i gwêl ef ei hunan *Er sieht sich*, Y mae ef yn niweidio'i hunan *Er schadet sich*). Man beachte:

(1.) Nach einem unabhängigen oder affigierten abhängigen Personalpronomen haben hunan/hunain und hun die Bedeutung *selbst* (Daethant hwy eu hunain *Sie kamen selbst*, Gwelsoch eich hunain pwy oedd yno *Ihr saht selbst, wer da war*).

(2.) Nach einem Substantiv mit vorausgehendem und folgendem abhängigen Personalpronomen haben hunan/hunain und hun die Bedeutung *eigen* (fy nhad fy hunain *mein eigener Vater*, ein gwlad ein hunain *unser eigenes Land*, Prynodd hi'r llyfr â'i harian ei hun *Sie kaufte das Buch mit ihrem eigenen Geld*).

Als Reziprokpronomen dient gilydd. Dabei handelt es sich um die lenierte Form eines heute nicht mehr gebräuchlichen Substantivs cilydd *Gefährte*, die in Verbindung mit der jeweils passenden Form des abhängigen Pronomens so viel wie *einander* oder *gegenseitig* bedeutet (Y maent yn casáu ei gilydd *Sie hassen einander*, Siaradwch â'ch gilydd *Redet miteinander!*). Besonders zu beachten sind idiomatische Wendungen wie rhywbryd neu'i gilydd *irgendwann einmal*, un dydd ar ôl ei gilydd *ein Tag nach dem anderen*, o ben bwy gilydd *von dem einen Ende zum anderen* und at ei gilydd *insgesamt*.

Übungen

Für die folgenden Übungen benötigen Sie die Formen yr wyf i *ich bin*, yr wyt ti *du bist* und yr ydym ni *wir sind*. Sie dienen zusammen mit yn/'n und einem darauffolgenden Verbalnomen zur Bildung des Indikativs Präsens (Yr wyf i'n gweithio *Ich arbeite*).

1. Ergänzen Sie das jeweils passende Reflexiv- oder Reziprokpronomen.

1. Yr ydym ni'n siarad â'n _____. | 2. Yr ydym ni'n ymweld â'n _____. | 3. Yr wyf yn fy nghanmol fy _____. | 4. Yr wyt ti'n niweidio dy _____. | 5. Y maent yn gweiddi ar eu _____. | 6. Yr wyf yn gweld fy _____. | 7. Yr ydym ni'n caru ein _____. | 8. Yr ydym ni'n adnabod ein ___.

2. Ergänzen Sie bei den folgenden Substantiven das vorausgehende und folgende abhängige Personalpronomen oder das abschließende Pronomen *hunan/hunain* „eigen".

1. fy ngwlad fy ___ | 2. ein pentref ein ___ | 3. ___ mrawd ___ hunan | 4. ei wraig ei _____ | 5. ___ meic ___ hunan | 6. ___ chadair ___ hunan | 7. ei fwyd ei ___ | 8. ___ nhafodaith ___ hunan

Verben

16 Das regelmäßige Verb

Das walisische Verb unterscheidet drei Modi oder Aussageweisen: Indikativ, Konjunktiv und Imperativ. Den Indikativ gibt es in vier Tempora oder Zeitformen: Präsens, Imperfekt, Präteritum und Plusquamperfekt. Den Konjunktiv gibt es dagegen nur im Präsens und im Imperfekt, den Imperativ nur im Präsens. In jeder Zeitform gibt es sechs Personalformen (1., 2., 3. Person, jeweils Singular und Plural) sowie eine unpersönliche Form. Letztere ersetzt das nicht vorhandene Passiv, das allerdings auch auf andere Weise umschrieben werden kann. Das Verb steht gewöhnlich am Satzanfang. Ist das Subjekt ein Substantiv oder Adjektiv, steht das Verb auch dann in der 3. Person Singular, wenn das Subjekt im Plural steht. Zur Bildung verneinter Sätze dienen Negationspartikeln. In Lexika findet man Verben entweder unter der 1. Person Singular des Indikativs Präsens (canaf *ich singe*) oder unter dem dazugehörigen Verbalnomen (canu *Singen*). Von der Schriftsprache unterscheidet sich die Umgangssprache vor allem durch teilweise unterschiedliche Endungen, eine stark eingeschränkte Verwendung des Konjunktivs und der unpersönlichen Formen, einen deutlichen Rückgang der flektierten Formen zugunsten periphrastischer (umschreibender) Konstruktionen mit Hilfe des Verbalnomens sowie durch die Verneinung mit Hilfe der Negationspartikel ddim.

Die Formen des Indikativs Präsens lauten für das Verb canu *singen*:

	schriftsprachlich	umgangssprachlich	deutsch
1. Sg.	canaf i	cana i	*ich singe*
2. Sg.	ceni di	cani di	*du singst*
3. Sg.	cân ef, hi	caniff oder canith e/o, hi	*er, sie singt*
1. Pl.	canwn ni	canwn ni	*wir singen*
2. Pl.	cenwch chwi	canwch chi	*ihr singt*
3. Pl.	canant hwy	canan nhw	*sie singen*
Unpers.	cenir		*man singt*

Zur Bildung dieser Formen sind folgende Punkte zu beachten:

(1.) Die Endungen der 2. Person Singular, der 2. Person Plural sowie der unpersönlichen Form bewirken den Umlaut des Stammvokals von *a* zu *e*, was in der Umgangssprache jedoch häufig nicht umgesetzt wird.

(2.) Die Endung *-iff* oder *-ith* für die 3. Person Singular (caniff oder canith statt cân *singt*, torriff oder torrith statt tyr *bricht*) begegnet nur in der Umgangssprache bzw. deren schriftlicher Wiedergabe.

(3.) Die Endung der 3. Person Plural lautete ursprünglich auf *-nt*, doch war dies schon zur Zeit der walisischen Humanisten eine rein historische Schreibung, die nur durch ihre Verwendung in der walisischen Bibel von 1588 konserviert wurde; der Umgangssprache ist das auslautende *-t* fremd.

Die 3. Person Singular ist zumeist endungslos und häufig mit dem Stamm des Verbs identisch, wie aus der folgenden Zusammenstellung hervorgeht:

1. Sg. Präsens Indikativ	3. Sg. Präsens Indikativ	Verbalnomen	deutsch
adferaf	adfer	adfer	*wiederherstellen*
addefaf	addef	addef	*gestehen*
arbedaf	arbed	arbed	*bewahren*
arferaf	arfer	arfer(u)	*benutzen*
barnaf	barn	barnu	*richten*
brathaf	brath	brathu	*beißen*
canaf	cân	canu	*singen*
caraf	câr	caru	*lieben*
casglaf	casgl	casglu	*sammeln*
claddaf	cladd	claddu	*begraben*
crafaf	craf	crafu	*kratzen*
credaf	cred	credu	*glauben*
cwympaf	cwymp	cwympo	*fallen*
cymhellaf	cymell	cymell	*antreiben*
cymeraf	cymer	cymryd	*nehmen*
cynhaliaf	cynnal	cynnal	*erhalten*
chwalaf	chwâl	chwalu	*zerstreuen*
chwarddaf	chwardd	chwerthin	*lachen*
darparaf	darpar	darparu	*zubereiten*
deallaf	deall	deall	*verstehen*
dialaf	dial	dialu	*rächen*
dihangaf	dianc	dianc	*entkommen*
dychwelaf	dychwel	dychwelyd	*zurückkehren*
eisteddaf	eistedd	eistedd	*sitzen*
gadaf	gad	gadael	*lassen*
gallaf	gall	gallu	*können*
goddefaf	goddef	goddef	*leiden*
goddiweddaf	goddiwedd	goddiweddyd	*ein-, überholen*
gomeddaf	gomedd	gomedd	*verweigern*
gorffenaf	gorffen	gorffen	*beenden*
gwadaf	gwad	gwadu	*leugnen*
gwanaf	gwân	gwanu	*durchbohren*
gwaredaf	gwared	gwaredu	*befreien*

1. Sg. Präsens Indikativ	3. Sg. Präsens Indikativ	Verbalnomen	deutsch
gwasgaf	gwasg	gwasgu	*pressen*
gwelaf	gwêl	gweld	*sehen*
gwerthaf	gwerth	gwerthu	*verkaufen*
lladdaf	lladd	lladd	*töten*
malaf	mâl	malu	*mahlen*
medaf	med	medi	*ernten*
medraf	medr	medru	*können*
meddaf	medd	meddu	*beherrschen*
naddaf	nadd	naddu	*schnitzen*
rhannaf	rhann	rhannu	*teilen*
rhedaf	rhed	rhedeg	*laufen*
sathraf	sathr	sathru	*trampeln*
talaf	tâl	talu	*bezahlen*
tarddaf	tardd	tarddu	*entstehen*
ymdrechaf	ymdrech	ymdrech	*sich anstrengen*
ymddiriedaf	ymddiried	ymddiried	*anvertrauen*
ymwelaf	ymwêl	ymweld	*besuchen*

Häufig begnet in der 3. Person Singular des Indikativs Präsens allerdings auch ein Wechsel des Stammvokals (von *a* zu *ai*, *ei* oder *i*, von *e* zu *y*, von *o* zu *y*, von *ei* zu *ai*, von *y* zu *w*, von *o* zu *aw* und von *y* /ə/ zu *y* /i/):

1. Sg. Präsens Indikativ	3. Sg. Präsens Indikativ	Verbalnomen	deutsch
adroddaf	edrydd	adrodd	*berichten*
agoraf	egyr	agor	*öffnen*
anfonaf	enfyn	anfon	*senden*
archaf	eirch	erchi	*bitten*
arhosaf	erys	aros	*bleiben*
ataliaf	etyl	atal	*hindern*
atebaf	etyb	ateb	*antworten*
beiddiaf	baidd	beiddio	*wagen*
boddaf	bawdd	boddi	*ertrinken*
bwytâf	bwyty	bwyta	*essen*
cadwaf	ceidw	cadw	*behalten*
ca(ff)af	caiff	ca(ff)ael	*bekommen*
ceisiaf	cais	ceisio	*versuchen*
clo(a)f	cly	cloi	*verschließen*

1. Sg. Präsens Indikativ	3. Sg. Präsens Indikativ	Verbalnomen	deutsch
collaf	cyll	colli	*verlieren*
c(yf)odaf	cyfyd *oder* cwyd	c(yf)odi	*(sich) erheben*
cyffroaf	cyffry	cyffro(i)	*erregen*
cysgaf	cwsg	cysgu	*schlafen*
daliaf	deil	dal	*halten*
dangosaf	dengys	dangos	*zeigen*
deffroaf	deffry	deffroi	*aufwachen*
derbyniaf	derbyn	derbyn	*empfangen*
dygaf	dwg	dygu, dwyn	*bringen*
dyrchafaf	dyrchaif	dyrchafu	*erheben*
ffoaf	ffy	ffoi	*fliehen*
galwaf	geilw	galw	*rufen*
gallaf	geill, gall	gallu	*können*
glynaf	glŷn	glynu	*kleben*
gosodaf	gesyd	gosod	*legen*
holaf	hawl	holi	*forschen*
llanwaf	lleinw	llenwi	*füllen*
llyfaf	lly	llyfu	*lecken*
llyncaf	llwnc	llyncu	*verschlingen*
meiddiaf	maidd	meiddio	*wagen*
molaf	mawl	moli	*loben*
mynnaf	myn	mynnu	*wollen*
neidiaf	naid	neidio	*springen*
nofiaf	nawf	nofio	*schwimmen*
parhaf	pery	parhau	*(an)dauern*
plygaf	plyg	plygu	*(sich) biegen*
poraf	pawr	pori	*grasen*
profaf	prawf	profi	*prüfen*
prynaf	prŷn *oder* pryn	prynu	*kaufen*
rho(dda)f	rhydd	rho(dd)i	*geben*
safaf	saif	sefyll	*stehen*
soddaf	sawdd	soddi	*versinken*
sychaf	sych	sychu	*trocknen*
syflaf	syfl	syflu	*(sich) rühren*
syrthiaf	syrth	syrthio	*fallen*

1. Sg. Präsens Indikativ	3. Sg. Präsens Indikativ	Verbalnomen	deutsch
taflaf	teifl	taflu	*werfen*
tawaf	tau	tewi	*schweigen*
toddaf	tawdd	toddi	*schmelzen*
tol(i)af	tawl	tol(i)o	*sparen*
torraf	tyr	torri	*(zer)brechen*
treiddiaf	traidd	treiddio	*durchdringen*
tyb(i)af	tyb *oder* tybia	tyb(i)ed, tybio	*vermuten*
tyngaf	twng	tyngu	*schwören*
tynnaf	tyn	tynnu	*ziehen*
yfaf	yf	yfed	*trinken*
ymosodaf	ymesyd	ymosod	*angreifen*

Außerdem enden einige von einem Substantiv oder Adjektiv abgeleitete Verben in der 3. Person Singular auf *-a*:

1. Sg. Präsens Indikativ	3. Sg. Präsens Indikativ	Verbalnomen	deutsch
bloeddiaf	bloeddia	bloeddio, bloeddian	*brüllen*
cochaf	cocha	cochi	*(er)röten*
cosbaf	cosba	cosbi	*bestrafen*
dirmygaf	dirmyg	dirmygu	*verachten*
duaf	dua	duo	*schwärzen*
gwasanaethaf	gwasanaetha	gwasanaethu	*(be)dienen*
gwawdiaf	gwawdia	gwawdio, gwawdian	*(ver)spotten*
gwaeddaf	gwaedda	gweiddi	*schreien*
gwenaf	gwena	gwenu	*lächeln*
gweddïaf	gweddïa	gweddïo	*beten*
gwresogaf	gwresoga	gwresogi	*erwärmen*
gwynnaf	gwynna	gwynnu	*bleichen*
llwydaf	llwyda	llwydo	*grau werden*
llyw(i)af	llyw(i)a	llyw(i)o	*lenken*
oeraf	oera	oeri	*(aus)kühlen*
saethaf	saetha	saethu	*schießen*
tawelaf	tawela	tawelu	*beruhigen*

Nur bei relativ wenigen Verben (vor allem bod *sein*, gwybod *wissen*, adnabod *(er)kennen*, gweld *sehen*, clywed *hören*, *credu glauben*, tybied *vermuten* sowie gallu und medru *können*) dient das Indikativ Präsens tatsächlich zur Charakterisierung einer Handlung in der Gegenwart (Gwelaf yr aderyn, ond ni chlywaf ef yn canu *Ich sehe den Vogel, aber ich höre ihn nicht singen*). In den weitaus meisten Fällen wird das Präsens dagegen mit Hilfe einer Form des Verbs bod *sein* in Verbindung mit yn und dem Verbalnomen ausgedrückt (Yr wyf yn siarad *Ich spreche*, Y mae hi'n cysgu *Sie schläft*). Hauptsächlich dienen die Präsensformen nämlich zum Ausdruck einer zukünftigen Handlung, da es im Walisischen – abgesehen vom Verb bod *sein* und einigen weiteren mit bod zusammengesetzten Verben – keine eigenen Futurformen gibt (Fe'ch gwelwn yfory *Wir werden euch morgen sehen*, A wnei di hyn? *Wirst du das tun?*).

Außerdem dient das Präsens zum Ausdruck einer wiederholten oder gewohnheitsmäßigen Handlung (Fe ddaw heibio o bryd i'w gilydd *Er kommt von Zeit zu Zeit vorbei*, Cynhelir cyfarfod yno bob mis *Man hält dort jeden Monat eine Versammlung ab*).

Die nur schriftsprachlich gebräuchlichen Formen des Konjunktivs Präsens lauten für das Verb canu *singen*:

	walisisch	deutsch
1. Sg.	canwyf i	*ich möge singen*
2. Sg.	cenych di	*du mögest singen*
3. Sg.	cano ef, hi	*er, sie möge singen*
1. Pl.	canom ni	*wir mögen singen*
2. Pl.	canoch chwi	*ihr mögt singen*
3. Pl.	canont hwy	*sie mögen singen*
Unpers.	caner	*man möge singen*

Diese Formen stehen

(1.) zum Ausdruck eines Wunsches (Y nefoedd a'n helpo ni! *Der Himmel helfe uns!*, Na ato Duw! *Gott bewahre!*),

(2.) in einem Relativsatz, wenn die Handlung als unsicher oder unbestimmt charakterisiert werden soll (Doed a ddelo *Es komme, was kommen mag*),

(3.) in einem Nebensatz nach pan *wenn*, tra *während*, (hyd) oni *bis*, *(hyd) nes* *bis*, lle (y) *wo* und fel y *so dass*, wenn die Handlung als unsicher oder unbestimmt charakterisiert werden soll.

Die Formen des Imperativs lauten für das Verb canu *singen*:

	schriftsprachlich	umgangssprachlich	deutsch
2. Sg.	cân	cana	*singe!*
3. Sg.	caned		*er, sie singe / soll singen!*
1. Pl.	canwn		*lasst uns singen!*
2. Pl.	cenwch	canwch	*singt!*
3. Pl.	canent		*sie sollen singen!*

Der Imperativ drückt einen Befehl, einen Wunsch oder eine Bitte aus (Gwna dy waith! *Tu deine Arbeit!*, Rhowch y llyfrau i'r athro! *Gebt dem Lehrer die Bücher!*). Einen verneinten Imperativ bildet man schriftsprachlich mit der Partikel na(c) (Nac ofnwch! *Fürchtet euch nicht!*), umgangssprachlich dagegen durch die Verwendung des Imperativs von peidio *aufhören* in Verbindung mit der Präposition â/ag und einem Verbalnomen (Paid â mynd yno! *Geh nicht dorthin!*, Peidiwch ag ofni! *Fürchtet euch nicht!*).

Im Imperfekt sind Indikativ und Konjunktiv nur bei den unregelmäßigen Verben bod *sein*, dyfod *kommen*, mynd *gehen* und gwneud, gwneuthur *tun* formal unterschieden. Bei dem regelmäßigen Verb canu *singen* lauten die Formen unterschiedslos wie folgt:

	schriftsprachlich	umgangssprachlich	deutsch
1. Sg.	canwn i	canwn i	*ich pflegte zu singen*
2. Sg.	canit ti	canet ti	*du pflegtest zu singen*
3. Sg.	canai ef, hi	canai fe/fo, hi	*er, sie pflegte zu singen*
1. Pl.	canem ni	canen ni	*wir pflegten zu singen*
2. Pl.	canech chwi	canech chi	*ihr pflegtet zu singen*
3. Pl.	canent hwy	canen nhw	*sie pflegten zu singen*
Unpers.	cenid		*man pflegte zu singen*

Das Imperfekt charakterisiert eine vergangene Handlung in ihrem Verlauf (Cysgai'r plentyn yn dawel yn ei wely *Das Kind schlief ruhig in seinem Bett*) oder in ihrer regelmäßigen Wiederholung (Codwn i'n fore i fynd i'r gwaith *Ich stand gewöhnlich früh auf, um zur Arbeit zu gehen*). Besonders bei Verben wie gweld *sehen*, clywed *hören*, teimlo *fühlen* sowie gallu und medru *können* drückt es mitunter auch die Fähigkeit zum Vollzug einer Handlung aus (Gwelai ef olau yn y pellter *In der Ferne konnte er ein Licht sehen*). In Nebensätzen charakterisiert es eine Handlung als – vom Standpunkt der Vergangenheit aus betrachtet – zukünftig (Clywsom y byddai'r trên yn hwyr *Wir hörten, dass der Zug verspätet sein würde*), ebenso in der indirekten Rede (Dywedodd y byddai yno mewn pryd *Er sagte, er würde rechtzeitig dort sein*). Außerdem dient das Imperfekt zum Ausdruck der hypothetisch vorhandenen Möglichkeit in einem realen Konditionalsatz (Mi roddwn arian iddo pe bai angen *Ich würde ihm Geld geben, wenn es nötig wäre*).

Das Präteritum charakterisiert im Unterschied zum Imperfekt eine Handlung als abgeschlossen. Bei dem regelmäßigen Verb canu *singen* lauten die Formen wie folgt:

	schriftsprachlich	umgangssprachlich	deutsch
1. Sg.	cenais i	canais i	*ich sang*
2. Sg.	cenaist ti	canaist ti	*du sangst*
3. Sg.	canodd ef, hi	canodd e/o, hi	*er, sie sang*
1. Pl.	canasom ni	canson *oder* canon ni	*wir sangen*
2. Pl.	canasoch chwi	cansoch *oder* canoch chi	*ihr sangt*
3. Pl.	canasant hwy	canon nhw	*sie sangen*
Unpers.	canwyd		*man sang*

Je nachdem verwendet man zur Wiedergabe im Deutschen das Präteritum oder das Perfekt. Als Alternative zu den oben angegebenen flektierten Formen dient die Umschreibung des Präteritums mit Hilfe des Präsens von bod *sein* in Verbindung mit den Präpositionen wedi *nach* oder – bei Verneinung – heb *ohne* und einem Verbalnomen (cenais = yr wyf wedi canu *ich sang / habe gesungen*, ni chanodd ef, hi = y mae ef, hi heb ganu *er, sie sang nicht / hat nicht gesungen*).

Das Plusquamperfekt dient dazu, die Vorzeitigkeit einer Handlung in der Vergangenheit auszudrücken. Bei dem Verb canu *singen* lauten die nur schriftsprachlich gebräuchlichen Formen:

	walisisch	deutsch
1. Sg.	canaswn i	*ich hatte gesungen*
2. Sg.	canasit ti	*du hattest gesungen*
3. Sg.	canasai ef, hi	*er, sie hatte gesungen*
1. Pl.	canasem ni	*wir hatten gesungen*
2. Pl.	canasech chwi	*ihr hattet gesungen*
3. Pl.	canasent hwy	*sie hatten gesungen*
Unpers.	canasid *oder* canesid	*man hatte gesungen*

In der modernen Schrift- und Umgangssprache wird das Plusquamperfekt jedoch zumeist mit dem Imperfekt des Verbs bod *sein* in Verbindung mit den Präpositionen wedi *nach* oder – bei Verneinung – heb *ohne* und einem darauffolgenden Verbalnomen ausgedrückt (canaswn i = yr oeddwn i wedi canu *ich hatte gesungen*, ni chanasai ef, hi = yr oedd ef, hi heb ganu *er, sie hatte nicht gesungen*). Mitunter dient das Plusquamperfekt auch zum Ausdruck einer vergangenen Möglichkeit in einem irrealen Konditionalsatz (Mi roddaswn arian iddo pe gwybuaswn hynny *Ich hätte ihm Geld gegeben, wenn ich das gewusst hätte*).

Bei Verben mit dem Stammauslaut *-o* verschmilzt der auslautende Stammvokal in einigen Formen mit dem Vokal der Endung, so dass sich für das Musterwort troi *(sich) wenden* die folgenden Formen ergeben:

Indikativ Präsens

	schriftsprachlich	umgangssprachlich	deutsch
1. Sg.	tro(a)f i	troia i	*ich wende (mich)*
2. Sg.	troi di	troi di	*du wendest (dich)*
3. Sg.	try ef, hi	tröiff e/o, hi	*er wendet (sich)*
1. Pl.	trown ni	troiwn ni	*wir wenden (uns)*
2. Pl.	trowch chwi	troiwch chi	*ihr wendet (euch)*
3. Pl.	trônt hwy	troian nhw	*sie wenden (sich)*
Unpers.	troir		*man wendet (sich)*

Konjunktiv Präsens (nur schriftsprachlich)

	walisisch	deutsch
1. Sg.	trowyf i	*ich möge (mich) wenden*
2. Sg.	troech di	*du mögest (dich) wenden*
3. Sg.	tro ef, hi	*er, sie möge (sich) wenden*
1. Pl.	trôm ni	*wir mögen (uns) wenden*
2. Pl.	troch chwi	*ihr mögt (euch) wenden*
3. Pl.	trônt hwy	*sie mögen (sich) wenden*
Unpers.	troer	*man möge (sich) wenden*

Imperativ

	schriftsprachlich	umgangssprachlich	deutsch
2. Sg.	tro	troia	*wende (dich)!*
3. Sg.	troed		*er, sie wende / soll (sich) wenden!*
1. Pl.	trown		*lasst uns (uns) wenden!*
2. Pl.	trowch	troiwch	*wendet (euch)!*
3. Pl.	troent		*sie sollen (sich) wenden!*

Indikativ und Konjunktiv Imperfekt

	schriftsprachlich	umgangssprachlich	deutsch
1. Sg.	trown i	troiwn i	*ich pflegte (mich) zu wenden*
2. Sg.	troit ti	troiet ti	*du pflegtest (dich) zu wenden*
3. Sg.	trôi ef, hi	troiai e/o, hi	*er, sie pflegte (sich) zu wenden*
1. Pl.	troem ni	troien ni	*wir pflegten (uns) zu wenden*
2. Pl.	troech chwi	troiech chi	*ihr pflegtet (euch) zu wenden*
3. Pl.	troent hwy	troien nhw	*sie pflegten (sich) zu wenden*
Unpers.	troid		*man pflegte (sich) zu wenden*

Präteritum

	schriftsprachlich	umgangssprachlich	deutsch
1. Sg.	trois i	troiais i	*ich wendete (mich)*
2. Sg.	troist ti	troiaist ti	*du wendetest (dich)*
3. Sg.	troes, trodd ef, hi	troiodd e/o, hi	*er, sie wendete (sich)*
1. Pl.	troesom ni	troeson ni	*wir wendeten (uns)*
2. Pl.	troesoch chwi	troesoch chi	*ihr wendetet (euch)*
3. Pl.	troesant hwy	troeson nhw	*sie wendeten (sich)*
Unpers.	trowyd, troed		*man wendete (sich)*

Plusquamperfekt (nur schriftsprachlich)

	walisisch	deutsch
1. Sg.	troeswn i	*ich hatte (mich) gewendet*
2. Sg.	troesit ti	*du hattest (dich) gewendet*
3. Sg.	troesai ef, hi	*er, sie hatte (sich) gewendet*
1. Pl.	troesem ni	*wir hatten (uns) gewendet*
2. Pl.	troesech chwi	*ihr hattet (euch) gewendet*
3. Pl.	troesent hwy	*sie hatten (sich) gewendet*
Unpers.	troesid	*man hatte (sich) gewendet*

Nach dem Muster von troi bildet man auch die Formen der Verben cloi *verschließen*, cnoi *kauen*, crynhoi *sammeln*, cyffro *auf-, erregen*, datgloi *aufschließen*, datroi *abwenden*, deffro *erwachen*, ffoi *fliehen*, paratoi *vorbereiten* und rhoi *geben*.

Bei Verben mit dem Stammauslaut *-a* verschmilzt der auslautende Stammvokal in einigen Formen mit dem Vokal der Endung, so dass sich für das Musterwort mwynhau *genießen* die folgenden Formen ergeben:

Indikativ Präsens

	schriftsprachlich	umgangssprachlich	deutsch
1. Sg.	mwynhaf i	mwynheua i	*ich genieße*
2. Sg.	mwynhei di	mwynheui di	*du genießt*
3. Sg.	mwynha ef, hi	mwynheuiff e/o, hi	*er, sie genießt*
1. Pl.	mwynhawn ni	mwynheuwn ni	*wir genießen*
2. Pl.	mwynhewch chwi	mwynheuwch chi	*ihr genießt*
3. Pl.	mwynhânt hwy	mwynheuan nhw	*sie genießen*
Unpers.	mwynheir		*man genießt*

Konjunktiv Präsens (nur schriftsprachlich)

	walisisch	deutsch
1. Sg.	mwynhawyf i	*ich möge genießen*
2. Sg.	mwynheych di	*du mögest genießen*
3. Sg.	mwynhao ef, hi	*er möge genießen*
1. Pl.	mwynhaom ni	*wir mögen genießen*
2. Pl.	mwynhaoch chwi	*ihr mögt genießen*
3. Pl.	mwynhaont hwy	*sie mögen genießen*
Unpers.	mwynhaer	*man möge genießen*

Imperativ

	schriftsprachlich	umgangssprachlich	deutsch
2. Sg.	mwynha	mwynheua	*genieße!*
3. Sg.	mwynhaed		*er, sie genieße / soll genießen!*
1. Pl.	mwynhawn		*lasst uns genießen!*
2. Pl.	mwynhewch	mwynheuwch	*genießt!*
3. Pl.	mwynhaent		*sie sollen genießen!*

Indikativ und Konjunktiv Imperfekt

	schriftsprachlich	umgangssprachlich	deutsch
1. Sg.	mwynhawn i	mwynheuwn i	*ich pflegte zu genießen*
2. Sg.	mwynhait ti	mwynheuit ti	*du pflegtest zu genießen*
3. Sg.	mwynhâi ef, hi	mwynheuai e/o, hi	*er, sie pflegte zu genießen*
1. Pl.	mwynhaem ni	mwynheuen ni	*wir pflegten zu genießen*
2. Pl.	mwynhaech chwi	mwynheuech chi	*ihr pflegtet zu genießen*
3. Pl.	mwynhaent hwy	mwynheuen nhw	*sie pflegten zu genießen*
Unpers.	mwynheid		*man pflegte zu genießen*

Präteritum

	schriftsprachlich	umgangssprachlich	deutsch
1. Sg.	mwynheais i	mwynheuais i	*ich genoss*
2. Sg.	mwynheaist ti	mwynheuaist ti	*du genossest*
3. Sg.	mwynhaodd ef, hi	mwynheuodd e/o, hi	*er, sie genoss*
1. Pl.	mwynhasom ni	mwynheu(s)on ni	*wir genossen*
2. Pl.	mwynhasoch chwi	mwynheu(s)och chi	*ihr genosst*
3. Pl.	mwynhasant hwy	mwynheu(s)on nhw	*sie genossen*
Unpers.	mwynhawyd		*man genoss*

Plusquamperfekt (nur schriftsprachlich)

	walisisch	deutsch
1. Sg.	mwynhaswn i	*ich hatte genossen*
2. Sg.	mwynhasit ti	*du hattest genossen*
3. Sg.	mwynhasai ef, hi	*er, sie hatte genossen*
1. Pl.	mwynhasem ni	*wir hatten genossen*
2. Pl.	mwynhasech chwi	*ihr hattet genossen*
3. Pl.	mwynhasent hwy	*sie hatten genossen*
Unpers.	mwynhasid	*man hatte genossen*

Nach dem Muster von mwynhau *genießen* bildet man auch die Formen der Verben cadarnhau *bestätigen*, caniatáu *erlauben*, cryfhau *stärken*, glanhau *reinigen*, gwacáu *leeren*, gwanhau *schwächen*, parhau *(an)dauern*, pellhau *(sich) entfernen* und trugarhau *sich erbarmen*.

Der Stamm des Verbs cael *bekommen* begegnet in den beiden Varianten *caff-* und *ca-*. Die Formen lauten:

Indikativ Präsens

	schriftsprachlich	umgangssprachlich	deutsch
1. Sg.	caf i	ca(f) i	*ich bekomme*
2. Sg.	cei di	cei di	*du bekommst*
3. Sg.	caiff ef, hi	caiff e/o, hi	*er, sie bekommt*
1. Pl.	cawn ni	cawn ni	*wir bekommen*
2. Pl.	cewch chi	cewch chi	*ihr bekommt*
3. Pl.	cânt hwy	cân nhw	*sie bekommen*
Unpers.	ceir		*man bekommt*

Konjunktiv Präsens (nur schriftsprachlich)

	walisisch	deutsch
1. Sg.	caffwyf i	*ich möge bekommen*
2. Sg.	ceffych di	*du mögest bekommen*
3. Sg.	caffi ef, hi	*er, sie möge bekommen*
1. Pl.	caffom ni	*wir mögen bekommen*
2. Pl.	caffoch chwi	*ihr mögt bekommen*
3. Pl.	caffont hwy	*sie mögen bekommen*
Unpers.	caffer	*man möge bekommen*

Imperativ (nur in drei hier angeführten Formen gebräuchlich)

	walisisch	deutsch
3. Sg.	caffed, caed	*er, sie bekomme / soll bekommen*
3. Pl.	caffent, caent	*sie sollen bekommen*
Unpers.	caffer	*man soll bekommen*

Indikativ Imperfekt

	schriftsprachlich	umgangssprachlich	deutsch
1. Sg.	cawn i	cawn / celwn i	*ich pflegte zu bekommen*
2. Sg.	cait ti	caet / celet ti	*du pflegtest zu bekommen*
3. Sg.	câi ef, hi	câi / celai e/o, hi	*er, sie pflegte zu bekommen*
1. Pl.	caem ni	caen / celen ni	*wir pflegten zu bekommen*
2. Pl.	caech chwi	caech / celech chi	*ihr pflegtet zu bekommen*
3. Pl.	caent hwy	caen oder celen nhw	*sie pflegten zu bekommen*
Unpers.	ceid		*man pflegte zu bekommen*

Konjunktiv Imperfekt (nur schriftsprachlich)

	walisisch	deutsch
1. Sg.	caffwn / cawn i	*ich würde bekommen*
2. Sg.	caffit / cait ti	*du würdest bekommen*
3. Sg.	caffai / câi ef, hi	*er, sie würde bekommen*
1. Pl.	caffem / caem ni	*wir würden bekommen*
2. Pl.	caffech / caech chwi	*ihr würdet bekommen*
3. Pl.	caffent / caent hwy	*sie würden bekommen*
Unpers.	ceffid / ceid	*man würde bekommen*

Präteritum

	schriftsprachlich	umgangssprachlich	deutsch
1. Sg.	cefais i	ces i	*ich bekam*
2. Sg.	cefaist ti	cest ti	*du bekamst*
3. Sg.	cafodd ef, hi	cafodd / cas e/o, hi	*er, sie bekam*
1. Pl.	cawsom ni	cawson ni	*wir bekamen*
2. Pl.	cawsoch chwi	cawsoch chi	*ihr bekamt*
3. Pl.	cawsant hwy	cawson nhw	*sie bekamen*
Unpers.	cafwyd, caed		*man bekam*

Plusquamperfekt (nur schriftprachlich)

	walisisch	deutsch
1. Sg.	cawswn i	*ich hatte bekommen*
2. Sg.	cawsit ti	*du hattest bekommen*
3. Sg.	cawsai ef, hi	*er, sie hatte bekommen*
1. Pl.	cawsem ni	*wir hatten bekommen*
2. Pl.	cawsech chwi	*ihr hattet bekommen*
3. Pl.	cawsent hwy	*sie hatten bekommen*
Unpers.	cawsid	*man hatte bekommen*

Vor einem Verbalnomen bedeutet cael oft *dürfen* (Cânt hwy fynd adref *Sie dürfen nach Hause gehen*). Darüber hinaus dient es in Verbindung mit einem Verbalnomen zur Umschreibung des Passivs (Cafodd y tŷ ei adeiladu y llynedd *Das Haus wurde voriges Jahr gebaut*).

Übungen

1. Ergänzen Sie die Lücken in der folgenden Tabelle.

Singular	Plural	Bedeutung
canaf i		
	molant hwy (molan nhw)	
egyr ef,hi		
	collwch ch(w)i	
ceidw ef, hi		
	gwenwn ni	

2. Übersetzen Sie nach dem Muster von *canu* „singen" die folgenden Sätze ins Deutsche.

1. Agorwch y drws! | 2. Y mae ef yn eistedd ar y gadair. | 3. Yr wyf yn gwerthu'r tŷ. | 4. Y mae hi'n anfon llythyr. | 5. Ateb y cwestiwn! | 6. Yr wyf yn gosod y llyfr ar y ford. | 7. Y mae'r pysgod yn nofio yn y llyn. | 8. Y mae'r plentyn yn gwenu.

Vokabelhilfe

yr wyf	*ich bin*
y mae ef/hi	*er/sie ist*

3. Übersetzen Sie nach dem Muster von *canu* „singen" die folgenden Sätze ins Walisische (3. Sg. Indikativ Präsens: *y mae ef/hi* „er/sie ist" + *yn/'n* + VN).

1. Der Mann schläft in seinem Bett. | 2. Gib mir deine Hand! | 3. Die Mutter kauft Essen für ihre Kinder. | 4. Lasst uns ein Lied singen! | 5. Er möge nun schweigen. | 6. Ein Junge steht an der Tür. | 7. Die Kuh grast auf dem Berg. | 8. Er trinkt Bier.

4. Ergänzen Sie die Lücken in der folgenden Tabelle.

Indikativ	Konjunktiv	Bedeutung
ceni di		
	carer	
dealllwn ni		
	gwelo ef/hi	
agoraf i		
	casglont hwy	

5. Übersetzen Sie nach dem Muster von *canu* „singen" die folgenden Sätze ins Deutsche.

1. Canasant hwy (Canon nhw) gân. | 2. Dychwelodd i'r orsaf ar unwaith. | 3. Credais i'r geiriau hyn. | 4. Cymerodd y ferch y llyfrau a'u gosododd ar y ford. | 5. Prynwn i lawer o bethau yn y siop honno. | 6. Darparaswn fwyd (Roeddwn i wedi darpar bwyd). | 7. Codai hi yn y bore i fynd i'r orsaf. | 8. Gwerthwyd y tŷ. | 9. Gorffenais i'r gwaith neithiwr. | 10. Dangosodd y bachgen y ffordd i'r ymwelwyr.

6. Übersetzen Sie nach dem Muster von *canu* „singen“ die folgenden Sätze ins Walisische.

1. Das Kind verlor seine Mütze auf dem Parkplatz. | 2. Er rannte nach Hause. | 3. Ich beantwortete die Prüfungsfragen. | 4. Er trank gewöhnlich viel Wein im Gasthaus. | 5. Sie bekam viele Geschenke. | 6. Man lachte über diese Geschichte. | 7. Jede Nacht schliefen wir ruhig. | 8. Im Sommer grasten die Kühe gewöhnlich auf dem Berg. | 9. Ich zerbrach aus Versehen den Stuhl. | 10. Der Schnee schmolz auf den Bergen.

7. Ergänzen Sie die Lücken in der folgenden Tabelle.

Indikativ Präsens	Präteritum	Imperfekt
cymeraf i		
	rhedodd ef/hi	
		dychwelem ni
cosbir		
	dychwelaist ti	
		gallent hwy (gallen nhw)

8. Übersetzen Sie nach dem Muster von *troi* „(sich) wenden“ bzw. *mwynhau* „genießen“ die folgenden Sätze ins Deutsche.

1. Clown y drws a’r ffenestri! | 2. Trodd y dynion i’r ochr arall. | 3. Deffrôi ef yn gynnar. | 4. Y mae’r ci’n cnoi’r asgwrn. | 5. Rhof yr arian i’m tad yfory. | 6. Cadarnhawyd yr ameuaethau hyn. | 7. Caniataer y cyfryw pethau! | 8. Trodd ei hwyneb i’r haul. | 9. Cryfhaodd y datblygiadau hyn y blaid. | 10. Gwacao’r ymwelywr eu cwpanau.

9. Übersetzen Sie nach dem Muster von *troi* „(sich) wenden“ bzw. *mwynhau* „genießen“ die folgenden Sätze ins Walisische.

1. Die Arbeiten dauerten gewöhnlich die Nacht hindurch an. | 2. Er entfernte sich schnell. | 3. Schließ die Zimmertür auf! | 4. Wir genossen das Essen im Hotel des Dorfes. | 5. Der Junge darf nach Hause gehen. | 6. Die Kinder wurden bestraft. | 7. Diese Entwicklung wird den Widerstand schwächen. | 8. Jede Woche reinigte er die Zimmer. | 9. Ich hatte viele Geschenke bekommen. | 10. Genießt euer Essen! (= Guten Appetit!)

17 Das Verb bod „sein“ und weitere mit bod zusammengesetzte Verben

Die Formen des Verbs bod *sein* lauten wie folgt:

Indikativ Präsens

	schriftsprachlich	umgangssprachlich	deutsch
1. Sg.	(yr) (yd)wyf fi	rydw, rwy i, dw i	*ich bin*
2. Sg.	(yr) (yd)wyt ti	rwyt ti	*du bist*
3. Sg.	(yd)yw, (y) mae, oes	yw, ydy, mae e/o, hi	*er, sie ist*
1. Pl.	(yr) ydym, ŷm ni	rydyn, rŷn ni	*wir sind*
2. Pl.	(yr) (yd)ych chwi	r(yd)ych chi	*ihr seid*
3. Pl.	ydynt, ŷnt, (y) maent hwy	maen nhw	*sie sind*
Unpers.	(yr) y(dy)s		*man ist*
Relativ	(y) sy(dd)	sy	*welche(r, -s) ist, welche sind*

Konjunktiv Präsens (nur schriftsprachlich)

	walisisch	deutsch
1. Sg.	bwyf, byddwyf	*ich möge sein*
2. Sg.	bych, byddych, byddech	*du mögest sein*
3. Sg.	bo, byddo	*er, sie möge sein*
1. Pl.	bôm, byddom	*wir mögen sein*
2. Pl.	boch, byddoch	*ihr mögt sein*
3. Pl.	bônt, byddont	*sie mögen sein*
Unpers.	bydder	*man möge sein*

Imperativ

	schriftsprachlich	umgangssprachlich	deutsch
2. Sg.	bydd	bydd	*sei!*
3. Sg.	bydded, boed, bid		*er, sie sei / soll sein!*
1. Pl.	byddwn		*lasst uns sein!*
2. Pl.	byddwch	byddwch	*seid!*
3. Pl.	byddent		*sie sollen sein!*

Futur

	schriftsprachlich	umgangssprachlich	deutsch
1. Sg.	byddaf i	bydda i	*ich werde sein*
2. Sg.	byddi di	byddi di	*du wirst sein*
3. Sg.	bydd ef, hi	bydd e/o, hi	*er, sie wird sein*
1. Pl.	byddwn ni	byddwn ni	*wir werden sein*
2. Pl.	byddwch chwi	byddwch chi	*ihr werdet sein*
3. Pl.	byddant hwy	byddan nhw	*sie werden sein*
Unpers.	byddir		*man wird sein*

Indikativ Imperfekt (gewöhnliche Form)

	schriftsprachlich	umgangssprachlich	deutsch
1. Sg.	yr oeddwn i	roeddwn i	*ich war*
2. Sg.	yr oeddit ti	roeddet ti	*du warst*
3. Sg.	yr oedd ef, hi	roedd e/o, hi	*er, sie war*
1. Pl.	yr oeddem ni	roedden ni	*wir waren*
2. Pl.	yr oeddech chwi	roeddech chi	*ihr wart*
3. Pl.	yr oeddynt hwy	roedden nhw	*sie waren*
Unpers.	yr oeddid		*man war*

Imperfekt (habituelle und konditionale Form)

	schriftsprachlich	umgangssprachlich	deutsch
1. Sg.	byddwn i	byddwn i	*ich pflegte zu sein / wäre*
2. Sg.	byddit ti	byddet ti	*du pflegtest zu sein / wärest*
3. Sg.	byddai ef, hi	byddai fe/fo, hi	*er, sie pflegte zu sein / wäre*
1. Pl.	byddem ni	bydden ni	*wir pflegten zu sein / wären*
2. Pl.	byddech chwi	byddech chi	*ihr pflegtet zu sein / wäret*
3. Pl.	byddent hwy	bydden nhw	*sie pflegten zu sein / wären*
Unpers.	byddid		*man pflegte zu sein / wäre*

Konjunktiv Imperfekt (Konditional) nach pe *wenn*

	schriftsprachlich	umgangssprachlich	deutsch
1. Sg.	pe bawn i, petáwn i	pe bawn i, petáwn i	*wenn ich wäre*
2. Sg.	pe bait ti, petáit ti	pe baet ti, petáet ti	*wenn du wärst*
3. Sg.	pe bai ef, hi, petái ef, hi	pe bae e/o, hi, petái e/o, hi	*wenn er, sie wäre*
1. Pl.	pe baem ni, petâem ni	pe baen ni, petáen ni	*wenn wir wären*
2. Pl.	pe baech chwi, petâech chwi	pe baech chi, petáech chi	*wenn ihr wärt*
3. Pl.	pe baent hwy, petâent hwy	pe baen nhw, petáen nhw	*wenn sie wären*

Präteritum

	schriftsprachlich	umgangssprachlich	deutsch
1. Sg.	bûm i	bues i	*ich war*
2. Sg.	buost ti	buest ti	*du warst*
3. Sg.	bu ef, hi	buodd e/o, hi	*er, sie war*
1. Pl.	buom ni	buon ni	*wir waren*
2. Pl.	buoch chwi	buoch chi	*ihr wart*
3. Pl.	buont hwy	buon nhw	*sie waren*
Unpers.	buwyd		*man war*

Plusquamperfekt (umgangssprachlich nicht zur Bezeichnung der Vorvergangenheit, sondern nur in konditionaler Bedeutung nach pe *wenn*)

	schriftsprachlich	umgangssprachlich	deutsch
1. Sg.	buaswn i	baswn i	*ich war gewesen*
2. Sg.	buasit ti	basit ti	*du warst gewesen*
3. Sg.	buasai ef, hi	basai fe/fo, hi	*er, sie war gewesen*
1. Pl.	buasem ni	basen ni	*wir waren gewesen*
2. Pl.	buasech chwi	basech chi	*ihr wart gewesen*
3. Pl.	buasent hwy	basen nhw	*sie waren gewesen*
Unpers.	buasid		*man war gewesen*

Für die Verwendung der Formen (y) mae, yw/ydyw, oes und sydd (3. Person Singular Indikativ Präsens) gelten die folgenden Regeln:

Die Form (y) mae steht

(1.) in einem positiven Aussagesatz, wenn auf das bestimmte oder unbestimmte Subjekt yn + Adjektiv oder Substantiv oder yn + Verbalnomen folgt (Mae Siân yn athrawes *Siân ist eine Lehrerin*, Y mae bara yn y cwpwrdd *Brot ist im Schrank*, Y mae hi'n gweithio *Sie arbeitet*),

(2.) nach einem Verbalnomen, Adverb oder adverbiellem Ausdruck, das zur Hervorhebung an den Satzanfang gestellt wurde (Yn y cwpwrdd y mae bara *Im* ***Schrank*** *ist Brot*, Gweithio y mae hi *Sie* ***arbeitet***),

(3.) nach fel (ag) und megis (ag) *wie*, ble *wo*, sut *wie*, pam *warum* und pryd *wann* (Y mae'n rhaid derbyn dyn fel ag y mae *Man muss einen Menschen nehmen, wie er ist*, Ble mae'r dynion yn gweithio? *Wo arbeiten die Männer?*, Sut mae'r tywydd? *Wie ist das Wetter?*),

(4.) in einem Relativsatz, wenn im Deutschen das Relativpronomen im Genitiv oder nach einer Präposition steht (Dyna'r ferch y mae ei mam wedi marw *Das ist das Mädchen, dessen Mutter gestorben ist*, Dydd Nadolig yw'r dydd y mae pawb yn hapus *Weihnachten ist der Tag, an dem jeder glücklich ist*).

Die Form yw/ydyw steht

(1.) in einem negativen Aussagesatz, wenn das Subjekt bestimmt ist (Nid yw Gwilym yma *Gwilym ist nicht hier*) oder wenn auf ein unbestimmtes Subjekt yn + Adjektiv oder Substantiv oder yn + Verbalnomen folgt (Nid yw ef yn ffermwr *Er ist kein Landwirt*, Nid yw plant yn dweud y gwir bob amser *Kinder sagen nicht immer die Wahrheit*),

(2.) nach den Interrogativpartikeln a und onid, wenn das Subjekt bestimmt ist (A ydyw'r plant yn yr ardd? *Sind die Kinder im Garten?*, Onid yw ef yn gweithio? *Arbeitet er nicht?*) oder wenn auf ein unbestimmtes Subjekt yn + Adjektiv oder Substativ oder yn + Verbalnomen folgt (A ydyw gwin yn well na ddŵr? *Ist Wein besser als Wasser?*, Onid ydyw plant yn chwarae yn yr ardd? *Spielen nicht Kinder im Garten?*),

(3.) wenn das als Prädikatsnomen gebrauchte Adjektiv oder Substantiv nicht nach yn auf das Subjekt folgt, sondern vor das Verb an den Satzanfang gestellt wird (Athrawes yw Siân *Siân ist Lehrerin*),

(4.) in verneinten Aussage- und Fragesätzen nach fel nad, ble nad, sut nad, pam nad und pryd nad (Mae'r baich hwn mor drwm fel nad yw'n hawdd imi ei gario *Diese Last ist so schwer, dass es nicht leicht für mich ist, sie zu tragen*, Pam nad ywr'r merched yn canu? *Warum singen die Mädchen nicht?*),

(5.) in einem verneinten Relativsatz, wo nad y(dy)w anstelle der positiven Relativform sydd steht (Ef yw'r bachgen nad yw'n gweithio *Er ist der Junge, der nicht arbeitet*),

(6.) in einem Konditionalsatz nach os *wenn*, falls das Subjekt bestimmt ist oder wenn auf ein unbestimmtes Subjekt yn + Adjektiv oder Substantiv oder yn + Verbalnomen folgt,

(7.) nach pan *wenn*, falls man zum Ausdruck einer konkreten Zeitangabe statt der Konjunktivform bo bzw. fo den Indikativ bevorzugt.

Die Form oes drückt ein Vorhandensein bzw. Nichtvorhandensein aus, und zwar

(1.) nach der Negationspartikel nid in einem verneinten Aussagesatz (Nid oes neb yma *Hier ist niemand / gibt es niemanden*, Nid oes arian ganddo *Er hat kein Geld*),

(2.) nach den Interrogativpartikeln a und onid in einem positiven bzw. negativen Fragesatz (A oes llawer o bobl yn y pentref? *Gibt es viele Leute im Dorf?*, Onid oes peth bwyd yma? *Gibt es hier nicht etwas zu essen?*),

(3.) nach der Negationspartikel nad in einem verneinten Relativsatz mit unbestimmtem Subjekt (tŷ nad oes neb yn byw ynddo *ein Haus, in dem niemand lebt*),

(4.) nach der Konjunktion os in einem Bedingungssatz mit unbestimmtem Subjekt (Os oes annwyd arnat, aros gartref *Wenn du eine Erkältung hast, bleib zu Hause*).

Die Form sy(dd) steht,

(1.) wenn in einem Relativsatz das Bezugswort im Nominativ steht (Pwy yw'r plant sydd yn chwarae / sy'n chwarae yn yr ardd? *Wer sind die Kinder, die im Garten spielen?*),

(2.) wenn das Subjekt zum Zweck der Hervorhebung vor das Verb an den Satzanfang gestellt wird (Ti sy ar fai! ***Du** bist schuld!*, Dyn enwog iawn sy gyda ni heno *Ein sehr berühmter Mann ist heute Abend bei uns*),

(3.) wenn das Subjekt vor das Verb an den Satzanfang gestellt wird, ohne dass eine Hervorhebung beabsichtigt ist (Yr adeilad sydd uchel = Mae'r adeilad yn uchel *Das Gebäude ist hoch*). Diese als *brawddeg annormal* oder *abnormal sentence* bezeichnete Konstruktion begegnet überaus häufig in der walisischen Bibelübersetzung von 1588 (A'r angel a ddywedodd wrthynt *Und der Engel sprach zu ihnen*) sowie in Texten, die den Stil dieser Bibelübersetzung nachahmen oder sich daran anzulehnen suchen. Sie ist heute jedoch weitgehend ungebräuchlich.

Einige weitere mit bod zusammengesetzten Verben werden – mit Ausnahme des Indikativs Präsens und des gewöhnlichen (nicht-habituellen) Indikativs Imperfekt – wie bod konjugiert, nur dass das anlautende *b-* von bod im Wortinnern als *-f-* erscheint. Dabei handelt es sich um canfyddaf *bemerken*, cyfarfyddaf *(sich) treffen*, darfyddaf *sterben* und *geschehen*, darganfyddaf *entdecken*, gorfyddaf *(be)siegen* oder *müssen* sowie hanfyddaf *abstammen* oder *sein*. Besonders zu beachten sind dabei folgende Punkte:

(1.) Cyfarfyddaf *(sich) treffen* verwendet man entweder transitiv (Daeth ef i'm cyfarfod *Er kam, um mich zu treffen*) oder intransitiv mit der Präposition â/ag (Cyfarfu ef â mi *Er traf sich mit mir*).

(2.) Darfyddaf bedeutet *vergehen*, *eingehen* oder *sterben* (Mae'r poenau wedi mynd; darfuant yn llwyr *Die Schmerzen sind weg; sie sind vollständig vergangen*, Oni roi ddŵr i'r planhigion fe ddarfyddant *Wenn du den Pflanzen kein Wasser gibst, werden sie eingehen*). Nur in der 3. Person bedeutet das Verb mitunter *geschehen*. In Verbindung mit einem weiteren Verb wird darfu (NW daru) – oft in Verbindung mit der Präposition i – mitunter wie ein Hilfsverb verwendet (Ni ddarfu imi sylwi pwy oedd yno *Ich habe nicht bemerkt, wer dort war*, Darfu John fynd i'r pentref *John ging ins Dorf*).

(3.) Gorfyddaf in der Bedeutung *(be)siegen* wird entweder transitiv oder intransitiv mit der Präposition ar *über* verwendet (Gorfu ef ar y gelyn *Er besiegte den Feind*). In Verbindung mit i oder ar und einem weiteren Verb kann gorfod aber auch die Notwendigkeit einer Handlung ausdrücken (Gorfu i Owen ffoi *Owen musste fliehen*, Gorfydd ar y bobl aros *Die Leute werden bleiben müssen*). Ebenso bedeutet bod yn gorfod vor einem Verbalnomen so viel wie *(etwas tun) müssen* (Yr ydym yn gorfod mynd nawr *Wir müssen jetzt gehen*, Mae hi'n gorfod gweithio'n galed *Sie muss hart arbeiten*).

(4.) Von hanfyddaf *abstammen* oder *sein* verwendet man heute nur noch das Verbalnomen hanfod sowie als Grußformel die 2. Person Singular Imperativ Henffych! (ursprünglich Henffych well!) *Sei gegrüßt!*

Die Formen des Verbs gwybod *wissen* lauten wie folgt:

Indikativ Präsens

	schriftsprachlich	umgangssprachlich	deutsch
1. Sg.	gwn i	gwn i	*ich weiß*
2. Sg.	gwyddost ti	gwyddost ti	*du weißt*
3. Sg.	gŵyr ef, hi	gŵyr e/o, hi	*er, sie weiß*
1. Pl.	gwyddom ni	gwyddon ni	*wir wissen*
2. Pl.	gwyddoch chwi	gwyddoch chi	*ihr wisst*
3. Pl.	gwyddant hwy	gwyddan nhw	*sie wissen*
Unpers.	gŵys, gwyddys		*man weiß*

Konjunktiv Präsens (nur schriftsprachlich)

	walisisch	deutsch
1. Sg.	gwypwyf, gwybyddwyd	*ich möge wissen*
2. Sg.	gwypych, gwybyddych	*du mögest wissen*
3. Sg.	gwypo, gwybyddo	*er, sie möge wissen*
1. Pl.	gwypom, gwybyddom	*wir mögen wissen*
2. Pl.	gwypoch, gwybyddoch	*ihr mögt wissen*
3. Pl.	gwypont, gwybyddont	*sie mögen wissen*
Unpers.	gwyper, gwybydder	*man möge wissen*

Imperativ (nur schriftsprachlich)

	walisisch	deutsch
2. Sg.	gwybydd	*wisse!*
3. Sg.	gwyped, gwybydded	*er, sie wisse / soll wissen!*
1. Pl.	gwybyddwn	*lasst uns wissen!*
2. Pl.	gwybyddwch	*wisst!*
3. Pl.	gwypent, gwybyddent	*sie sollen wissen!*

Futur (nur schriftsprachlich)

	walisisch	deutsch
1. Sg.	gwybyddaf	*ich werde wissen*
2. Sg.	gwybyddi	*du wirst wissen*
3. Sg.	gwybydd	*er, sie wird wissen*
1. Pl.	gwybyddwn	*wir werden wissen*
2. Pl.	gwybyddwch	*ihr werdet wissen*
3. Pl.	gwybyddant	*sie werden wissen*
Unpers.	gwybyddir	*man wird wissen*

Indikativ Imperfekt

	schriftsprachlich	umgangssprachlich	deutsch
1. Sg.	gwyddwn i	gwyddwn i	*ich pflegte zu wissen*
2. Sg.	gwyddit ti	gwyddet ti	*du pflegtest zu wissen*
3. Sg.	gwyddai ef, hi	gwyddai fe/fo, hi	*er, sie pflegte zu wissen*
1. Pl.	gwyddem ni	gwydden ni	*wir pflegten zu wissen*
2. Pl.	gwyddech chwi	gwyddech chi	*ihr pflegtet zu wissen*
3. Pl.	gwyddent hwy	gwydden nhw	*sie pflegten zu wissen*
Unpers.	gwyddid		*man pflegte zu wissen*

Konjunktiv Imperfekt (nur schriftsprachlich)

	walisisch	deutsch
1. Sg.	gwypwn, gwybyddwn	*ich wüsste*
2. Sg.	gwypit, gwybyddit	*du wüsstest*
3. Sg.	gwypai, gwybyddai	*er, sie wüsste*
1. Pl.	gwypem, gwybyddem	*wir wüssten*
2. Pl.	gwypech, gwybyddech	*ihr wüsstet*
3. Pl.	gwypent, gwybyddent	*sie wüssten*
Unpers.	gwypid, gwybyddid	*man wüsste*

Präteritum (nur schriftsprachlich)

	walisisch	deutsch
1. Sg.	gwybûm i	*ich wusste*
2. Sg.	gwybuost ti	*du wusstest*
3. Sg.	gwybu ef, hi	*er, sie wusste*
1. Pl.	gwybuom ni	*wir wussten*
2. Pl.	gwybuoch chwi	*ihr wusstet*
3. Pl.	gwybuont hwy	*sie wussten*
Unpers.	gwybuwyd	*man wusste*

Plusquamperfekt (nur schriftsprachlich)

	walisisch	deutsch
1. Sg.	gwybuaswn i	*ich hatte gewusst*
2. Sg.	gwybuasit ti	*du hattest gewusst*
3. Sg.	gwybuasai ef, hi	*er, sie hatte gewusst*
1. Pl.	gwybuasem ni	*wir hatten gewusst*
2. Pl.	gwybuasech chwi	*ihr hattet gewusst*
3. Pl.	gwybuasent hwy	*sie hatten gewusst*
Unpers.	gwybuasid	*man hatte gewusst*

Die Formen des Verbs adnabod *(er)kennen* lauten wie folgt:

Indikativ Präsens (nur schriftsprachlich)

	walisisch	deutsch
1. Sg.	adwaen, adwen i	*ich (er)kenne*
2. Sg.	adwaenost, adweini di	*du (er)kennst*
3. Sg.	adwaen, adwen, edwyn ef, hi	*er, sie (er)kennt*
1. Pl.	adwaenom ni	*wir (er)kennen*
2. Pl.	adwaenoch chwi	*ihr (er)kennt*
3. Pl.	adwaenant hwy	*sie (er)kennen*
Unpers.	adwaenir, adweinir	*man (er)kennt*

Konjunktiv Präsens (nur schriftsprachlich)

	walisisch	deutsch
1. Sg.	adnapwyf, adnabyddwyf i	*ich möge (er)kennen*
2. Sg.	adnepych, adnabyddych di	*du mögest (er)kennen*
3. Sg.	adnapo, adnabyddo ef, hi	*er, sie möge (er)kennen*
1. Pl.	adnapom, adnabyddom ni	*wir mögen (er)kennen*
2. Pl.	adnapoch, adnabyddoch chwi	*ihr mögt (er)kennen*
3. Pl.	adnapont, adnabyddont hwy	*sie mögen (er)kennen*
Unpers.	adnaper, adnabydder	*man möge (er)kennen*

Imperativ (nur schriftsprachlich)

	walisisch	deutsch
2. Sg.	adnebydd	*erkenne!*
3. Sg.	adnabydded	*er, sie erkenne / soll (er)kennen!*
1. Pl.	adnabyddwn	*lasst uns (er)kennen!*
2. Pl.	adnabyddwch	*erkennt!*
3. Pl.	adnabyddent	*sie sollen (er)kennen!*

Futur

	schriftsprachlich	umgangssprachlich	deutsch
1. Sg.	adnabyddaf i	nabydda i	*ich werde (er)kennen*
2. Sg.	adnabyddi di	nabyddi di	*du wirst (er)kennen*
3. Sg.	adnebydd ef, hi	nabyddiff/-ith e/o, hi	*er, sie wird (er)kennen*
1. Pl.	adnabyddwn ni	nabyddwn ni	*wir werden (er)kennen*
2. Pl.	adnabyddwch chwi	nabyddwch chi	*ihr werdet (er)kennen*
3. Pl.	adnabyddant hwy	nabyddan nhw	*sie werden (er)kennen*
Unpers.	adnabyddir		*man wird (er)kennen*

Indikativ Imperfekt (nur schriftsprachlich)

	walisisch	deutsch
1. Sg.	adwaenwn i	*ich pflegte zu (er)kennen*
2. Sg.	adwaenit ti	*du pflegtest zu (er)kennen*
3. Sg.	adwaenai ef, hi	*er, sie pflegte zu (er)kennen*
1. Pl.	adwaenem ni	*wir pflegten zu (er)kennen*
2. Pl.	adwaenech chwi	*ihr pflegtet zu (er)kennen*
3. Pl.	adwaenent hwy	*sie pflegten zu (er)kennen*
Unpers.	adwaenid, adweinid	*man pflegte zu (er)kennen*

Konjunktiv Imperfekt

	schriftsprachlich	umgangssprachlich	deutsch
1. Sg.	adnapwn, adnabyddwn i	nabyddwn i	*ich würde (er)kennen*
2. Sg.	adnapit, adnabyddit ti	nabyddet ti	*du würdest (er)kennen*
3. Sg.	adnapai, adnabyddai ef, hi	nabyddai fe/fo, hi	*er, sie würde (er)kennen*
1. Pl.	adnapem, adnabyddem ni	nabydden ni	*wir würden (er)kennen*
2. Pl.	adnapech, adnabyddech chwi	nabyddech chi	*ihr würdet (er)kennen*
3. Pl.	adnapent, adnabyddent hwy	nabydden nhw	*sie würden (er)kennen*
Unpers.	adnapid, adnabyddid		*man würde (er)kennen*

Präteritum

	schriftsprachlich	umgangssprachlich	deutsch
1. Sg.	adnabûm i	nabyddais i	*ich (er)kannte*
2. Sg.	adnabuost ti	nabyddaist ti	*du (er)kanntest*
3. Sg.	adnabu ef, hi	nabyddodd e/o, hi	*er, sie (er)kannte*
1. Pl.	adnabuom ni	nabydd(s)on ni	*wir (er)kannten*
2. Pl.	adnabuoch chwi	nabydd(s)och chi	*ihr (er)kanntet*
3. Pl.	adnabuont, -ant hwy	nabydd(s)on nhw	*sie (er)kannten*
Unpers.	adnabuwyd		*man (er)kannte*

Plusquamperfekt (nur schriftsprachlich)

	walisisch	deutsch
1. Sg.	adnabuaswn i	*ich hatte (er)kannt*
2. Sg.	adnabuasit ti	*du hattest (er)kannt*
3. Sg.	adnabuasai ef, hi	*er, sie hatte (er)kannt*
1. Pl.	adnabuasem ni	*wir hatten (er)kannt*
2. Pl.	adnabuasech chwi	*ihr hattet (er)kannt*
3. Pl.	adnabuasent hwy	*sie hatten (er)kannt*
Unpers.	adnabuasid	*man hatte (er)kannt*

Die Formen des Verbs cydnabod *anerkennen* werden analog zu denen von adnabod gebildet, nur dass das Futur auch die Stelle des Präsens vertritt, da keine besonderen Präsensformen gebräuchlich sind.

Übungen

1. Ergänzen Sie die Lücken der folgenden Tabelle.

Indikativ Präsens	Konjunktiv Präsens	Präteritum
yr (yd)wyf fi (rydw i)		
	bo	
		buom ni (buon ni)
(yr) y(dy)s		
	by(ddy)ch di	
		buont hwy (buon nhw)

2. Übersetzen Sie ins Deutsche.

1. Nid athrawes yw hi. | 2. Y mae'r bara ar y ford. | 3. Byddwn i'n gweithio yn y prynhawn. | 4. Byddwch yn dawel! | 5. Hi yw'r ferch nad oedd yn yr ysgol ddoe. | 6. Dyna'r ci a frathodd y plentyn. | 7. A fyddi di yma? | 8. Yr oeddwn i yn y pentref ddoe. | 9. Gwelais i'r bachgen y mae ei dad wedi marw. | 10. A oes llawer o gadeiriau yn yr ystafell fach?

3. Ergänzen Sie die Lücken der folgenden Tabelle.

Futur	Imperfekt (gewöhnl. Form)	Plusquamperfekt
byddi di		
	yr oeddid	
		buasech chwi
byddaf fi		
	yr oeddem ni (roedden ni)	
		buasai ef/hi

4. Übersetzen Sie ins Walisische.

1. Dies ist ein Stein. | 2. Warum gehst du nicht mit uns zur Burg? | 3. Dies ist ein Supermarkt. | 4. Sie sind / Ihr seid sehr freundlich. | 5. Das ist das Kind, das im Garten spielte. | 6. Die alte Schule war sehr klein. | 7. Wenn du das glaubst, kann ich dir nicht helfen. | 8. Wer war der Mann, den du sahst? | 9. Wer lebt in dem Haus, das man verkaufte? | 10. Warum lernst du diese Lektion nicht?

Yn Amgueddfa Lechi Cymru, Llanberis.

Im Nationalen Schiefer-Museum von Wales, Llanberis.

18 Andere unregelmäßige Verben

Die Formen des Verbs mynd *gehen* lauten wie folgt:

Indikativ Präsens

	schriftsprachlich	umgangssprachlich	deutsch
1. Sg.	af i	â / af i	*ich gehe / werde gehen*
2. Sg.	ei di	ei di	*du gehst / wirst gehen*
3. Sg.	â ef, hi	aiff/eith e/o, hi	*er, sie geht / wird gehen*
1. Pl.	awn ni	awn ni	*wir gehen / werden gehen*
2. Pl.	ewch chwi	ewch chi	*ihr geht / werdet gehen*
3. Pl.	ânt hwy	ân nhw	*sie gehen / werden gehen*
Unpers.	eir		*man geht*

Konjunktiv Präsens (nur schriftsprachlich)

	walisisch	deutsch
1. Sg.	elwyf i	*ich möge gehen*
2. Sg.	elych di	*du mögest gehen*
3. Sg.	êl/elo ef, hi	*er, sie möge gehen*
1. Pl.	elom ni	*wir mögen gehen*
2. Pl.	eloch chwi	*ihr mögt gehen*
3. Pl.	elont hwy	*sie mögen gehen*
Unpers.	eler	*man möge gehen*

Imperativ

	schriftsprachlich	umgangssprachlich	deutsch
2. Sg.	dos	dos, cer	*geh!*
3. Sg.	aed, eled		*er, sie gehe / soll gehen!*
1. Pl.	awn		*lasst uns gehen!*
2. Pl.	ewch	ewch, cerwch	*geht!*
3. Pl.	aent, elent		*sie sollen gehen!*

Indikativ Imperfekt

	schriftsprachlich	umgangssprachlich	deutsch
1. Sg.	awn i	awn i	*ich pflegte zu gehen*
2. Sg.	ait ti	aet ti	*du pflegtest zu gehen*
3. Sg.	âi ef, hi	âi fe/fo, hi	*er, sie pflegte zu gehen*
1. Pl.	aem ni	aen ni	*wir pflegten zu gehen*
2. Pl.	aech chwi	aech chi	*ihr pflegtet zu gehen*
3. Pl.	aent hwy	aen bhw	*sie pflegten zu gehen*
Unpers.	eid		*man pflegte zu gehen*

Konjunktiv Imperfekt (nur schriftsprachlich)

	walisisch	deutsch
1. Sg.	elwn i	*ich würde gehen*
2. Sg.	elit ti	*du würdest gehen*
3. Sg.	elai ef, hi	*er, sie würde gehen*
1. Pl.	elem ni	*wir würden gehen*
2. Pl.	elech chwi	*ihr würdet gehen*
3. Pl.	elent hwy	*sie würden gehen*
Unpers.	elid	*man würde gehen*

Präteritum

	schriftsprachlich	umgangssprachlich	deutsch
1. Sg.	euthum i	es i	*ich ging*
2. Sg.	aethost ti	est ti	*du gingst*
3. Sg.	aeth ef, hi	aeth e/o, hi	*er, sie ging*
1. Pl.	aethom ni	aethon ni	*wir gingen*
2. Pl.	aethoch chwi	aethoch chi	*ihr gingt*
3. Pl.	aethant hwy	aethon nhw	*sie gingen*
Unpers.	aethpwyd, aed		*man ging*

Plusquamperfekt (nur schriftsprachlich)

	walisisch	deutsch
1. Sg.	aethwn, elswn i	*ich war gegangen*
2. Sg.	aethit, elsit ti	*du warst gegangen*
3. Sg.	aethai, elsai ef, hi	*er, sie war gegangen*
1. Pl.	aethem, elsem ni	*wir waren gegangen*
2. Pl.	aethech, elsech chwi	*ihr wart gegangen*
3. Pl.	aethent, elsent hwy	*sie waren gegangen*
Unpers.	aethid, elsid	*man war gegangen*

Die Formen des Verbs gwneuthur/gwneud *tun* lauten wie folgt:

Indikativ Präsens

	schriftsprachlich	umgangssprachlich	deutsch
1. Sg.	gwnaf i	gwnaf, gwnâ i	*ich tue / werde tun*
2. Sg.	gwnei di	gwnei di	*du tust / wirst tun*
3. Sg.	gwnâ ef, hi	gwnaiff/eith e/o, hi	*er, sie tut / wird tun*
1. Pl.	gwnawn ni	gwnawn ni	*wir tun / werden tun*
2. Pl.	gwnewch chwi	gwnewch chi	*ihr tut / werdet tun*
3. Pl.	gwnânt hwy	gwnân nhw	*sie tun / werden tun*
Unpers.	gwneir		*man tut*

Konjunktiv Präsens (nur schriftsprachlich)

	walisisch	deutsch
1. Sg.	gwnelwyf i	*ich möge tun*
2. Sg.	gwnelych di	*du mögest tun*
3. Sg.	gwnêl/gwnelo ef, hi	*er, sie möge tun*
1. Pl.	gwnelom ni	*wir mögen tun*
2. Pl.	gwneloch chwi	*ihr mögt tun*
3. Pl.	gwnelont hwy	*sie mögen tun*
Unpers.	gwneler	*man möge tun*

Imperativ

	schriftsprachlich	umgangssprachlich	deutsch
2. Sg.	gwna	gwna	*tu!*
3. Sg.	gwnaed		*er tue / soll tun!*
1. Pl.	gwnawn		*lasst uns tun!*
2. Pl.	gwnewch	gwnewch	*tut!*
3. Pl.	gwnaent, gwnelent		*sie sollen tun!*

Indikativ Imperfekt

	schriftsprachlich	umgangssprachlich	deutsch
1. Sg.	gwnawn i	gwnawn i	*ich pflegte zu tun*
2. Sg.	gwnait ti	gwnaet ti	*du pflegtest zu tun*
3. Sg.	gwnâi ef, hi	gwnâi fe/fo, hi	*er, sie pflegte zu tun*
1. Pl.	gwnaem ni	gwnaen ni	*wir pflegten zu tun*
2. Pl.	gwnaech chwi	gwnaech chi	*ihr pflegtet zu tun*
3. Pl.	gwnaent hwy	gwnaen nhw	*sie pflegten zu tun*
Unpers.	gwneid		*man pflegte zu tun*

Konjunktiv Imperfekt (nur schriftsprachlich)

	walisisch	deutsch
1. Sg.	gwnelwn i	*ich würde tun*
2. Sg.	gwnelit ti	*du würdest tun*
3. Sg.	gwnelai ef, hi	*er, sie würde tun*
1. Pl.	gwnelem ni	*wir würden tun*
2. Pl.	gwnelech chwi	*ihr würdet tun*
3. Pl.	gwnelent hwy	*sie würden tun*
Unpers.	gwnelid	*man würde tun*

Präteritum

	schriftsprachlich	umgangssprachlich	deutsch
1. Sg.	gwneuthum i	gwnes i	*ich tat*
2. Sg.	gwnaethost ti	gwnest ti	*du tatest*
3. Sg.	gwnaeth ef, hi	gwnaeth e/o, hi	*er, sie tat*
1. Pl.	gwnaethom ni	gwnaethon ni	*wir taten*
2. Pl.	gwnaethoch chwi	gwnaethoch chi	*ihr tatet*
3. Pl.	gwnaethant hwy	gwnaethon nhw	*sie taten*
Unpers.	gwnaethpwyd, gwnaed		*man tat*

Plusquamperfekt (nur schriftsprachlich)

	walisisich	deutsch
1. Sg.	gwnaethwn, gwnelswn i	*ich hatte getan*
2. Sg.	gwnaethit, gwnelsit ti	*du hattest getan*
3. Sg.	gwnaethai, gwnelsai ef, hi	*er, sie hatte getan*
1. Pl.	gwnaethem, gwnelsem ni	*wir hatten getan*
2. Pl.	gwnaethech, gwnelsech chwi	*ihr hattet getan*
3. Pl.	gwnaethent, gwnelsent hwy	*sie hatten getan*
Unpers.	gwnaethid, gwnelsid	*man hatte getan*

In mündlicher Rede wird gwneud *tun* in Verbindung mit einem darauffolgenden Verbalnomen oft wie ein Hilfsverb verwendet: Fe wnaeth e ganu'r gân *Er sang das Lied*.

Die Formen des Verbs dyfod/dod *kommen* lauten wie folgt:

Indikativ Präsens

	schriftsprachlich	umgangssprachlich	deutsch
1. Sg.	deuaf, dof i	dof, do i	*ich komme*
2. Sg.	deui, doi di	doi di	*du kommst*
3. Sg.	daw ef, hi	daw e/o, hi	*er, sie kommt*
1. Pl.	deuwn, down ni	down ni	*wir kommen*
2. Pl.	deuwch, dewch, dowch chwi	dewch, dowch chi	*ihr kommt*
3. Pl.	deuant, dônt hwy	dôn nhw	*sie kommen*
Unpers.	deuir, doir		*man kommt*

Konjunktiv Präsens (nur schriftsprachlich)

	walisisch	deutsch
1. Sg.	delwyf i	*ich möge kommen*
2. Sg.	delych di	*du mögest kommen*
3. Sg.	dêl, delo ef, hi	*er, sie möge kommen*
1. Pl.	delom ni	*wir mögen kommen*
2. Pl.	deloch chwi	*ihr mögt kommen*
3. Pl.	delont hwy	*sie mögen kommen*
Unpers.	deler	*man möge kommen*

Imperativ

	schriftsprachlich	umgangssprachlich	deutsch
2. Sg.	tyred, tyrd	tyrd, dere	*komm!*
3. Sg.	deued, doed		*er, sie komme / soll kommen!*
1. Pl.	deuwn, down		*lasst uns kommen!*
2. Pl.	deuwch, dowch, dewch	dewch, dowch	*kommt!*
3. Pl.	deuent, doent, delent		*sie sollen kommen!*

Indikativ Imperfekt

	schriftsprachlich	umgangssprachlich	deutsch
1. Sg.	deuwn, down i	down i	*ich pflegte zu kommen*
2. Sg.	deuit, doit ti	doet ti	*du pflegtest zu kommen*
3. Sg.	deuai, dôi ef, hi	dôi fe/fo, hi	*er, sie pflegte zu kommen*
1. Pl.	deuem, doem ni	doen ni	*wir pflegten zu kommen*
2. Pl.	deuech, doech chwi	doech chi	*ihr pflegtet zu kommen*
3. Pl.	deuent, doent hwy	doen nhw	*sie pflegten zu kommen*
Unpers.	deuid, doid		*man pflegte zu kommen*

Konjunktiv Imperfekt (nur schriftsprachlich)

	walisisch	deutsch
1. Sg.	delwn i	*ich würde kommen*
2. Sg.	delit ti	*du würdest kommen*
3. Sg.	delai ef, hi	*er, sie würde kommen*
1. Pl.	delem ni	*wir würden kommen*
2. Pl.	delech chwi	*ihr würdet kommen*
3. Pl.	delent hwy	*sie würden kommen*
Unpers.	deler	*man würde kommen*

Präteritum

	schriftsprachlich	umgangssprachlich	deutsch
1. Sg.	deuthum i	des, dois i	*ich kam*
2. Sg.	daethost ti	dest, doist ti	*du kamst*
3. Sg.	daeth ef, hi	daeth, doeth e/o, hi	*er, sie kam*
1. Pl.	daethom ni	daethon ni	*wir kamen*
2. Pl.	daethoch chwi	daethoch chi	*ihr kamt*
3. Pl.	daethant hwy	daethon nhw	*sie kamen*
Unpers.	daethpwyd, deuwyd, doed		*man kam*

Plusquamperfekt (nur schriftsprachlich)

	walisisch	deutsch
1. Sg.	daethwn i	*ich war gekommen*
2. Sg.	daethit ti	*du warst gekommen*
3. Sg.	daethai ef, hi	*er, sie war gekommen*
1. Pl.	daethem ni	*wir waren gekommen*
2. Pl.	daethech chwi	*ihr wart gekommen*
3. Pl.	daethent hwy	*sie waren gekommen*
Unpers.	daethid	*man war gekommen*

Von den folgenden Verben sind jeweils nur einige wenige Formen gebräuchlich:

(1.) Dichon bedeutet eigentlich *kann* (Ni ddichon pren da ddwyn ffrwythau drwg *Ein guter Baum kann keine schlechten Früchte tragen*), wird jedoch häufig als Adverb in der Bedeutung *vielleicht* oder als Substantiv in der Bedeutung *Möglichkeit* verwendet (Dichon na welwn ni ein ffrind eto *Vielleicht sehen wir unseren Freund nicht wieder*, Does dim dichon *Es besteht keine Möglichkeit*).

(2.) Digwydd bedeutet *geschieht* und wird in Verbindung mit der Präposition i zum Ausdruck der Zufälligkeit oder Absichtslosigkeit einer Handlung verwendet (os digwydd ichwi ei weld *wenn ihr ihn zufällig seht*). Davon abgeleitet ist die Verwendung von digwydd in der 1. und 2. Person ohne i mit unmittelbar folgendem (lenierten) Verbalnomen (Digwyddais fynd i'r pentref *Ich ging zufällig ins Dorf*).

(3.) Dylwn *ich sollte* (Imperfekt) und dylaswn *ich hätte sollen* (Plusquamperfekt) verwendet man heute nur noch in diesen beiden Tempora, die vor allem umgangssprachlich ohne erkennbaren Unterschied gebraucht werden (Ni ddylech wneud hynny *Das solltest du nicht tun*, Dylasai ef dalu am y llyfr *Er hätte das Buch bezahlen sollen*, Dylwn/Dylaswn fod wedi dweud hynny ar unwaith *Das hätte ich gleich sagen sollen*).

(4.) Eb, ebe und ebr *sprach* oder *spricht* begegnet nur in diesen Formen in Verbindung mit der Wiedergabe direkter Rede.

(5.) Geni *geboren werden* erscheint nur in dieser Form, dem Verbalnomen, sowie in den unpersönlichen Formen genir (Indikativ Präsens), ganer (Konjunktiv Präsens), genid (Indikativ und Konjunktiv Imperfekt), ganwyd und ganed (Präteritum) sowie ganesid und ganasid (Plusquamperfekt).

(6.) Gweddu *sich gehören* begegnet nur in dieser Form, dem Verbalnomen, sowie in der 3. Person Singular Indikativ Präsens (gwedda) und Imperfekt (gweddai).

(7.) Meddaf *ich sage* (Präsens) und meddwn *ich pflegte zu sagen* (Imperfekt) begegnet nur in diesen beiden Tempora. Wie eb, ebe und ebr werden auch medd und *meddai* (3. Person Singular Indikativ Präsens bzw. Imperfekt) vor allem in Verbindung mit der Wiedergabe direkter Rede verwendet.

(8.) Tycio *nützen* begegnet nur in dieser Form, dem Verbalnomen, sowie in der 3. Person Singular Indikativ Präsens (tycia), Imperfekt (tyciai), Präteritum (tyciodd) und Plusquamperfekt (tyciasai).

Übungen

1. Setzen Sie die folgenden Formen des Verbs *mynd* „gehen“ vom Singular in den Plural oder umgekehrt und ermitteln Sie ihre Bedeutung.

Singular	Plural	Bedeutung
ei di		
	elech chwi	
elwyf i		
	aethom ni (aethon ni)	
dos		
	aem ni	

2. Übersetzen Sie ins Deutsche.

1. Gwnaf fy ngwaith yfory. | 2. Dylasai hi wybod yr ateb. | 3. Awn i'r eglwys yfory! | 4. Dylit ti fynd i'r ysgol ar unwaith. | 5. Dos adref! | 6. „Bydd yn ofalus“, ebe'r fam. | 7. Dewch (*oder*: Dowch) i'r cyfarfod! | 8. Dylai fod yno. | 9. Ganwyd (*oder*: Cafodd ei eni) yng Nghaerfyrddin. | 10. Âi ef i'r brifysgol yn y bore.

3. Setzen Sie die folgenden Formen des Verbs *gwneuthur/gwneud* „tun“ vom Singular in den Plural oder umgekehrt und ermitteln Sie ihre Bedeutung.

Singular	Plural	Bedeutung
gwna		
	gwnelont hwy	
gwnaethit ti		
	gwnawn ni	
gwnâi ef/hi		
	gwnaethoch ch(w)i	

4. Übersetzen Sie ins Walisische.

1. Was werde ich tun? | 2. Sie kamen von der Schule. | 3. Gestern gingen wir zur Burg. | 4. Ich sollte diese Bücher lesen. | 5. Er kam gewöhnlich in den Dorfladen, um Brot zu kaufen. | 6. Ich ging dorthin, um sie zu sehen. | 7. Zum Singfestival kamen viele Leute. | 8. Komm hierher! | 9. Ich sah den Plan, den er machte. | 10. Was ist dein Geburtsdatum?

5. Setzen Sie die folgenden Formen des Verbs *dyfod/dod* „kommen“ vom Singular in den Plural oder umgekehrt und ermitteln Sie ihre Bedeutung.

Singular	Plural	Bedeutung
delych di		
	deuwch (dowch, dewch)	
delai ef/hi		
	daethem ni	
deuaf (dof) i		
	deuent (doent) hwy	

Eglwys y Santes Fair yng Nghonwy. Perthynodd yn wreiddiol i abaty a sefydlwyd gan y Mynaich Gwynion yn y ddeuddegfed ganrif.

Die St.-Marienkirche in Conwy. Sie gehörte ursprünglich zu einem Zisterzienserkloster aus dem 12. Jh.

19 Das Verbalnomen und die unpersönlichen Formen des Verbs

Das Verbalnomen verbindet nominale und verbale Eigenschaften, wobei folgende Punkte zu beachten sind:

(1.) Wenn man das Verbalnomen als Nomen verwendet, gilt es als maskulin. In dieser Funktion kann es durch ein abhängiges Pronomen, ein Demonstrativpronomen oder ein Adjektiv näher bestimmt werden, kann aber auch seinerseits ein vorausgehendes Substantiv näher bestimmen (ei ganu *sein Singen*, y canu hwn *dieses Singen*, cymanfa ganu *Singfestival*).

(2.) Wenn man das Verbalnomen als Verb verwendet, kann es in einer Aufzählung unmittelbar aufeinanderfolgender Handlungen nach einem flektierten Verb anstelle weiterer flektierter Verben stehen (Cododd Dafydd, cael ei frecwast, darllen y papur newydd a mynd i'r swyddfa *Dafydd stand auf, nahm sein Frühstück ein, las die Zeitung und ging ins Büro*).

(3.) Nach den Präpositionen dan *unter* und gan *mit* dient das Verbalnomen im Anschluss an ein flektiertes Verb zum Ausdruck der Gleichzeitigkeit der beiden Handlungen (Aeth ef ymaith dan wylo *Er ging weinend fort*, Cododd ef yn fore iawn gan wybod fod ganddo daith hir o'i flaen *Er stand sehr früh auf in dem Bewusstsein, dass eine lange Reise vor ihm lag*).

(4.) Nach der Präposition ar *auf* dient das Verbalnomen zum Ausdruck einer unmittelbar bevorstehenden Handlung (Yr oedd hi ar fynd adref *Sie war im Begriff, nach Hause zu gehen*, Y mae'r trên ar gyrraedd *Der Zug kommt gerade an*).

(5.) Ein nominales Objekt steht nach dem Verbalnomen und wird – im Unterschied zum nominalen Objekt eines flektierten Verbs – nicht leniert (Clywais gân *Ich hörte ein Lied*, aber: Yr oeddwn yno i glywed cân *Ich war dort, um ein Lied zu hören*). Das pronominale Objekt eines Verbalnomens wird durch ein infigiertes oder präfigiertes abhängiges Personalpronomen ausgedrückt (Y mae ef yn fy ngweld i *Er sieht mich*, Daethum yma i'w gweld ef *Ich kam hierher, um ihn zu sehen*).

(6.) Im Unterschied zu einem flektierten Verb kann man ein Verbalnomen nicht durch ni(d) *nicht* oder na(d) *dass nicht* negieren. Stattdessen verwendet man entweder peidio â + VN oder heb + VN (Gofynnais iddo beidio â mynd yno *Ich bat ihn, nicht dorthin zu gehen*, Yr oeddwn heb ddarllen y llyfr *Ich hatte das Buch nicht gelesen*).

Eine Möglichkeit zur Umschreibung des Passivs besteht in der Verwendung einer unpersönlichen Form des Verbs, wobei der Urheber der Handlung mit Hilfe der Präposition gan *von* ausgedrückt werden kann (Cosbwyd ef gan ei athro *Er wurde von seinem Lehrer bestraft*). Eine andere Möglichkeit besteht in der Verbindung einer Form von cael *bekommen* mit einem Verbalnomen, das durch ein vorangestelltes abhängiges Personalpronomen näher bestimmt wird (vgl. Adeiladir y tŷ *Man baut das Haus* mit Y mae'r tŷ yn cael ei adeiladu *Das Haus wird gebaut* oder Gwerthwyd y llyfrau *Man verkaufte die Bücher* mit Cafodd y llyfrau eu gwerthu *Die Bücher wurden verkauft*). Im Perfekt und Plusquamperfekt kann man das Passiv auch ohne cael allein durch eine Form von bod im Präsens bzw. Imperfekt und der Präposition wedi *nach* + VN umschreiben (Y mae ef wedi ei wrthod *Er ist abgelehnt worden*, Yr oeddynt wedi eu galw *Sie waren gerufen worden*). In einer verneinten Aussage steht dementsprechend heb *ohne* statt wedi.

Übungen

1. Ersetzen Sie bei den folgenden Sätzen das nominale Objekt durch ein pronominales.

1. Y mae ef yn gweld Siân. | 2. Yr wyf yn agor y drws. | 3. Yr oeddech chi'n darllen y llyfr. | 4. Yr ydym yn darparu'r bwyd. | 5. Y mae hi wedi prynu'r blodau. | 6. Y mae hi wedi gwerthu ei char.

2. Übersetzen Sie ins Deutsche.

1. Yr oeddwn ar ddod adref. | 2. Yr oedd y canu'n wych. | 3. Clywais i'r gweiddi. | 4. Y mae codi'n fore yn bwysig iawn. | 5. Anodd fydd gweithio heno. | 6. (Y) Mae'r plentyn bach yn dysgu cerdded. | 7. Awn i'r ystafell fwyta! | 8. (Y) Mae'n rhaid gweithio'n galed. | 9. Aeth y plant i'r ysgol dan ganu. | 10. Gwrthododd ef ddod.

3. Ersetzen Sie in den folgenden Sätzen die Umschreibung des Passivs mit Hilfe einer unpersönlichen Form des Verbs durch die Konstruktion mit *cael* + Verbalnomen.

1. Agorwyd ysgol newydd yn y pentref. | 2. Cydnabyddir y broblem. | 3. Gwrthodwyd amodau'r gwaith gan y gweithwyr. | 4. Gwerthir anifeiliaid yn y siop hon. | 5. Mwynhawyd y bwyd yn y lle hwn. | 6. Adeiladwyd y castell hwn yn y drydedd ganrif ar ddeg.

4. Übersetzen Sie ins Walisische.

1. Gehen oder nicht gehen, das ist die Frage. | 2. Das Haus wird verkauft. | 3. Er wurde dort gesehen. | 4. Im Dorf wird eine neue Schule gebaut. | 5. Ich bat Dafydd, nicht hierher zu kommen. | 6. Ich war dort, ohne von der Sache zu wissen. | 7. Du solltest die ganze Geschichte erzählen. | 8. Die Mutter versuchte, die Kinder zu beruhigen. | 9. Ich würde gerne ein neues Auto kaufen. | 10. Kann sein.

Präpositionen

20 Einfache Präpositionen

Viele einfache Präpositionen, die nur aus einem einzigen Wort bestehen, verursachen bei dem darauffolgenden Wort eine Anlautveränderung, wobei folgende Regeln gelten:

(1.) Die Präpositionen am *um*, ar *auf*, at *hin zu*, gan *mit* oder *von*, heb *ohne*, hyd *bis*, i *für*, o *von*, tan/dan *unter*, tros/dros *über*, trwy/drwy *durch* und wrth *bei* verursachen **Lenierung**, s. ▶ **Kapitel 3**.

(2.) Die Präpositionen â/ag *mit*, gyda *mit* und tua *gegen* verursachen Spirantisierung.

(3.) Die Präposition yn *in* verursacht Nasalierung. (Dabei ist jedoch zu beachten, dass ein Prädikatsnomen nach yn leniert wird und ein Verbalnomen nach yn unverändert bleibt.)

(4.) Die Präpositionen cyn *vor*, er *wegen* und *trotz*, ger *bei*, mewn *in*, rhag *vor*, rhwng *zwischen* und wedi *nach* verursachen keine Anlautveränderung.

Die einfachen Präpositionen â *mit*, cyn *vor*, efo *mit*, ger *bei*, gyda *mit*, hyd *bis*, mewn *in*, tua *gegen* und wedi *nach* bilden keine flektierten Formen. Bei den anderen einfachen Präpositionen bildet man die flektierten Formen wie folgt:

am *um*

	schriftsprachlich	umgangssprachlich	deutsch
1. Sg.	amdanaf fi	amdana, amdano i	*um mich*
2. Sg.	amdanat ti	amdanat, amdanot ti	*um dich*
3. Sg. m.	amdano ef	amdano fe/fo	*um ihn*
3. Sg. f.	amdani hi	amdani hi	*um sie*
1. Pl.	amdanom ni	amdanon ni	*um uns*
2. Pl.	amdanoch chwi	amdanoch chi	*um euch*
3. Pl.	amdanynt hwy	amdanyn nhw	*um sie*

ar *auf*

	schriftsprachlich	umgangssprachlich	deutsch
1. Sg.	arnaf fi	arna, arno i	*auf mir*
2. Sg.	arnat ti	arnat, arnot ti	*auf dir*
3. Sg. m.	arno ef	arno fe/fo	*auf ihm*
3. Sg. f.	arni hi	arni hi	*auf ihr*
1. Pl.	arnom ni	arnon ni	*auf uns*
2. Pl.	arnoch chwi	arnoch chi	*auf euch*
3. Pl.	arnynt hwy	arnyn nhw	*auf sie*

at *hin zu*

	schriftsprachlich	umgangssprachlich	deutsch
1. Sg.	ataf fi	ata, ato i	*hin zu mir*
2. Sg.	atat ti	atat, atot ti	*hin zu dir*
3. Sg. m.	ato ef	ato fe/fo	*hin zu ihm*
3. Sg. f.	ati hi	ati hi	*hin zu ihr*
1. Pl.	atom ni	aton ni	*hin zu uns*
2. Pl.	atoch chwi	atoch chi	*hin zu euch*
3. Pl.	atynt hwy	atyn nhw	*hin zu ihnen*

er *wegen* und *trotz*

	schriftsprachlich	umgangssprachlich	deutsch
1. Sg.	erof fi	erof i	*meinetwegen*
2. Sg.	erot ti	erot ti	*deinetwegen*
3. Sg. m.	erddo ef	erddo fe/fo	*seinetwegen*
3. Sg. f.	erddi hi	erddi hi	*ihretwegen*
1. Pl.	erom ni	eron ni	*unseretwegen*
2. Pl.	eroch chwi	eroch chi	*euretwegen*
3. Pl.	erddynt hwy	erddyn nhw	*ihretwegen*

gan *mit* und *von*

	schriftsprachlich	umgangssprachlich	deutsch
1. Sg.	gennyf fi	gen i	*mit/von mir*
2. Sg.	gennyt ti	gen ti	*mit/von dir*
3. Sg. m.	ganddo ef	ganddo fe/fo	*mit/von ihm*
3. Sg. f.	ganddi hi	ganddi hi	*mit/von ihr*
1. Pl.	gennym ni	gennyn, gynnon ni	*mit/von uns*
2. Pl.	gennych chwi	gennych, gynnoch chi	*mit/von euch*
3. Pl.	ganddynt hwy	ganddyn nhw	*mit/von ihnen*

heb *ohne*

	schriftsprachlich	umgangssprachlich	deutsch
1. Sg.	hebof fi	hebddo i	*ohne mich*
2. Sg.	hebot ti	hebddot ti	*ohne dich*
3. Sg. m.	hebddo ef	hebddo fe/fo	*ohne ihn*
3. Sg. f.	hebddi hi	hebddi hi	*ohne sie*
1. Pl.	hebddom ni	hebddon ni	*ohne uns*
2. Pl.	hebddoch chwi	hebddoch chi	*ohne euch*
3. Pl.	hebdyynt hwy	hebddyn nhw	*ohne sie*

i *für*

	schriftsprachlich	umgangssprachlich	deutsch
1. Sg.	im, imi	i fi, i mi	*für mich*
2. Sg.	it, iti	i ti	*für dich*
3. Sg. m.	iddo ef	iddo fe/fo	*für ihn*
3. Sg. f.	iddi hi	iddi hi	*für sie*
1. Pl.	in, inni	i ni	*für uns*
2. Pl.	ichwi	i chi	*für euch*
3. Pl.	iddynt hwy	iddyn nhw	*für sie*

o *von*

	schriftsprachlich	umgangssprachlich	deutsch
1. Sg.	ohonof fi	ohono i	*von mir*
2. Sg.	ohonot ti	ohonot ti	*von dir*
3. Sg. m.	ohono ef	ohono fe/fo	*von ihm*
3. Sg. f.	ohoni hi	ohoni hi	*von ihr*
1. Pl.	ohonom ni	ohonon ni	*von uns*
2. Pl.	ohonoch chwi	ohonoch chi	*von euch*
3. Pl.	ohonynt hwy	ohonyn nhw	*von ihnen*

rhag *vor*

	schriftsprachlich	umgangssprachlich	deutsch
1. Sg.	rhagof fi	rhagddo i	*vor mir*
2. Sg.	rhagot ti	rhagddot ti	*vor dir*
3. Sg. m.	rhagddo ef	rhagddo fe/fo	*vor ihm*
3. Sg. f.	rhagddi hi	rhagddi hi	*vor ihr*
1. Pl.	rhagom ni	rhagddon ni	*vor uns*
2. Pl.	rhagoch chwi	rhagddoch chi	*vor euch*
3. Pl.	rhagddynt hwy	rhagddyn nhw	*vor ihnen*

rhwng *zwischen*

	schriftsprachlich	umgangssprachlich	deutsch
1. Sg.	rhyngof fi	rhyngddo i	*zwischen mir*
2. Sg.	rhyngot ti	rhyngddot ti	*zwischen dir*
3. Sg. m.	rhyngddo ef	rhyngddo fe/fo	*zwischen ihm*
3. Sg. f.	rhyngddi hi	rhyngddi hi	*zwischen ihr*
1. Pl.	rhyngom ni	rhyngddon ni	*zwischen uns*
2. Pl.	rhyngoch chwi	rhyngddoch chi	*zwischen euch*
3. Pl.	rhyngddynt hwy	rhyngddyn nhw	*zwischen ihnen*

tan/dan *unter*

	schriftsprachlich	umgangssprachlich	deutsch
1. Sg.	tanaf, danaf fi	dana i	*unter mir*
2. Sg.	tanat, danat ti	danat ti	*unter dir*
3. Sg. m.	tano, dano ef	dano fe/fo	*unter ihm*
3. Sg. f.	tani, dani hi	dani hi	*unter ihr*
1. Pl.	tanom, danom ni	danon ni	*unter uns*
2. Pl.	tanoch, danoch chwi	danoch chi	*unter euch*
3. Pl.	tanynt, danynt hwy	danyn nhw	*unter ihnen*

tros/dros *über*

	schriftsprachlich	umgangssprachlich	deutsch
1. Sg.	trosof fi	drosto, droso i	*über mich*
2. Sg.	trosot ti	drostot, drosot ti	*über dich*
3. Sg. m.	trosto ef	drosto fe/fo	*über ihn*
3. Sg. f.	trosti hi	drosti hi	*über sie*
1. Pl.	trosom ni	droston, droson ni	*über uns*
2. Pl.	trosoch chwi	drostoch, drosoch chi	*über euch*
3. Pl.	trostynt hwy	drostyn nhw	*über sie*

trwy/drwy *durch*

	schriftsprachlich	umgangssprachlich	deutsch
1. Sg.	trwof fi	drwyddo i	*durch mich*
2. Sg.	trwot ti	drwyddot ti	*durch dich*
3. Sg. m.	trwyddo ef	drwyddo fe/fo	*durch ihn*
3. Sg. f.	trwyddi hi	drwyddi hi	*durch sie*
1. Pl.	trwom ni	drwyddon ni	*durch uns*
2. Pl.	trwoch chwi	drwyddoch chi	*durch euch*
3. Pl.	trwyddynt hwy	drwyddyn nhw	*durch sie*

wrth *bei*

	schriftsprachlich	umgangssprachlich	deutsch
1. Sg.	wrthyf fi	wrtho i	*bei mir*
2. Sg.	wrthyt ti	wrthot ti	*bei dir*
3. Sg. m.	wrtho ef	wrtho fe/fo	*bei ihm*
3. Sg. f.	wrthi hi	wrthi hi	*bei ihr*
1. Pl.	wrthom ni	wrthon ni	*bei uns*
2. Pl.	wrthoch chwi	wrthoch chi	*bei euch*
3. Pl.	wrthynt hwy	wrthyn nhw	*bei ihnen*

yn *in*

	schriftsprachlich	umgangssprachlich	deutsch
1. Sg.	ynof fi	yno i	*in mir*
2. Sg.	ynot ti	ynot ti	*in dir*
3. Sg. m.	ynddo ef	ynddo fe/fo	*in ihm*
3. Sg. f.	ynddi hi	ynddi hi	*in ihr*
1. Pl.	ynom ni	ynon ni	*in uns*
2. Pl.	ynoch chwi	ynoch chi	*in euch*
3. Pl.	ynddynt hwy	ynddyn nhw	*in ihnen*

Im Hinblick auf den Bedeutungsumfang und die Verwendung der einfachen Präpositionen sind folgende Punkte zu beachten:

Die Präposition â/ag *mit* steht häufig in Verbindung mit dem Mittel zur Ausführung einer Handlung (ysgrifennu ag inc *mit Tinte schreiben*), in Verbindung mit einem Abstraktum zur Bezeichnung der näheren Umstände (dychwelyd rhywbeth â diolch *etwas mit Dank zurückgeben*), zur Bezeichnung eines Besitzverhältnisses (y tŷ â'r ardd fawr *das Haus mit dem großen Garten*) oder nach einem Adverb zur Bezeichnung einer Bewegung (Ymaith ag ef! *Fort mit ihm!*). Mynd â bedeutet *(hin)bringen*, dod â dagegen *(her)bringen*. Nach methaf *versagen* und peidiaf *aufhören* steht â/ag zusammen mit einem Verbalnomen, um die Unterlassung einer Handlung auszudrücken. Häufig steht â/ag außerdem nach Verben, die mit *cyd- (cyt-)*, *cyf- (cyff-)* oder *ym-* zusammengesetzt sind:

walisisch	deutsch
cydwelaf â rhywun	*jdn. besuchen*
cydymffurfiaf â rhywun	*mit jdm. konform gehen*
cyfarfyddaf â rywun	*sich mit jdm. treffen*
cyffyrddaf â rhywun/rhywbeth	*jdn./etw. berühren*
cytunaf â rhywun	*jdm. zustimmen*
dadl(eu)af â rhywun	*mit jdm. streiten*
ymladdaf â rhywun	*mit jdm. kämpfen*
ymwelaf â rhywun	*jdn. besuchen*

Die Präposition am *um* begegnet in Verbindung mit den folgenden Verben:

walisisch	deutsch
anghofiaf am rywun/rywbeth	*jdn./etw. vergessen*
clywaf am rywun/rywbeth	*von jdm./etw. hören*
cofiaf am rywun/rywbeth	*an jdn./etw. denken*
crybwyllaf am rywun/rywbeth	*jdn./etw. erwähnen*
chwiliaf am rywun/rywbeth	*nach jdn./etw. suchen*
diolchaf am rywbeth	*für etw. danken*
disgwyliaf am rywbeth	*etw. erwarten*
edifarhaf am rywbeth	*etw. bereuen*
edrychaf am rywbeth	*etw. suchen*
gweddïaf am rywbeth	*um etw. beten*
gwn am rywbeth	*von etw. wissen*
hiraethaf am rywbeth	*sich nach etw. sehnen*
meddyliaf am rywun/rywbeth	*an jdn./etw. denken*
siaradaf am rywun/rywbeth	*über jdn./etw. sprechen*
soniaf am rywun/rywbeth	*jdn./etw. erwähnen*
wyf am + VN	*etw. tun wollen*

Die Präposition ar *auf* begegnet häufig in Verbindung mit Dingen, die als lästig empfunden werden, darunter angen *Notwendigkeit*, annwyd *Erkältung*, cywilydd *Scham*, dyled *Schulden*, y ddannoedd *Zahnschmerzen*, eisiau *Bedarf*, ofn *Furcht* und peswch *Husten*:

walisisch	deutsch
Y mae angen arian arnaf fi	*Ich brauche Geld*
A oes annwyd arnat ti?	*Bist du erkältet?*
Yr oedd cywilydd arnynt	*Sie schämten sich*
A oes dyled arnoch chi?	*Habt ihr Schulden?*
Y mae ofn ar y plentyn	*Das Kind fürchtet sich*

Darüber hinaus findet man ar in zahlreichen adverbiellen Wendungen:

walisisch	deutsch
ar agor	*offen*
ar brydiau	*gelegentlich*
ar ddamwain	*versehentlich*
ar gau	*geschlossen*

walisisch	deutsch
ar gerdded	*unterwegs*
ar gof a chadw	*allgemein bekannt*
ar goll	*verloren, verirrt*
ar werth	*zu verkaufen*

Ar fin und ar fedr vor einem unmittelbar darauffolgenden Verbalnomen kennzeichnen eine unmittelbar bevorstehende Handlung (Yr oeddwn i ar fin dychwelyd *Ich war kurz davor, zurückzukehren*). Außerdem begegnet ar in Verbindung mit den folgenden Verben:

walisisch	deutsch
achwynaf ar rywbeth	*über etw. klagen*
aflonyddaf ar rywun	*jdn. stören*
beiaf ar rywun	*jdm. die Schuld geben*
cefnaf ar rywun	*jdn. im Stich lassen*
crefaf ar rywun	*jdn. beschwören*
cwynaf ar rywbeth	*über etw. klagen*
cymryd ar rywbeth	*etw. vorgeben*
deisyfaf ar rywun	*jdn. anflehen*
dotiaf ar rywun	*einen Narren an jdm. gefressen haben*
effeithiaf ar rywbeth	*sich auf etw. auswirken*
ffolaf ar rywun	*nach jdm. verrückt sein*
galwaf ar rywun	*jdn. rufen*
gwaeddaf ar rywun	*jdn. anschreien*
gweddïaf ar rywun	*zu jdm. beten*
gwrandawaf ar rywun	*jdm. zuhören*
lladdaf ar rywun	*jdn. schlechtmachen*
mennaf ar rywun	*jdn. betreffen*
myfyriaf ar rywbeth	*über etw. nachdenken*
sylwaf ar rywbeth	*etw. bemerken*
ymosodaf ar rywun	*jdn. angreifen*

Die Präposition at *hin zu* begegnet häufig in Verbindung mit den folgenden Verben:

walisisch	deutsch
agosâf at rywun	*sich jdm. nähern*
anelaf at rywun	*auf jdn. zielen*
anfonaf at rywun	*jdm. etw. senden*
apeliaf at rywun	*an jdn. appellieren*
gogwyddaf at rywbeth	*zu etw. tendieren*

walisisch	deutsch
nesâf at rywun	*sich jdm. nähern*
troaf at rywun	*sich jdm. zuwenden*
tueddaf at rywbeth	*zu etw. neigen*
ychwanegaf at rywbeth	*zu etw. hinzufügen*
ysgrifennaf at rywun	*jdm. schreiben*

Man beachte ferner die adverbiellen Ausdrücke at ei gilydd *insgesamt* und at hynny *außerdem* sowie cofiaf at *jdn. grüßen* in Wendungen wie Cofia fi at dy fam *Grüße deine Mutter von mir* (engl. *Remember me to your mother*).

Die Präposition er mit der Doppelbedeutung *wegen* und *trotz* begegnet häufig in den folgenden Adverbien und zusammengesetzten Präpositionen:

walisisch	deutsch
er budd	*zugunsten*
er cof (am)	*im Gedenken (an)*
er coffa (am)	*zur Erinnerung (an)*
er enghraifft	*zum Beispiel*
er gwaethaf	*trotz*

walisisch	deutsch
er gwell, er gwaeth	*wohl oder übel*
er gwybodaeth	*zur Information*
er hynny	*trotzdem*
er lles	*zugunsten*
er mwyn	*für, um zu*

Die Präposition erbyn *bis* begegnet in Verbindung mit Zeitangaben (erbyn yfory *bis morgen*, erbyn diwedd yr wythnos *bis zum Wochenende*), in der adverbiellen Wendung erbyn hyn(ny) *mittlerweile* und in der zusammengesetzten Präposition yn erbyn *gegen*.

Die Präposition gan *mit* und *von* dient zum Ausdruck eines Besitzverhältnisses (Y mae llawer o arian ganddo *Er hat viel Geld*) und in Verbindung mit einem Adjektiv zum Ausdruck von Gefühlen (Y mae'n dda gennyf glywed hynny *Es freut mich, das zu hören*, Y mae'n flin/ddrwg gennym dy fod yn mynd *Es tut uns leid, dass du gehst*, Fe fydd yn well ganddi aros *Sie wird lieber bleiben*). In Verbindung mit einer unpersönlichen Verbform dient gan zur Bezeichnung des Agens (Lladdwyd y dyn gan gar *Der Mann kam durch ein Auto ums Leben*, Gwerthwyd y tŷ gan fy nhad *Das Haus wurde von meinem Vater verkauft*). Die Bedeutung *von* hat gan auch in Verbindung mit einigen Verben:

walisisch	deutsch
benthycaf gan rywun	*von jdm. leihen*
caf(fa)f gan rywun	*von jdm. bekommen*
clywaf gan rywun	*von jdm. hören*

walisisch	deutsch
cymeraf gan rywun	*von jdm. nehmen*
dysgaf gan rywun	*von jdm. lernen*
prynaf gan rywun	*von jdm. kaufen*

Vor einem Verbalnomen dient gan mitunter – ähnlich wie eine deutsche oder lateinsche Partizipialkonstruktion – zum Ausdruck der Gleichzeitigkeit zweier Handlungen.

Die Präposition i *für* begegnet in Verbindung mit einigen Verben, deren deutsche Entsprechungen teils mit Akkusativ, teils mit Dativ oder auch mit einer Präposition konstruiert werden:

walisisch	deutsch
dysgaf i rywun	*jdn. lehren*
gadaf i rywun	*jdm. erlauben*
gofynnaf i rywun	*jdn. fragen/bitten*
gwenieithiaf i rywun	*jdm. schmeicheln*

walisisch	deutsch
maddeuaf i rywun	*jdm. vergeben*
perthynaf i rywun	*zu jdm. gehören*
talaf i rywun	*jdn. bezahlen*
ufuddhaf i rywun	*jdm. gehorchen*

Außerdem dient i zur Bezeichnung des indirekten Objekts einiger transitiver Verben:

walisisch	deutsch
addawaf i	*jdm. versprechen*
cynig(i)af i	*jdm. anbieten*
dangosaf i	*jdm. zeigen*

walisisch	deutsch
estynnaf i	*jdm. reichen*
rho(dda)f i	*jdm. etw. geben*
ymddiriedaf i	*jdm. etw. anvertrauen*

Vor einem Verbalnomen drückt i die Absicht einer Handlung aus (Y mae'r dyn yn mynd i'r siop i brynu bara *Der Mann geht in den Laden, um Brot zu kaufen*, Aeth ef yma i'm gweld i *Er kam hierher, um mich zu sehen*).

Die Präposition o *von* bezeichnet die Ursache einer Handlung (o gariad *aus Liebe*, o lawenydd *vor Freude*) und steht mitunter zwischen zwei Substantiven, um das erste mit Hilfe des zweiten näher zu charakterisieren (gwisg o wlân *ein wollenes Kleid*, llanc o fugail *ein Hirtenjunge*). Häufig steht o nach Zahlen und Mengenangaben (pedwar o blant *vier Kinder*, digon o arian *genug Geld*, llawer o bobl *viele Leute*) sowie zur Bezeichnung des Teils einer großen Anzahl oder Menge (y rhan gyntaf o'r gwaith *der erste Teil des Werks*, y cyntaf o Fai *der erste Mai*, aelod o'r côr *ein Chormitglied*). Außerdem begegnet o nach einigen Adjektiven wie balch *stolz*, hoff *zugeneigt*, sicr *gewiss* und teilwng *würdig* sowie in Verbindung mit einigen Verben:

walisisch	deutsch
amddifadaf o	*jdn. einer Sache berauben*
argyhoeddaf o	*jdn. von etw. überzeugen*

walisisch	deutsch
cyfranogaf o	*an etw. teilnehmen*
cyhuddaf o	*jdn. einer Sache beschuldigen*

Will man ausdrücken, dass jemand *von* jemandem etwas bekommt, steht nicht o, sondern oddi wrth (Cefais lythyr oddi wrth fy nhad *Ich bekam einen Brief von meinem Vater*).

Die Präposition rhag *vor* steht in Verbindung mit folgenden Verben:

walisisch	deutsch
achubaf rhag	*jdn. vor etw. retten*
amddiffynnaf rhag	*jdn. gegen etw. verteidigen*
arswydaf rhag	*sich vor etw. erschrecken*
ataliaf rhag	*jdn. an etw. hindern*
cadwaf rhag	*jdn. vor etw. bewahren*
cysgodaf rhag	*jdn. vor etw. schützen*

walisisch	deutsch
dihangaf rhag	*vor jdm. fliehen*
diogelaf rhag	*jdn. vor etw. schützen*
gwaredaf rhag	*jdn. von etw. erlösen*
gwyliaf rhag	*sich vor jdm. vorsehen*
rhwystraf rhag	*jdn. von etw. abhalten*
ymguddiaf rhag	*sich vor jdm. verstecken*

Die Präposition tan/dan *unter* dient – ebenso wie gan – in Verbindung mit einem Verbalnomen mitunter zum Ausdruck der Gleichzeitigkeit zweier Handlungen.

Die Präposition tros/dros *über* hat nach esgus *Entschuldigung* und rheswm *Grund* die Bedeutung *für* und steht außerdem nach folgenden Verben:

walisisch	deutsch
atebaf dros	für jdn. antworten
dadl(eu)af dros	für jdn./etw. eintreten
eiriolaf dros	für jdn. Fürbitte einlegen

walisisch	deutsch
gweddïaf dros	für jdn. beten
mechnïaf dros	sich für jdn. verbürgen
wylaf dros	um etw./jdn. weinen

Die Präposition wedi bedeutet *nach* im zeitlichen Sinn. In Verbindung mit dem Präsens bzw. Imperfekt von bod *sein* dient wedi mit einem darauffolgenden Verbalnomen zur Bildung eines umschreibenden Perfekts (Y mae hi wedi marw *Sie ist gestorben*) und eines umschreibenden Plusquamperfekts (Yr oeddem wedi clywed am y peth *Wir hatten von der Sache gehört*). Letztere Konstruktion ist insbesondere in der Umgangssprache, der das flektierte Plusquamperfekt fremd ist, weit verbreitet.

Die Präposition wrth *bei* bedeutet bei Gegenüberstellungen so viel wie *im Vergleich zu* (Nid yw'r mynyddoedd hyn yn uchel wrth y rheini *Diese Berge sind nicht hoch im Vergleich zu jenen*). Außerdem werden einige Verben mit wrth konstruiert:

walisisch	deutsch
addefaf wrth	*jdm. gestehen*
cenfigennaf wrth	*jdn. beneiden*
digiaf wrth	*jdm. zürnen*

walisisch	deutsch
dywedaf wrth	*jdm. sagen*
trugarhaf wrth	*sich jds. erbarmen*
tosturiaf wrth	*mit jdm. Mitleid haben*

Die Präposition yn *in* steht nur vor bestimmten Substantiven. Vor unbestimmten Substantiven steht mewn (yn y tŷ *im Haus*, yn neuadd y dref *in der Stadthalle*, ym Mangor *in Bangor*, aber mewn adeilad *in einem Gebäude*). Darüber hinaus steht yn (gegebenenfalls mit Lenierung des folgenden Wortes) vor einem Prädikatsnomen (Mae ef yn athro *Er ist Lehrer*) und vor einem Adjektiv in der Funktion eines Adverbs (Gweithiodd ef yn galed *Er arbeitete hart*). Wenn eine Form des Verbs bod *sein* mit yn und einem darauffolgenden Verbalnomen verwendet wird, verursacht yn dagegen keine Anlautveränderung (Yr oedd ef yn canu emyn *Er sang ein geistliches Lied*).

Übungen

1. Ergänzen Sie in den folgenden Sätzen die fehlende Präposition und übersetzen Sie sie.

1. Anfonais i lythyr ___ fy rhieni. | 2. Ysgrifennais i'r llythyr hwn ___ inc. | 3. Yr oeddwn i wedi anghofio ___ y stori honno. | 4. Rydw i'n cytuno ___ chi. | 5. Mae e'n edrych ___ anrheg i'w wraig. | 6. Mae'r bachgen yn ffoli ___ y ferch hon. | 7. Rydw i'n mynd i ddangos y ffordd __ ymwelywr y castell. | 8. Y mae'n rhaid gwylio ___ y dyn hwnnw.

2. Übersetzen Sie ins Deutsche.

1. Gwrandawodd arno. | 2. Achwynodd ar amodau'r gwaith. | 3. Dylwn i ysgrifennu llythyr ato. | 4. Cytunais ag ef. | 5. Y mae'n dda gennyf eich gweld. | 6. Addawodd hi imi ddarllen y llyfr. | 7. Yr oeddwn i wedi dweud wrthi hi. | 8. Cefais anrheg oddi wrth fy rhieni. | 9. Gadawodd ei thad iddi fynd yno. | 10. Dangos imi lle mae'r orsaf.

3. Ersetzen Sie in den folgenden Sätzen die Kombination aus Präposition und Substantiv durch eine Präposition mit Personalendung.

1. Y mae annwyd ar Siân. | 2. Yr oedd y fam yn chwilio am ei ferch. | 3. Yr oedd ofn ar y plant. | 4. Clywais i am yr athro Jones. | 5. Anfonais i lythyr at Dafydd. | 6. Cefais anreg oddi wrth fy rhieni. | 7. Dywedodd ef y stori wrth Twm. | 8. Yr oedd yn ddrwg iawn gan Marged glywed hynny.

4. Übersetzen Sie ins Walisische.

1. Ich hatte die ganze Geschichte vergessen. | 2. Man muss ihn davon abhalten, das Haus zu kaufen. | 3. Das ist das Buch, das er mir gab. | 4. Er ließ uns im Stich. | 5. Ich bin sehr stolz auf euch. | 6. Wer ruft mich? | 7. Das ist das Auto, das ich von ihm kaufte. | 8. Ich bleibe lieber hier. | 9. Störe mich nicht! | 10. Ich beneide dich nicht.

Yn edrych dros doeau tai Conwy (yn y cefndor i'r chwith: Capel Carmel a gafodd ei adeiladu yn y bedwaredd ganrif ar bymtheg).

Blick über die Dächer der Häuser von Conwy (im Hintergrund links: Capel Carmel, erbaut im 19. Jh.).

21 Zusammengesetzte Präpositionen

Im Unterschied zu den einfachen Präpositionen bestehen zusammengesetzte Präpositionen aus zwei Bestandteilen, nämlich aus zwei Präpositionen, aus einer Präposition und einem Substantiv oder aus einem Adverb und einer Präposition. In der Regel werden beide Bestandteile getrennt voneinander geschrieben, doch kommt vereinzelt auch Zusammenschreibung vor.

walisisch	deutsch
am ben	*über*
ar ben	*oben auf*
ar bwys	*neben*
ar draws	*über, durch*
ar gyfer	*für*
ar gyfyl	*in der Nähe von*
ar hyd	*entlang, hindurch*
ar ôl	*nach*
er gwaethaf	*trotz*
er mwyn	*um … willen*
gerbron	*vor, in Gegenwart von*
gerllaw	*in der Nähe von*
gyferbyn â	*gegenüber*

walisisch	deutsch
heibio i	*an … vorbei*
o achos	*wegen*
o amgylch	*um … herum*
o flaen	*vor*
o gwmpas	*um … herum*
oddi wrth	*von*
uwchben	*oberhalb*
uwchlaw	*oberhalb*
ynghŷd â	*zusammen mit*
ynghylch	*bezüglich*
ymhlith	*unter, inmitten*
yn erbyn	*gegen*
yn ôl	*zufolge, entsprechend*

Im Hinblick auf die Flektion der zusammengesetzten Präpositionen sind folgende Punkte zu beachten:

(1.) Ist der zweite Bestandteil eine Präposition, wird er gegebenenfalls mit der entsprechenden Personalendung versehen (Rhedais heibio iddo fe *Ich rannte an ihm vorbei*, Cefais anrheg oddi wrthi hi *Ich bekam ein Geschenk von ihr*).

(2.) Ist der zweite Bestandteil ein Nomen, wird die Präposition mit Hilfe **präfigierter oder infigierter Personalpronomina** (▶ **Kapitel 10**) flektiert:

	walisisch	deutsch	walisisch	deutsch
1. Sg.	er fy mwyn i	*um meinetwillen*	o'm blaen i	*vor mir*
2. Sg.	er dy fwyn di	*um deinetwillen*	o'th flaen di	*vor dir*
3. Sg. m.	er ei fwyn ef	*um seinetwillen*	o'i flaen ef	*vor ihm*
3. Sg. f.	er ei mwyn hi	*um ihretwillen*	o'i blaen hi	*vor ihr*
1. Pl.	er ein mwyn ni	*um unseretwillen*	o'n blaen ni	*vor uns*
2. Pl.	er eich mwyn chwi	*um euretwillen*	o'ch blaen chwi	*vor euch*
3. Pl.	er eu mwyn hwy	*um ihretwillen*	o'u blaen hwy	*vor ihnen*

Übungen

1. Übersetzen Sie ins Deutsche.

1. Yr oedd llawer o Gymry ymhlith yr ymwelwyr. | 2. Mae'r llyfr ar ben y cwpwrdd. | 3. Awn am dro o gwmpas y dre. | 4. Yr oeddwn yn aros mewn gwesty gerllaw yr afon. | 5. Y mae ef yn aros amdano ar bwys yr eglwys. | 6. Yr oeddynt (Roedden nhw) yn chwerthin am ben Siân. | 7. Prynodd y rhieni fwyd ar gyfer y plant. | 8. Cerddodd ar hyd y ffordd. | 9. Yr oeddem am fynd ar ôl swper. | 10. Aethom (Aethon) ni yno er gwaethaf y tywydd oer.

2. Ersetzen Sie in den obigen Sätzen das Substantiv nach der Präposition durch ein Pronomen und nehmen Sie dafür die erforderlichen Veränderungen vor.

1. Yr oedd llawer o Gymry yn _____. | 2. Mae'r llyfr ar _____. | 3. Awn am dro _____ gwmpas. | 4. Yr oeddwn yn aros mewn gwesty ger _____. | 5. Y mae ef yn aros amdano ar _____. | 6. Yr oeddynt yn chwerthin am _____. | 7. Prynodd y rhieni fwyd ar _____. | 8. Cerddodd ar _____. | 9. Yr oeddem am fynd ar _____. | 10. Aethom ni yno er _____.

3. Übersetzen Sie ins Walisische.

1. Unser Haus ist gegenüber der Bank. | 2. Wir gingen an der Burg vorbei. | 3. Die Fabrik ist wegen des Streiks geschlossen. | 4. Ich bekam ein Geschenk von ihr. | 5. Die Familie saß um das Feuer herum. | 6. Wir bekamen die Fragen zusammen mit den Antworten. | 7. Sie schrieb einen Aufsatz bezüglich der Zukunft unserer Universität. | 8. Morgen spielt Cardiff gegen Swansea. | 9. Sie stand vor ihm. | 10. Er tat das um deinetwillen.

Castell Conwy a adeiladwyd gan Edward I, Brenin Lloegr.
Die Burg von Conwy, erbaut von König Edward I. von England.

Adverbien

22 Temporal-, Lokal- und Modaladverbien

Adverbien sind unflektierbare Wörter, mit denen man die Umstände einer Handlung, eines Zustands oder eines Geschehens näher bezeichnet. Substantive, die man in der Funktion eines Adverbs verwendet, werden zumeist leniert (Arhosais yno fis *Ich blieb einen Monat dort*, Gwelais fy nhad ddydd Sadwrn diwethaf *Ich sah meinen Vater letzten Samstag*). Steht ein Adverb betont am Satzanfang, wird es jedoch nicht leniert (Dydd Sadwrn gwelais ddyn yn ein gardd *Am Samstag sah ich einen Mann in unserem Garten*).

Adverbien, die ein Adjektiv modifizieren, werden entweder voran- oder nachgestellt. Vorangestellt werden digon, go, gweddol und pur *ziemlich*, rhy *zu* und tra *sehr*, wobei die ersten fünf Adverbien das folgende Adjektiv lenieren, während das letzte Spirantisierung verursacht. Nachgestellt werden ddigon *ziemlich*, iawn *sehr*, odiaeth *äußerst*, ofnadwy *furchtbar* und ryfeddol *erstaunlich*. Mitunter werden zwei Adjektive, von denen das erste das zweite modifiziert, auch durch die Präposition o miteinander verbunden (hynod o od *höchst seltsam*).

Sieht man von den weiter unten zu besprechenden Konjunktional- und Satzadverbien ab, unterscheidet man üblicherweise Temporaladverbien zur Bezeichnung der Zeit, Lokaladverbien zur Bezeichnung des Ortes und Modaladverbien zur Bezeichnung der Art und Weise.

Temporaladverbien:

walisisch	deutsch
ar adegau	*mitunter*
ar unwaith	*sofort*
beunos	*jede Nacht*
beunydd	*jeden Tag*
byth	*niemals*
ddoe	*gestern*
heddiw	*heute*
heno	*heute Abend*
echdoe	*vorgestern*
echnos	*vorgestern Abend*
eleni	*in diesem Jahr*
gynt	*früher*

walisisch	deutsch
lawer gwaith	*oft*
neithiwr	*gestern Abend*
rywbryd	*irgendwann*
trannoeth	*am folgenden Tag*
wedyn	*danach*
weithiau	*manchmal*
yfory	*morgen*
y llynedd	*im vorigen Jahr*
yna	*dann*
yn aml	*oft*
yn anaml	*selten*
yn awr/nawr	*jetzt*

Lokaladverbien:

walisisch	deutsch
adref	*nach Hause*
ar y chwith	*links*
ar y dde	*rechts*
gartref	*zu Hause*
i fyny	*hinauf*
i lawr	*hinunter*
isod	*unten*
(y) tu allan	*draußen*

walisisch	deutsch
(y) tu mewn	*drinnen*
rywle	*irgendwo*
uchod	*oben*
yma	*hier(her)*
ymaith	*fort*
ymlaen	*vorwärts*
yno	*dort*
yn ôl	*zurück*

Modaladverbien:

walisisch	deutsch
ar antur	*auf gut Glück*
ar ddamwain	*aus Versehen*
ar frys	*eilends*
ar hap	*zufällig*
rywsut	*irgendwie*

walisisch	deutsch
yn fwriadol	*absichtlich*
yn llawen	*gern*
yn llwyr	*völlig*
yn syth	*geradewegs*
yn union	*direkt*

Übungen

1. Übersetzen Sie ins Deutsche.

1. Y mae'n rhaid imi fynd i'r orsaf ar unwaith. | 2. Aethon ni i'r sinema neithiwr, ac wedyn i'r dafarn. | 3. Pam nad wyt ti'n mynd adref os nad wyt ti'n teimlo'n dda? | 4. Cymerwch y ffordd gyntaf ar y chwith. | 5. Mae'r tywydd mor boeth eleni. | 6. Torrais i'r hen gwpan ar ddamwain. | 7. Byddaf i'n mynd i'r ysgol yfory. | 8. Roeddwn i'n gweithio yn yr ardd echdoe.

2. Übersetzen Sie ins Walisische.

1. Das Hotel wurde voriges Jahr gebaut. | 2. Ich fahre jeden Morgen zu meiner Arbeit. | 3. Ich stimme völlig mit Ihnen überein. | 4. Irgendwie müssen wir auf diese Frage eine Antwort bekommen. | 5. Vorgestern waren viele Besucher in der Burg. | 6. Ich sehe ihn sehr selten. | 7. Ich werde heute Abend zu Hause sein. | 8. Geht ihr vorwärts, ich warte hier.

23 Konjunktionaladverbien

Konjunktionaladverbien verdeutlichen Zusammenhänge zwischen Sätzen und Satzteilen. Charakteristische Beispiele sind:

walisisch	deutsch
ar ben hynny	*außerdem*
er hynny	*trotzdem*
dyna pam	*deswegen*
felly	*daher*
fodd bynnag	*nichtsdestoweniger*

walisisch	deutsch
gan hynny	*also*
o ganlyniad	*folglich*
oherwydd hynny	*deswegen*
serch hynny	*dennoch*
yn ogystal	*ferner*

Übungen

1. Übersetzen Sie ins Deutsche.

1. Mae'r tywydd yn ddrwg iawn, byddwch yn ofalus felly. | 2. Mae'r cynllun yn beryglus. Serch hynny, mae'n rhaid ei ystyried. | 3. Roedden ni'n llwyddiannus. Er hynny, dim ond dechrau yw hyn. | 4. Mae'r gwaith yn anodd. Dyna pam yr ydym ni yma. | 5. Rydyn ni'n gwneud cynnydd. Fodd bynnag, mae problemau. | 6. Mae'n rhaid bod yn fwy ofalus. Gan hynny, ni chefnogaf y cynllun hwn. | 7. Mae'r datblygiad hwn yn addawol. Oherwydd hynny, dylid ei groesawu. | 8. Nid oes llawer o amser gynnom ni. O ganlyniad, mae'n rhaid inni wneud penderfyniad ar unwaith.

2. Übersetzen Sie ins Walisische.

1. Ich sah David, aber ich sprach nicht mit ihm. | 2. Ich sollte ein Auto kaufen, oder ich werde zu Fuß gehen müssen. | 3. Der Zug war abgefahren, und deswegen nahm ich den Bus. | 4. Das Wetter war furchtbar gestern. Dennoch arbeitete ich im Garten. | 5. Am Nachmittag werde ich einige Briefe schreiben. Außerdem muss ich die nächste Lektion vorbereiten. | 6. Der Laden ist bis zehn Uhr geöffnet. Wir haben folglich genug Zeit. | 7. Ihr Großvater ist gestorben. Sie ging daher nicht zur Schule. | 8. Er besuchte seinen Vater, aber seine Mutter war nicht zu Hause.

24 Satzadverbien

Satzadverbien beziehen sich stets auf die Aussage des ganzen Satzes und kennzeichnen die Einstellung des Sprechers zu dessen Inhalt. Charakteristische Beispiele sind:

walisisch	deutsch	walisisch	deutsch
efallai	*vielleicht*	yn ffodus	*glücklicherweise*
gwaetha'r modd	*leider*	yn ôl pob golwg	*allem Anschein nach*
hwyrach	*möglicherweise*	yn sicr	*sicherlich*
wrth lwc	*zum Glück*	yn syfrdanol	*erstaunlicherweise*
yn anffodus	*unglücklicherweise*	ysywaeth	*leider*

Übungen

1. Übersetzen Sie ins Deutsche.

1. Efallai nad oes gwybodaeth newydd ynghylch y pwnc hwn. | 2. Mae peswch arnaf i, gwaetha'r modd. | 3. Hoffwn i fynd yno, ond mae'n rhy hwyr, gwaetha'r modd. | 4. Hwyrach ei fod e'n absennol heddiw. | 5. Efallai y daw ef yfory. | 6. Yn anffodus, yr oedd fy nghais yn aflwyddiannus. | 7. Wrth lwc, doedd y cwestiynau yn yr arholiad ddim yn anodd iawn. | 8. Efallai eu bod nhw wedi mynd yn barod.

2. Übersetzen Sie ins Walisische.

1. Unglücklicherweise war der Zug bereits angekommen, bevor wir zum Bahnhof gingen. | 2. Leider gibt es für diese Erzeugnisse keine Nachfrage. | 3. Die Antworten auf diese Fragen waren zum Glück richtig. | 4. Vielleicht war dies die Ursache. | 5. Vielleicht kann ich ihnen helfen. | 6. Höchstwahrscheinlich wurde das Haus bereits verkauft. | 7. Vielleicht ist unsere Lehrerin heute krank. | 8. Leider lachten ihn die Jungen aus.

Partikeln

25 Affirmativpartikeln

Die Affirmativpartikel y(r) steht

(1.) vor den Formen des Verbs bod *sein* im Indikativ Präsens und Imperfekt (Gwnaeth ef fel yr oedd ei dad wedi gorchymyn *Er tat, wie sein Vater befohlen hatte*),

(2.) am Anfang eines – im Deutschen zumeist mit „dass" eingeleiteten – Ergänzungssatzes (Gwn y byddwch chi yno *Ich weiß, dass ihr dort sein werdet*, Dywedais wrtho yr awn gydag ef *Ich sagte ihm, dass ich mit ihm gehen würde*),

(3.) am Anfang eines Relativsatzes, wenn im Deutschen das Relativpronomen im Genitiv oder nach einer Präposition steht,

(4.) nach einem Verbalnomen oder Adverb, das zur Hervorhebung an den Satzanfang gesetzt wurde (Yn yr ardd y bu ef *Er war* ***im Garten***, Dyna sut y byddai ef yn siarad ***So*** *redete er gewöhnlich*).

Die Affirmativpartikeln fe und mi, die beide den Anlaut des folgenden Wortes lenieren, stehen vor allem in der gesprochenen Sprache – ohne die Bedeutung des folgenden Wortes zu verändern – vor Verbformen, die auch ohne Affirmativpartikel stehen könnten (Fe fyddaf i yma *Ich werde hier sein*, Fe'u gwelwyd yno *Man hat sie dort gesehen*). Im mündlichen Gebrauch des Walisischen ist die durchgehende Verwendung dieser Affirmativpartikeln weithin üblich.

Übungen

1. Übersetzen Sie ins Deutsche.

1. Efallai y dylech chi aros am funud. | 2. Chwerthin am ei phen y bu ef. | 3. Dyma rywbeth y dilid meddwl amdano. | 4. Yn yr ysgol y digwyddodd y ddamwain. | 5. Dyma'r ferch y lladdwyd ei thad. | 6. Rydw i'n meddwl y byddan nhw gartref heno. | 7. Dyma'r broblem y soniais i amdani hi. | 8. Siaradais i â'r bobl yr oedd eu mab wedi bod yma echdoe.

2. Fügen Sie in den folgenden Sätzen zu den Verbalformen die Affirmativpartikel *fe* oder *mi* hinzu und übersetzen Sie.

1. Bydd digon o amser gyda nhw. | 2. Torrais i'r cwpan ar ddamwain. | 3. Cawson ni'n beirniadu am ein syniadau. | 4. Daethon ni ar y trên. | 5. Clywais i'r newyddion yn barod. | 6. Caeaf y drws ar unwaith. | 7. Prynais i gar newydd y llynedd. | 8. Talodd am yr holl fwyd.

3. Übersetzen Sie ins Walisische.

1. Die Zeiten haben sich geändert. | 2. Das ist das Problem, von dem sie bereits sprachen. | 3. Gwilym hat Heimweh nach Wales. | 4. Hier ist das Haus, in dem ich wohne. | 5. Íhm gehörte der Schlüssel, den ich suchte. | 6. Er war der Mann, mit dem ich gesprochen hatte. | 7. Hier ist der Brief, den ich ihr schickte. | 8. Hier ist der Mann, von dem ich das Auto kaufte.

26 Negationspartikeln

Als Negationspartikeln dienen ni(d), na(d) und na(c). Vor einem Pronomen, Substantiv, Adjektiv oder Adverb steht grundsätzlich die Form nid (*Nid ef oedd y dyn Er war nicht der Mann*, Nid plentyn yw ef *Er ist kein Kind*). Dagegen stehen vor einem flektierten Verb die Formen nid, nad und nac vor vokalischem Anlaut, ni und na vor konsonantischem Anlaut. Vor *g-*, *b-*, *d-*, *ll-*, *m-* und *rh-* verursachen ni und na Lenierung, vor *c-*, *p-* und *t-* Spirantisierung. Außerdem sind folgende Punkte zu beachten:

(1.) Ni(d) steht in Hauptsätzen (Ni chlywais un gair *Ich hörte kein einziges Wort*, Ni ddywedais ddim *Ich sagte nichts*), na(d) dagegen in verneinten Relativsätzen (Ef yw'r dyn na wnaeth ei waith *Er ist der Mann, der nicht seine Arbeit tat*), in verneinten adverbialen Nebensätzen (Euthum adref gan na welais hi *Weil ich sie nicht sah, ging ich nach Hause*) sowie in verneinten Fragesätzen, auf die man mit einem adverbialen Nebensatz antwortet (Pam na wnaeth ef ei waith? *Warum tat er nicht seine Arbeit?*).

(2.) Na(c) steht vor Imperativformen (Nac ewch yno *Geht nicht dorthin!*) sowie in der Verneinung einer Frage (A wyt ti'n barod? – Nac wyf *Bist du bereit? – Nein*, A oedd ef yno? – Nac oedd *War er dort? – Nein*). Umgangssprachlich wird der verneinte Imperativ jedoch zumeist mit einer Imperativform des Verbs peidio *aufhören*, der Präposition â/ag *mit* und einem darauffolgenden Verbalnomen umschrieben.

(3.) Umgangssprachich wird ni(d) oft weggelassen, die Anlautveränderung des darauffolgenden Verbs jedoch beibehalten und die Verneinung durch ein nachgestelltes ddim verdeutlicht: Nid (yd)wyf yma = (Dy)dw i ddim yma *Ich bin nicht hier*, Nid oeddwn i yno = Doeddwn i ddim yno *Ich war nicht dort*, Ni ddaw ef = Ddaw e ddim *Er wird nicht kommen*.

(4.) Umgangssprachlich dient ddim zusammen mit einer flektierten Form der Präposition o *von* zur Verneinung eines transitiven Verbs in Verbindung mit einem pronominalen direkten Objekt: Ni welais ef = Welais i ddim ohono *Ich sah ihn nicht*. Dabei wird ddim ohono oft zu mohono oder mono verkürzt.

Übungen

1. Übersetzen Sie ins Deutsche.

1. Does dim lle iddyn nhw yn y tŷ. | 2. Roedd annwyd arno fe, ac felly doedd e ddim yn teimlo'n dda. | 3. Dydw i ddim yn credu'r stori a ddywedodd hi wrthon ni. | 4. Chlywais i erioed stori mor dwp. | 5. Wn i ddim beth sy'n bod arni hi. | 6. Doedd gen i ddim amser. | 7. Doeddwn i ddim yn gwybod beth i'w wneud. | 8. Nid Dafydd a dorrodd y ffenestr.

2. Verkehren Sie die folgenden positiven Aussagen durch Verneinung in ihr Gegenteil.

1. Y mae digon o amser. | 2. Mae Dafydd yn gweithio yn yr archfarchnad nawr. | 3. Clywodd ef y newyddion. | 4. Ewch i'r ysgol! | 5. Yr wyf yn dod nawr. | 6. Gwn y bydd yno mewn pryd. | 7. Prynaist ti'r llyfrau. | 8. Mae digon o fwyd yma i bawb.

3. Übersetzen Sie ins Walisische.

1. Er ist kein Lehrer. | 2. Er war gestern nicht in der Schule. | 3. Das Hotel war nicht teuer. | 4. Ich weiß, dass er nicht kam. | 5. Er sagte, dass er nicht kommen würde. | 6. Fürchtet euch nicht! | 7. Warum sagtest du mir nichts von der Sache? | 8. Ich bin kein Kind.

27 Interrogativpartikeln

Als Interrogativpartikeln dienen a, ai und oni(d), wobei folgende Regeln gelten:

(1.) Vor einem flektierten Verb steht in direkten und indirekten Fragen a (A ydyw hi gartref? – Ydyw *Ist sie zu Hause? – Ja*, A gyrhaeddodd y trên? – Do *Kam der Zug an? – Ja*, Ni wn a yw ef yn dod *Ich weiß nicht, ob er kommt*). In der gesprochenen Sprache bzw. deren Wiedergabe wird a dabei oft weggelassen, die Anlautveränderung des darauffolgenden Verbs jedoch beibehalten (Ydyn nhw'n dod? *Kommen sie?*, Gest ti ddigon? *Bekamst du genug?*).

(2.) Vor einem Pronomen, Substantiv, Adjektiv oder Adverb steht in direkten und indirekten Fragen ai (Ai ef oedd yno? *War* ***er*** *dort?*). Zur Einleitung einer Doppelfrage dient ai … ai oder ai … neu (ynteu): Ai ef yw'r dyn a welaist ti ai / neu (ynteu) un arall? *Ist er der Mann, den du sahst, oder jemand anderes?*

(3.) Als Einleitung einer Frage mit *nicht*, auf die man eine positive Antwort erwartet, dient oni(d): Oni welaist ti ef? *Sahst du ihn nicht?*, Onid yn y prynhawn y mae'r cymanfa ganu? *Ist das Singfestival nicht am Nachmittag?*

Übungen

1. Übersetzen Sie ins Deutsche.

1. A wyt ti'n siarad â'r plant? | 2. Onid yng Nghaerdydd y mae ef yn byw? | 3. Ai hwn ywr'r tŷ a brynodd hi? | 4. A gefaist ti lythyr heddiw? | 5. A wnewch chwi hynny? Gwnawn. | 6. Onid yn y car y daethon nhw? | 7. Ai cysgu y mae hi? | 8. Oni gyrhaeddod y trên mewn pryd?

2. Machen Sie aus den folgenden positiven Aussagen einen Fragesatz.

1. Ti sy'n talu am y bwyd. | 2. Deuant yfory. | 3. Cerddech chi i'r ysgol pan oeddech chi'n ifanc. | 4. Chi a wnaeth hyn. | 5. Gorffennodd ef ei waith ddoe. | 6. Gwisgai ef y dillad hyn bob dydd. | 7. Byddai hynny'n well. | 8. Mae Dafydd yn athro da.

3. Übersetzen Sie ins Walisische.

1. Ich weiß nicht, ob das ganz richtig ist. | 2. Bist du zu Hause? Nein. | 3. Habt ihr das Auto verkauft? | 4. Ist dies das Auto, das du kauftest, oder ein anderes? | 5. Wer weiß, ob die Geschichte stimmt. | 6. Wart ihr jemals in Schottland? | 7. Habt ihr die Neuigkeiten nicht gehört? | 8. Hast du das Buch gelesen?

Satzstrukturen

28 Konjunktionen

Bei den satzeinleitenden Konjunktionen ist zwischen nebenordnenden und unterordnenden Konjunktionen zu unterscheiden. Die nebenordnenden Konjunktionen – darunter vor allem a(c) *und*, neu *oder* sowie ond *aber* bzw. *sondern* – verbinden zwei gleich gebaute Hauptsätze (Euthum at y drws ac agorais ef *Ich ging zur Tür und öffnete sie*, Dydd Sul darllenai lyfr neu âi am dro *Am Sonntag las er gewöhnlich ein Buch oder ging spazieren*, Agorais y drws, ond ni welais neb *Ich öffnete die Tür, aber ich sah niemanden*). Unterordnende Konjunktionen dienen demgegenüber zur Einleitung adverbialer Nebensätze, bei denen man zweckmäßigerweise verschiedene Arten unterscheidet.

Kausalsätze zur Angabe eines Grundes oder einer Ursache beginnen gewöhnlich mit am, gan, o achos, oblegid oder oherwydd *weil*, gefolgt vom Verbalnomen von bod (nach am und gan in der lenierten Form fod). Ein nominales Subjekt steht unmittelbar nach dem Verbalnomen (Y mae'r gŵr yn drist am fod ei wraig yn sâl *Der Mann ist traurig, weil seine Frau krank ist*). Dagegen wird ein pronominales Subjekt durch ein vorangestelltes abhängiges Pronomen ausgedrückt (Yr wyf yn mynd i'r gwely am fy mod wedi blino *Ich gehe zu Bett, weil ich müde bin*). Außerdem sind folgende Punkte zu beachten:

(1.) Die Konstruktion mit bod wird angewendet, wenn Haupt- und Nebensatz im gleichen Tempus stehen oder wenn der Nebensatz im Perfekt oder Plusquamperfekt steht (Yr wyf yn mynd yn awr am fod y glaw wedi peidio *Ich gehe jetzt, weil der Regen aufgehört hat*, Yr oeddwn yn falch am fy mod wedi ennill y wobr *Ich war stolz, weil ich den Preis gewonnen hatte*).

(2.) Steht der Nebensatz im Präteritum, steht statt bod die Präposition i, gefolgt vom Subjekt des Nebensatzes und dem lenierten Verbalnomen (Y mae'r bachgen yn falch am iddo ennill y wobr *Der Junge ist stolz, weil er den Preis gewann*).

(3.) Steht der Nebensatz im Futur, steht statt bod die Partikel y + Futur bzw. Präsens in der Funktion des Futurs (Y mae'n rhaid imi wneud y gwaith heddiw, oherwydd y bydd yn rhy hwyr yfory *Ich muss die Arbeit heute tun, denn morgen wird es zu spät sein*).

(4.) In einem verneinten Kausalsatz steht statt bod die Partikel na bzw. nad (Yr wyf yn mynd i'r gwely am nad wyf yn teimlo'n iach *Ich gehe zu Bett, weil ich mich nicht wohlfühle*, Gan na welodd ef ei ffrind, aeth ef adref *Weil er seinen Freund nicht sah, ging er nach Hause*).

Temporalsätze zur Angabe eines Zeitverhältnisses beginnen gewöhnlich mit pan *als*, er pan *seit*, pryd *wenn*, tra *während*, cyn *bevor*, wedi *nachdem*, (hyd) oni(d) und (hyd) nes *bis* oder erbyn *bis*. Dabei gelten die folgenden Regeln:

(1.) Auf pan *als* oder *wenn* und er pan *seit* folgt unmittelbar das – gegebenenfalls lenierte – Verb. Dieses steht im Indikativ (Mi af i'r castell pan yw'r tywydd yn braf *Ich gehe zur Burg, wenn das Wetter schön ist*) oder – im Fall einer unspezifischen Zeitangabe – im Konjunktiv (Mi af yno rywbryd pan fo'r tywydd yn braf *Ich gehe irgendwann einmal dorthin, wenn das Wetter schön ist*). Bei Verneinung steht das Verb nach pan na(d): Yr oedd yn drist iawn pan na lwyddodd yn yr arholiad *Er war sehr traurig, als er bei der Prüfung durchfiel.*

(2.) Pryd *als* oder *wenn* steht anstelle von pan immer dann, wenn der Hauptsatz eine konkrete Zeitangabe enthält.

(3.) Auf tra *während* folgt das – in der Regel unlenierte – Verb im Indikativ oder Konjunktiv. Nur bei einigen Formen des Verbs bod verursacht tra mitunter Lenierung.

(4.) Auf cyn *bevor* und erbyn *bis* folgt im Futur und Imperfekt die Partikel y, gefolgt von einer flektierten Verbform. Dagegen steht im Präteritum nach cyn und erbyn die Präposition i, gefolgt vom Subjekt des Nebensatzes und einem lenierten Verbalnomen.

(5.) Nach wedi *nachdem* steht mit Bezug auf die Vergangenheit ebenfalls die Präposition i, gefolgt vom Subjekt des Nebensatzes und einem gegebenenfalls lenierten Verbalnomen (Wedi iddo edrych o gwmpas, dechreuodd siarad *Nachdem er sich umgesehen hatte, begann er zu sprechen*).

(6.) Nach (hyd) oni und (hyd) nes *bis* steht mit Bezug auf die Gegenwart oder Zukunft ein flektiertes Verb, mit Bezug auf die Vergangenheit dagegen die Präposition i, gefolgt vom Subjekt und einem lenierten Verbalnomen.

Konzessivsätze zur Angabe eines Sachverhalts, der den Inhalt des Hauptsatzes unerwartet erscheinen lässt, beginnen gewöhnlich mit er *obwohl*. Danach steht zumeist das Verbalnomen bod (Fe fydd hi'n dod er bod y daith in hir *Sie wird kommen, obwohl die Reise lang ist*). Nur wenn der Konzessivsatz im Präteritum steht, folgt auf er die Präposition i, gefolgt von einem lenierten Verbalnomen (Ni lwyddod yn yr arholiad er iddo wneud ei orau *Er fiel durch die Prüfung, obwohl er sein Bestes tat*). Ein verneinter Konzessivsatz wird mit er + na(d) eingeleitet (Fe aeth ef yno er nad oedd y tywydd yn braf *Er ging dorthin, obwohl das Wetter nicht schön war*).

Finalsätze zur Angabe eines Ziels oder Zwecks beginnen gewöhnlich mit fel y *damit* bzw. fel na(d) *damit nicht*, gefolgt von einem Verb im Konjunktiv. Sehr viel häufiger werden Finalsätze indessen mit den Präpositionen i, er oder er mwyn + Verbalnomen gebildet (Aeth ef i'r siop i brynu bara *Er ging in den Laden, um Brot zu kaufen*).

Konsekutivsätze zur Angabe einer Folge beginnen gewöhnlich mit fel y oder nes y *(so) dass*, gefolgt von einem Verb im Indikativ. Steht der Konsekutivsatz im Präteritum, kann auf nes auch die Präposition i und ein leniertes Verbalnomen folgen.

Lokalsätze zur Angabe eines Ortes beginnen gewöhnlich mit lle (y) *wo*, gefolgt von einem Verb im Konjunktiv oder Indikativ. Ein verneinter Lokalsatz wird mit lle na(d) eingeleitet.

Konditionalsätze zur Angabe einer Bedingung beginnen entweder mit os oder pe(d) *wenn*, wobei die folgenden Regeln gelten:

(1.) Wenn die Bedingung als möglich dargestellt werden soll, beginnt der Konditionalsatz mit os *wenn* bzw. oni(d) oder os na(d) *wenn nicht*, gefolgt von einem Verb im Indikativ.

(2.) Wenn die Bedingung als unwahrscheinlich oder unmöglich dargestellt werden soll, beginnt der Konditionalsatz mit pe(d) bzw. pe na(d) *wenn nicht*, gefolgt von einem Verb im Konjunktiv Imperfekt oder Plusquamperfekt. Im Konjunktiv Imperfekt von bod *sein* gibt es dafür besondere Formen (siehe ▶ **Kapitel 17**).

Übungen

1. Übersetzen Sie ins Deutsche.

1. Os gweli di ef, cofia fi ato. | 2. Y mae'n amser hir er pan welais y ffrindiau. | 3. Yr wyf yn darllen y llyfr am fod llawer o bobl wedi siarad amdano. | 4. Mae'r bachgen yn llawen am nad yw'n rhaid iddo fynd i'r ysgol heddiw. | 5. Y mae'r tŷ ar werth, am nad oes neb yn byw ynddo. | 6. Byddai'n wych pe gallech (chi) ein helpu ni. | 7. Y mae'n rhaid inni glanhau'r ystafell cyn iddo gyrraedd. | 8. Yr oeddem yn yr orsaf pan gyrhaeddod y trên.

2. Machen Sie aus den folgenden Satzpaaren jeweils einen Haupt- und Nebensatz.

1. Awn yno lawer gwaith. Yr oeddwn i'n blentyn. | 2. Dywedaf i wrtho fe. Y mae e yma. | 3. Y mae'r bachgen yn llawen iawn. Y mae'r gwyliau yn dechrau. | 4. Yr oedd yn absennol ddoe. Nid oedd ef yn teimlo'n dda. | 5. Gallen ni ddechrau. Byddai ef yma. | 6. Es i i'r brifysgol. Yr wyf am astudio Cymraeg. | 7. Dydw i ddim yn mynd i'r sinema. Mae'r ffilm yn dda iawn. | 8. Fe fydd yn rhaid inni fynd ar y bws. Y mae'r trên yn hwyr.

3. Übersetzen Sie ins Walisische.

1. Geht die Straße entlang, bis ihr das Haus seht. | 2. Nachdem er die ganze Geschichte gehört hatte, war er sehr enttäuscht. | 3. Alles wird in Ordnung sein, bis ich zurückkomme. | 4. Die Bücher sind zu verkaufen, solange Nachfrage besteht. | 5. Ich würde gerne nach Hause gehen, bevor es womöglich zu spät wird. | 6. Bis wir ankamen, war der Zug abgefahren. | 7. Ich bin gelegentlich dort, wenn das Wetter schön ist. | 8. Ich werde mit meinen Eltern sprechen, bevor sie kommen.

Yn cofio T. H. Parry-Williams, bardd, ysgrifwr ac ysgolhaig, yn Storiel, Bangor.

Erinnerungsstücke an den Dichter, Schriftsteller und Gelehrten T. H. Parry-Williams im Storiel, Bangor.

29 Einfache Sätze

Für einfache Sätze, in denen das Prädikat aus einer Form von bod *sein* (als Kopula oder Bindeverb) und einem Prädikativum besteht, gelten die folgenden Regeln:

(1.) Die gewöhnliche (unmarkierte) Wortfolge ist Kopula – Subjekt – Prädikativum (Prädikatsnomen oder yn + Verbalnomen): Y mae Siân yn dal *Siân ist groß*, Y mae Siân yn athrawes *Siân ist Lehrerin*, Y mae Siân yn gweithio *Siân arbeitet*. Zur Negation eines solchen Satzes dient ni(d), und eine Frage wird mit a bzw. oni(d) eingeleitet: Nid yw Siân yn dal *Siân ist nicht groß*, A yw Siân yn athrawes? *Ist Siân Lehrerin?*, Onid yw Siân yn gweithio? *Arbeitet Siân nicht?* Beantwortet wird eine solche Frage durch die Wiederholung des Verbs (ydyw *ja* oder nac ydyw *nein*).

(2.) Steht das Subjekt am Satzanfang, verwendet man statt y mae die Relativform sydd: Siân sydd yn athrawes ***Siân*** *ist Lehrerin*. Zur Negation setzt man nid, zur Bildung einer Frage ai vor das Subjekt: Nid Siân sydd yn gweithio *Es ist nicht Siân, die arbeitet*, Ai Siân sydd yn gweithio? *Ist es Siân, die arbeitet?* Beantwortet wird eine solche Frage mit ie *ja* oder nage *nein*.

(3.) Steht das Prädikatsnomen am Satzanfang, verwendet man statt y mae die Form yw oder ydyw: Athrawes yw hi *Sie ist Lehrerin*. Ähnlich wie bei der Voranstellung des Subjekts setzt man auch hier zur Negation nid und zur Bildung einer Frage ai an den Satzanfang: Nid athrawes yw Siân *Siân ist keine Lehrerin*, Ai athrawes yw Siân? *Ist Siân Lehrerin?* Auch eine solche Frage wird mit ie *ja* oder nage *nein* beantwortet.

(4.) Steht das Verbalnomen am Satzanfang, verwendet man y mae, wobei yn vor dem Verbalnomen entfällt: Gweithio y mae Siân *Siân* ***arbeitet***. Auch hier setzt man zur Negation nid und zur Bildung einer Frage ai an den Satzanfang; die Antwort lautet wiederum ie *ja* oder nage *nein*.

(5.) Im Hinblick auf die anderen Formen von bod ist zu beachten, dass die Entsprechungen von y mae in den anderen Personen und Numeri yr wyf, yr wyt, yr ydym, yr ydych und y maent lauten. Steht dagegen in der 3. Person Singular yw oder ydyw, verwendet man stattdessen wyf, wyt, ydym, ydych und ydynt.

Für einfache Sätze, in denen das Prädikat nicht aus einer Verbindung von Kopula und Prädikativum, sondern allein aus einem Vollverb besteht, gelten die folgenden Regeln:

(1.) In der gewöhlichen (unmarkierten) Wortfolge beginnt der Satz mit dem Prädikat, gefolgt vom Subjekt und gegebenenfalls von weiteren Satzergänzungen (direktes Objekt, indirektes Objekt, adverbiale Bestimmung): Rhoddodd yr athrawes lyfr i'r bachgen echdoe *Vorgestern gab die Lehrerin dem Jungen ein Buch*. Dabei ist im Hinblick auf die Kongruenz von Subjekt und Verb zu beachten, dass ein pronominales Subjekt im Plural auch ein Verb im Plural erfordert (Canasant gân *Sie sangen ein Lied*), ein nominales Subjekt dagegen ein Verb im Singular (Canodd y merched gân *Die Mädchen sangen ein Lied*). Zur Negation verwendet man ni(d) und zur Bildung einer Frage a bzw. oni(d).

(2.) Stellt man das Subjekt oder das direkte Objekt an den Satzanfang, folgt darauf ein Relativsatz, der mit a bzw. na(d) gebildet wird: Yr athrawes a roddodd lyfr i'r bachgen *Es war die Lehrerin, die dem Jungen ein Buch gab*, Llyfr a roddod yr athrawes i'r bachgen *Es war ein Buch, was die Lehrerin dem Jungen gab*. Zur Negation verwendet man nid und zur Bildung einer Frage ai.

(3.) Stellt man das indirekte Objekt oder eine adverbiale Ergänzung an den Satzanfang, folgen darauf die Affirmativpartikel y(r) und danach das Verb: I'r bachgen y rhoddodd yr athrawes lyfr *Dem Jungen gab die Lehrerin ein Buch*, Echdoe y rhoddodd yr athrawes lyfr i'r bachgen *Es war vorgestern, dass die Lehrerin dem Jungen ein Buch gab*. Auch in diesem Fall verwendet man zur Negation nid und zur Bildung einer Frage ai.

Übungen

1. Heben Sie bei den folgenden Sätzen das Subjekt hervor, indem Sie es an den Satzanfang stellen.

1. Mae Dafydd yn gweithio yng Nghaerdydd. | 2. Roedden ni'n sâl ddoe. | 3. Rydw i'n gobeithio mynd i'r brifysgol. | 4. Roedd Siân yn gweithio yn yr ardd. | 5. Gwelais y ffilm yn y sinema. | 6. Atebodd Marged y cwestiwn. | 7. Doedden nhw ddim wedi bod yma. | 8. Mae'r siop hon ar agor.

2. Stellen Sie bei den folgenden Sätzen die gewöhnliche Wortfolge wieder her.

1. Ef a agorodd y drws. | 2. Fi sy'n dweud y gwir bob amser. | 3. Ai ti a aeth i'r sinema ddoe? | 4. Gwisg goch a brynais i. | 5. Nid hwn y w'r tŷ sydd ar werth. | 6. Ar ddamwain a dorrais i gwpan Dafydd. | 7. Nid peswch sydd arnaf i. | 8. I'w ferch a roddodd y tad y llyfr hwn.

Y Plas Mawr yng Nghonwy, plasdy Elisabethaidd y teulu Griffith.

Plas Mawr in Conwy, das elisabethanische Stadthaus der Familie Griffith.

30 Komplexe Sätze

Bei den komplexen Sätzen unterscheidet man Satzreihen oder Satzverbindungen, die aus mehreren gleichgeordneten einfachen Sätzen bestehen, von Satzgefügen, die aus einem übergeordneten Hauptsatz und einem untergeordneten Nebensatz oder mehreren untergeordneten Nebensätzen bestehen. Häufig sind solche Nebensätze entweder Adverbialsätze in der Funktion eines Adverbs oder Ergänzungssätze in der Funktion eines Subjekts oder Objekts. Die verschiedenen Arten von Adverbialsätzen wurden bereits im Zusammenhang mit den Konjunktionen behandelt. Hier sind daher nur noch die Ergänzungssätze zu besprechen, die im Deutschen häufig mit *dass* beginnen und für die im Walisischen folgende Regeln gelten:

(1.) Ist das Tempus im Haupt- und Nebensatz identisch, steht nach dem Hauptsatz bod (nach einem flektierten Verb: fod), gefolgt vom Prädikativ. Ein nominales Subjekt steht dann zwischen bod bzw. fod und dem Prädikativ (Gwn fod Siân yn athrawes *Ich weiß, dass Siân Lehrerin ist*). Ein pronominales Subjekt dagegen wird durch ein präfigiertes abhängiges Pronomen ausgedrückt (Gwn ei bod yn athrawes *Ich weiß, dass sie Lehrerin ist*).

(2.) Ist die Handlung des Nebensatzes vom Standpunkt des Hauptsatzes aus als zukünftig gedacht, beginnt der Nebensatz stattdessen mit der Affirmativpartikel y, gefolgt von einem Verb im Indikativ Präsens (A wyt ti'n meddwl y daw ef yfory? *Glaubst du, dass er morgen kommen wird?*) oder im Konjunktiv Imperfekt (Yr oeddwn yn sicr y gwelwn ef *Ich war sicher, dass ich ihn sehen würde*).

(3.) Wird die Handlung des Nebensatzes als vergangen dargestellt, sind zwei unterschiedliche Konstruktionen möglich. Entweder beginnt der Nebensatz mit der Präposition i, gefolgt vom Subjekt und einem lenierten Verbalnomen (Gwn i'r dyn farw y llynedd *Ich weiß, dass der Mann voriges Jahr starb*), oder er beginnt mit bod bzw. fod, gefolgt von wedi *nach* und einem Verbalnomen. Dabei steht ein nominales Subjekt zwischen bod und wedi (Yr wyf yn credu bod y dyn wedi marw *Ich glaube, dass der Mann gestorben ist*), während man ein pronominales Subjekt durch ein präfigiertes abhängiges Pronomen ausdrückt (Nid wyf yn sicr ei fod wedi marw *Ich bin nicht sicher, dass er gestorben ist*).

(4.) Wird irgendein Teil des Nebensatzes durch Voranstellung hervorgehoben, beginnt der Nebensatz mit mai (NW) oder taw (SW): Yr wyf yn sicr mai ef oedd y dyn *Ich bin sicher, dass er der Mann war*.

(5.) Ein verneinter Ergänzungssatz wird mit na(d) eingeleitet: Clywsom na chyr-haeddod y trên mewn pryd *Wir hörten, dass der Zug nicht rechtzeitig ankam*. Im Falle der Hervorhebung eines Satzglieds durch Voranstellung beginnt der Nebensatz mit nad: Yr wyf yn sicr nad ef oedd y dyn *Ich bin sicher, dass er nicht der Mann war*.

(6.) Außer Verben wie gwelaf *sehen*, clywaf *hören* und credaf *glauben* erfordern auch einige Adverbien wie efallai *vielleicht*, gobeithio *hoffentlich* und fwy na thebyg *höchstwahrscheinlich* einen Ergänzungssatz statt eines darauffolgenden Hauptsatzes.

Übungen

1. Übersetzen Sie ins Deutsche.

1. Gwyddom ni ei bod hi'n llwyddiannus. | 2. Yr oeddem ni'n sicr y delai ef. | 3. Gwn na chytunodd ef â ni. | 4. Clywaf ei fod yn gweithio mewn ffatri. | 5. Rydyn ni'n gobeithio nad yw hynny'n wir. | 6. Meddyliaf na ddylwn i brynu'r car hwn. | 7. Gwelwn nad oes neb yma sydd yn siarad ag ef. | 8. Sylwodd yr ymwelwyr nad oedd y castell ar agor.

2. Machen Sie aus den folgenden Hauptsätzen Ergänzungssätze, indem sie *Rydw i'n meddwl* „Ich denke" davorsetzen.

1. Dydyr'r ateb ddim yn gywir. | 2. Mae hi'n dysgu Cymraeg. | 3. Byddan nhw yma mewn pryd. | 4. Rydw i'n hwyr. | 5. Mae'r tywydd yn rhy boeth. | 6. Ef oedd y dyn. | 7. Ni chlywodd hi'r newyddion drwg. | 8. Marwodd ei thaid.

3. Übersetzen Sie ins Walisische.

1. Ich fürchte, dass sein Vater starb. | 2. Glaubst du, dass das Wetter morgen besser sein wird? | 3. Ich sah, dass er der Mann war. | 4. Es ist mehr als wahrscheinlich, dass diese Antwort stimmt. | 5. Hoffentlich sind sie rechtzeitig dort. | 6. Wir vermuten, es wäre schwierig, diese Frage zu beantworten. | 7. Ich bin sicher, dass er der Fahrer des Wagens war. | 8. Ich sehe, dass dies der letzte Satz ist.

Golygfa o Landudno o'r Gogarth.
Blick über Llandudno vom Great Orme aus.

Anhang

Lösungsschlüssel

Die Übersetzungen im hier folgenden Schlüssel zu den Übungen folgen weitgehend den Gepflogenheiten der traditionellen Schriftsprache. In den Fällen, in denen sich die Umgangssprache bzw. die weniger formelle moderne Schriftsprache davon nur durch den Wegfall bestimmter Laute unterscheidet, sind die betreffenden Buchstaben in runde Klammern gesetzt: *(Y) Mae*, *ch(w)i*, *adre(f)*. Sind die Unterschiede dagegen gravierender, folgen die von der traditionellen Schriftsprache abweichenden umgangssprachlichen Formen und Konstruktionen in runden Klammern nach der schriftsprachlichen Übersetzung.

1 Die Buchstaben und ihr Lautwert *S. 15*

1. 1. /aur/ | 2. /bo:d/ | 3. /ko:x/ | 4. /dru:s/ | 5. /glau/ | 6. /gri:ð/ | 7. /gwi:r/ | 8. /ɬi:s/ | 9. /nhu:/ | 10. /pe:θ/
2. 1. bach | 2. brwnt | 3. caws | 4. cof | 5. drwg | 6. ffordd | 7. gŵr | 8. hwyr | 9. llaw | 10. yn
3. 1. Abakus | 2. Akademie | 3. Album | 4. Aluminium | 5. Amateur | 6. Bank | 7. Bibel | 8. Bürokrat | 9. Kannibale | 10. Kapitän | 11. Klub | 12. Kaffee | 13. Kommission | 14. Curriculum | 15. Dialog | 16. Ökonomie | 17. Elefant | 18. Violine | 19. Veteran | 20. Phänomen | 21. Physiotherapie | 22. Gitarre | 23. Harmonium | 24. Hobby | 25. Index | 26. Institut | 27. Jeans | 28. Job | 29. Liter | 30. Mikrofon | 31. Million | 32. Molekül | 33. Nerv | 34. Nikotin | 35. Omelett | 36. Papier | 37. Paradies | 38. Pilot | 39. Rallye | 40. Rugby | 41. Saxofon | 42. Psychotherapie | 43. Sketch | 44. Scheck | 45. Taxi | 46. Telefon | 47. Tutor | 48. Trompete | 49. Theater | 50. Thesaurus

2 Der Wortakzent *S. 18*

1. 1. /'axos/ | 2. /ad'abod/ | 3. /al'maenur/ | 4. /'baxgen/ | 5. /'blodin/ | 6. /'brəʃo/ | 7. /'bəxan/ | 8. /'kerðed/ | 9. /'kəntav/ | 10. /xwe:x/ | 11. /'deiðeg/ | 12. /'diweð/ | 13. /e'vaɬai/ | 14. /'eisteð/ | 15. /'veɬi/ | 16. /fraiŋk/ | 17. /'firvlen/ | 18. /ger'ɬau/ | 19. /'gʷrando/ | 20. /'hevid/ | 21. /'hoɬol/ | 22. /'huirax/ | 23. /'ivaŋk/ | 24. /luk/ | 25. /'ɬawer/
2. 1. llygad | 2. milltir | 3. mynydd | 4. nhw | 5. noswaith | 6. oblegid | 7. ofnadwy | 8. parhau | 9. perthyn | 10. pryd | 11. rhad | 12. rhyddhau | 13. rhyngwladol | 14. sicrwydd | 15. symud | 16. tebyg | 17. therapi | 18. uwchben | 19. ugeinfed | 20. wythnos | 21. ymddiddan | 22. ffenestri | 23. gobeithio | 24. ynghylch | 25. canfyddaf

3 Lenierung S. 19

1. 1. dihareb (Sprichwort) | 2. cannwyll (Kerze) | 3. barn (Meinung) | 4. gardd (Garten) | 5. basged (Korb) | 6. mam (Mutter) | 7. cosb (Strafe) | 8. ton (Welle) | 9. brawddeg (Satz) | 10. cyllell (Messer)
2. 1. dy fanc | 2. dy gêm | 3. dy frawd | 4. dy law | 5. dy ddillad | 6. dy dad | 7. dy gadair | 8. dy chwaer | 9. dy ferch | 10. dy ffrind
3. 1. der örtliche Dialekt | 2. das leere Zimmer | 3. eine flinke Katze | 4. der folgende Satz | 5. ein grauer Mantel | 6. eine ländliche Region | 7. der große Garten | 8. eine ruhige Stunde | 9. ein freundliches Mädchen | 10. eine harte Nuss | 11. ein gutes Messer | 12. eine blinde Frau | 13. eine rote Wange | 14. ein kleiner Stein | 15. die gesprochene Sprache | 16. ein freies Land | 17. eine schwarze Katze | 18. die kleine Kirche | 19. ein leerer Korb | 20. eine harte Strafe
4. 1. dy rieni | 2. ar bont | 3. i blant | 4. y drydedd awr | 5. o fam | 6. am wers | 7. dwy orsaf | 8. un ardd | 9. o gestyll | 10. y cathod | 11. wrth gannwyll | 12. y flwyddyn | 13. ei ford | 14. dy frodyr | 15. i gardotyn | 16. ar geffylau | 17. pa ddyn | 18. ar yr holl ddaear | 19. o law i law | 20. tarw neu ddafad

4 Nasalierung S. 22

1. 1. pen Dafydd (Davids Kopf) | 2. bywyd dy dad (das Leben deines Vaters) | 3. car Marged (Margeds Auto) | 4. pentref Gwilym (Gwilyms Dorf) | 5. dŵr yr afon (das Wasser des Flusses) | 6. golau'r haul (das Licht der Sonne) | 7. cwpan Siân (Siâns Becher) | 8. traethawd y ferch (der Aufsatz des Mädchens) | 9. basged y bachgen (der Korb des Jungen) | 10. clwb y brifysgol (der Universitätsklub)
2. 1. fy maich | 2. fy mhentref | 3. fy nyfodol | 4. fy nhaith | 5. fy mrenhines | 6. fy nheulu | 7. fy mhlentyn | 8. fy mwyd | 9. fy nhrên | 10. fy nghar
3. 1. meine Getränke | 2. in Margeds Familie | 3. mein kleiner Finger | 4. in Wales | 5. im Bahnhof von Bangor | 6. meine Hochzeit | 7. meine Meinung | 8. in Davids Dorf | 9. mein Haus | 10. meine Schafe
4. 1. fy mhobl | 2. fy nhad | 3. yng Nghaerfyrddin | 4. fy nghath | 5. naw niwrnod | 6. can mlwydd oed | 7. wyth mlynedd | 8. yng Nghaergybi | 9. yng Ngheredigion | 10. fy mhroblem

5 Spirantisierung S. 23

1. 1. cam (Schritt) | 2. pen (Kopf) | 3. cae (Feld) | 4. tafod (Zunge) | 5. castell (Burg) | 6. peth (Ding) | 7. tarw (Stier) | 8. car (Auto) | 9. teulu (Familie) | 10. pentref (Dorf)
2. 1. aderyn a physgodyn | 2. Almaenwr a Chymro | 3. bara a chaws | 4. anifail a phlanhigyn | 5. bachgen a merch | 6. te a choffi | 7. tŷ a chastell | 8. plentyn a baban | 9. beic a char | 10. plât a chyllell
3. 1. von ihrem Vater | 2. zu ihrem Feld | 3. drei Burgen | 4. Hunde und Katzen | 5. mit Freunden | 6. ihr Dorf | 7. sechs Familien | 8. von ihren Liedern | 9. für ihre Kinder | 10. Kühe und Stiere
4. 1. tra thebyg | 2. o'i phlant | 3. tua Chaerfyrddin | 4. chwe chadair | 5. tra thywyll | 6. tair carreg | 7. gyda phlentyn | 8. ei theulu | 9. i'w choes | 10. ei phen

6 Der Artikel *S. 25*

1. 1. y plwyf | 2. yr ardd | 3. y ford | 4. y ddiod | 5. y fasged | 6. y ferch | 7. y bore | 8. y mynydd | 9. y daith | 10. y bont
2. 1. der Dialekt | 2. der Grund | 3. zum Tisch | 4. von dem Korb | 5. für die Erde | 6. dieses Geschenk | 7. von jenen Bergen | 8. vom Bahnhof | 9. von der Hand | 10. die Äpfel
3. 1. Spielfeld | 2. Brotmesser | 3. Buchladen | 4. Clubmitglied | 5. Weihnachtsgeschenke | 6. Stromausfall | 7. Mountainbike | 8. Meinungsumfrage | 9. Arbeitsstunden | 10. Lastwagenfahrer
4. 1. problem meddalwedd | 2. safle bws | 3. carreg filltir | 4. cwmni teledu | 5. cân werin | 6. arian poced | 7. cwpan wy | 8. swyddfa iechyd | 9. plât papur | 10. siop esgidiau

7 Das Substantiv *S. 28*

1. 1. nosweithiau | 2. swyddfa | 3. nentydd | 4. gwraig | 5. lonydd | 6. nef | 7. crafangau | 8. baich | 9. ffolion | 10. athro
2. 1. die Schulzeiten | 2. die Bewohner Deutschlands | 3. die Mitglieder des Clubs | 4. die Tage des Jahres | 5. die Berge von Wales | 6. Weihnachtskarten | 7. die Sprichwörter der Waliser | 8. die Autoren dieses Buchs | 9. die Kirchen Italiens | 10. die Bräuche dieser Region
3. 1. glan (yr) Iorddonen | 2. caneuon gwerin | 3. cynhyrchion y wlad honno | 4. cestyll Ffrainc | 5. penodau'r llyfr | 6. plu'r aderyn | 7. gerddi'r Alban | 8. aelodau'r teulu | 9. diwedd yr wythnos | 10. y ffordd i'r Wyddfa

8 Das Adjektiv *S. 32*

1. 1. bord gron / ein runder Tisch | 2. ceffyl cryf / ein starkes Pferd | 3. aderyn gwyn / ein weißer Vogel | 4. cyllell lem / ein spitzes Messer | 5. ystafell wag / ein leeres Zimmer | 6. buwch ddu / eine schwarze Kuh | 7. tywydd braf / schönes Wetter | 8. hen gadair / ein alter Stuhl | 9. dyn call / ein weiser Mann | 10. basged drom / ein schwerer Korb
2. 1. ffyrdd hirion / lange Wege | 2. cotiau cochion / rote Mäntel | 3. llynnoedd dyfnion / tiefe Seen | 4. llyfrau gleision / blaue Bücher | 5. anifeiliad gwylltion / wilde Tiere | 6. adeiladau mawrion / große Gebäude | 7. llygaid duon / schwarze Augen | 8. beichiau trymion / schwere Lasten | 9. plant bychain / kleine Kinder | 10. adar buain / flinke Vögel
3. 1. der örtliche Dialekt | 2. eine Kurzgeschichte (= kurze Geschichte) | 3. die falschen Antworten | 4. der Hauptzweck (= hauptsächliche Zweck) | 5. eine gefleckte Katze | 6. ein kleiner Maßstab | 7. alte Kleider | 8. ein unglücklicher Zufall | 9. ein alter Brauch | 10. der politische Flügel der Bewegung
4. 1. diwrnod arbennig | 2. y brawddegau canlynol | 3. anifeiliaid gwyllt (oder: gwylltion) | 4. ardaloedd gwledig | 5. glannau'r afon fach | 6. amodau caled y gwaith | 7. blodau coch (oder: cochion) | 8. bywyd yr Iesu | 9. ffrindiau'r Gymraeg | 10. ffenestri'r tŷ mawr

5. 1. Sie ist das größere von den beiden Mädchen. | 2. Das Frühstück ist besser als das Mittagessen. | 3. Der kleine Laden ist so billig wie der Supermarkt. | 4. Er ist der Bessere von den beiden. | 5. der feuchteste Monat des Jahres | 6. Er ist jünger als seine Schwester. | 7. die leichteste Frage | 8. der höchste Berg | 9. die teuersten Kleider | 10. die älteste Kirche
6. 1. (Y) Mae hi'n well na'i frawd yn yr ysgol. | 2. (Y) Mae ceffyl yn gyflymach na chi. | 3. (Y) Mae dy wyneb yn wynnach na phapur. | 4. (Y) Mae'r ffilm cystal â'r llyfr. | 5. (Y) Mae'r gadair mor gysurus â'r gwely. | 6. (Y) Mae'r tywydd eleni cyn syched â'r tywydd y llynedd. | 7. (Y) Mae castell Harlech yn llai na chastell Caernarfon. | 8. (Y) Mae'r tywydd yn oerach heddiw. | 9. Mis Mai yw mis sychaf y flwyddyn. | 10. (Y) Mae Siân yn dalach nag ef.

9 Kardinal- und Ordinalzahlen S. 37

1. 1. Y mae hi'n ugain munud wedi tri o'r gloch. | 2. Y mae hi'n ddeng munud i bump o'r gloch. | 3. Y mae hi'n chwech o'r gloch. | 4. Y mae hi'n bum munud wedi saith o'r gloch. | 5. Y mae hi'n wyth o'r gloch. | 6. Y mae hi'n saith munud wedi unddeg o'r gloch.
2. 1. zwei Stunden | 2. tausend Jahre | 3. das dritte Kapitel | 4. das erste Kind | 5. Richard I. | 6. drei Köpfe | 7. das vierzehnte Kind | 8. hunderttausend Pfund | 9. dreimal | 10. elfmal
3. 1. dau dudalen a deugain | 2. y waith gyntaf | 3. un llong | 4. pymtheg tŷ ar hugain | 5. dwy ferch ar bymtheg | 6. y seithfed tŷ | 7. tri bachgen ar ddeg | 8. y pedair gwlad | 9. deng milltir | 10. y ddegfed salm

10 Personalpronomina S. 40

1. 1. dy chwaer / deine Schwester | 2. ei dad / sein Vater | 3. ein hoes / unser Zeitalter | 4. d'ofn / deine Furcht | 5. ei thad / ihr Vater | 6. ei glywed / sein Hören (oder: ihn zu hören) | 7. ein rhieni / unsere Eltern | 8. eu plant / ihre Kinder | 9. fy mywyd / mein Leben | 10. ei frecwast / sein Frühstück
2. 1. ein harholiadau | 2. fy ngweld | 3. ein hathrawes | 4. dy bentref | 5. eich plaid | 6. fy mhroblemau | 7. fy mhobl | 8. d'wyneb | 9. eich cwestiynau | 10. f'atebion
3. 1. mein Bruder und meine Schwester | 2. mit deinem Vater | 3. zu meinem Haus | 4. um mich zu hören | 5. für ihre Vögel | 6. für seine Arbeit | 7. er und sein Bruder | 8. du und deine Mutter | 9. ein Geschenk für ihre Eltern | 10. ein Buch von seinem Vater
4. 1. ein hysgol a'n hathrawon | 2. fy mwyd a'm diod | 3. y ffordd o'i dŷ i'w ysgol | 4. y llwybr o'r môr i'n pentref | 5. Siân a'i chi | 6. Gwilym, Dafydd a'u ffrindiau | 7. ceffyl i'w ddwy ferch | 8. o un o'm ffrindiau | 9. ef a'i wraig | 10. hi a'i gŵr

11 Relativpronomina *S. 43*

1. 1. a: Hier sind die Bücher, die ich kaufte. | 2. a: Hier ist der Mann, der hierherkam. (oder na: Hier ist der Mann, der nicht hierherkam.) | 3. na: Hier ist die Geschichte, die sie nicht hörte. | 4. na: Hier ist das Haus, das ich nicht kaufte. | 5. na: Hier ist die Frage, die er nicht hörte.
2. 1. Hier ist der Mann, der gestern in der Kirche war. | 2. Hier ist die Frau, die heute in der Schule ist. | 3. Hier ist das Fenster, das man öffnete. | 4. Hier ist der Laden, den man nicht öffnete. | 5. Hier ist die Burg, die ich sah. | 6. Hier ist die Frage, die ich nicht sah.
3. 1. y dyn sydd yn yr ardd | 2. y wraig a oedd yn y tŷ | 3. Fi piau'r car. | 4. Hi piau'r beic | 5. Dyma'r bara a werthwyd. | 6. Dyma'r blodau na werthwyd.

12 Interrogativpronomina *S. 45*

1. 1. Pwy: Wer ist sie? | 2. Pa: Welcher Lehrer ist dies? | 3. Pryd: Wann kommt der Zug? | 4. Faint: Wie viel Geld ist hier? | 5. Beth: Was ist im Zimmer? | 6. Ble: Wo ist das Auto? | 7. Sawl: Wie viele Räume sind in dem Gebäude? | 8. Pam: Warum kommt sie nicht?
2. 1. Wer ist der Mann, der hier war? | 2. Wer war gestern in der Schule? | 3. Wie viel Zeit hattest du? | 4. Welches Datum ist heute? | 5. Wie viele Lehrer hast du in der Schule? | 6. Welches ist der beste Weg? | 7. Was waren die besten Antworten? | 8. Wie viele Leute waren in der Burg? | 9. Wessen Buch ist dies? | 10. Wo ist der Mann, der gestern hier war?
3. 1. Pa mor fawr yw'r ystafell fwyaf? | 2. Pa mor dywyll yw'r nos? | 3. Pam ydych chi mor hwyr? | 4. Pa mor wlyb yw'r tywydd? | 5. Pam (y) mae'r ystafell hon mor oer? | 6. Dyna'r tŷ a welodd. | 7. Pryd y daw y dyn a brynodd y tŷ? | 8. Ni piau'r llyfrau. | 9. Dyma'r wraig y rhoddais i'r llythyr iddi. | 10. Pwy sydd yn gwybod?

13 Demonstrativpronomina *S. 47*

1. 1. hwn: diese Antwort | 2. hon: dieser Bach | 3. hyn: diese Bedingungen | 4. hon: dieses Bein | 5. hyn: diese Filme | 6. hon: dieser Fluss | 7. hon: diese Kuh | 8. hyn: diese Vögel
2. 1. hwnnw: jenes Essen | 2. honno: jener Stuhl | 3. honno: jene Königin | 4. hynny: jene Mütter | 5. honno: jenes Geschäft | 6. honno: jener Garten | 7. honno: jener Schuh | 8. hynny: jene Länder
3. 1. dieser Grund | 2. Dies ist ein Korb. | 3. Dies ist der letzte Tag. | 4. jene Fenster | 5. Dies ist ein Apfel. | 6. Dieses Sprichwort ist sehr alt. | 7. Dies ist ein walisisches geistliches Lied. | 8. dieser Bahnhof | 9. jenes Gebet | 10. diese Bedingungen
4. 1. y gwesty hwnnw | 2. Hwn yw'r ateb cywir. | 3. i'r amcan hwn | 4. y gwragedd hynny | 5. y cyfryw arfer | 6. yn yr haf hwnnw | 7. Anrheg yw hon. | 8. o'r bennod hon | 9. yn yr iaith hon | 10. Pwy yw'r dyn hwn?

14 Indefinitpronomina S. 48

1. 1. etwas Brot | 2. verschiedene Fragen | 3. einer von den Professoren dieser Universität | 4. ein paar Leute | 5. viel größer | 6. sein ganzer Erfolg | 7. jedes Hotel | 8. Es ist alles in Ordnung. | 9. von jeder Seite | 10. ein Teil dieses Geldes
2. 1. (Y) Mae rhywun yn yr ardd. | 2. holl drigolion yr ardal hon | 3. llawer o ddynion | 4. dim ond dŵr | 5. y pethau hyn oll | 6. i bob amcan | 7. holl ymwelwyr y castell | 8. rhyw reswm | 9. rhai pobl | 10. yr un feddwl

15 Reflexivpronomina S. 50

1. 1. gilydd: Wir reden miteinander. | 2. gilydd: Wir besuchen einander. | 3. hunan: Ich lobe mich selbst. | 4. hunan: Du schadest dir. | 5. gilydd: Sie schreien einander an. | 6. hun: Ich sehe mich selbst. | 7. gilydd: Wir lieben einander. | 8. gilydd: Wir (er)kennen einander.
2. 1. hunan: mein eigenes Land | 2. hunain: unser eigenes Dorf | 3. fy, hunan: mein eigener Bruder | 4. hunan: seine eigene Frau | 5. fy, hunan: mein eigenes Fahrrad | 6. ei, hunan: ihr eigener Stuhl | 7. hunan: sein eigenes Essen | 8. fy, hunan: mein eigener Dialekt

16 Das regelmäßige Verb S. 51

1. 1. canaf i, canwn ni, ich singe / wir singen | 2. mawl ef/hi, molant hwy (molan nhw), er/sie lobt / sie loben | 3. egyr ef/hi, agorant hwy (agoran nhw), er/sie öffnet / sie öffnen | 4. colli di, collwch ch(w)i, du verlierst / ihr verliert | 5. ceidw ef/hi, cadwant hwy (cadwan nhw), er/sie behält / sie behalten | 6. gwenaf i, gwenwn ni, ich lächle / wir lächeln
2. 1. Öffnet die Tür! | 2. Er sitzt auf dem Stuhl. | 3. Ich verkaufe das Haus. | 4. Sie schickt einen Brief. | 5. Beantworte die Frage! | 6. Ich lege das Buch auf den Tisch. | 7. Die Fische schwimmen im See. | 8. Das Kind lächelt.
3. 1. Y mae'r dyn yn cysgu yn ei wely. | 2. Rho dy law imi! | 3. Y mae'r fam yn prynu bwyd i'w phlant. | 4. Canwn gân! | 5. Tawo yn awr. | 6. Y mae bachgen yn sefyll wrth y drws. | 7. Y mae'r fuwch yn pori ar y mynydd. | 8. Y mae ef yn yfed cwrw.
4. 1. ceni di, cenych di, du singst / du mögest singen | 2. cerir, carer, man liebt / man möge lieben | 3. deallwn ni, deallom ni, wir verstehen / wir mögen verstehen | 4. gwêl ef/hi, gwelo ef/hi, er/sie sieht / er/sie möge sehen | 5. agoraf i, agorwyf i, ich öffne / ich möge öffnen | 6. casglant hwy (casglan nhw), casglont hwy, sie sammeln / sie mögen sammeln
5. 1. Sie sangen ein Lied. | 2. Er kehrte sofort zum Bahnhof zurück. | 3. Ich glaubte diese Worte. | 4. Das Mädchen nahm die Bücher und legte sie auf den Tisch. | 5. Gewöhnlich kaufte ich viele Dinge in jenem Laden. | 6. Ich hatte Essen zubereitet. | 7. Am Morgen pflegte sie aufzustehen, um zum Bahnhof zu gehen. | 8. Man verkaufte das Haus. | 9. Ich beendete die Arbeit gestern Abend. | 10. Der Junge zeigte den Besuchern den Weg.
6. 1. Collodd y plentyn ei gap ar y maes parcio. | 2. Rhedodd adref. | 3. Atebais i gwestiynau'r arholiad. | 4. Yfai lawer o win yn y gwesty. | 5. Cafodd hi lawer o anrhegion. | 6. Chwarddwyd am y stori hon. | 7. Cysgem ni'n dawel bob nos. | 8. Porai'r buchod ar y mynydd yn yr haf. | 9. Torrais i'r gadair ar ddamwain. | 10. Toddodd yr eira ar y mynyddoedd.

7. 1. cymeraf i, cymerais i, cymerwn i | 2. rhed ef/hi, rhedodd ef/hi, rhedai ef/hi | 3. dychwelwn ni, dychwelsom ni, dychwelem ni | 4. cosbir, cosbwyd, cosbid | 5. dychweli di, dychwelaist ti, dychwelit ti | 6. gallant hwy (gallan nhw), gallasant hwy (gallon nhw), gallent hwy (gallen nhw)

8. 1. Lasst uns die Tür und die Fenster verschließen! | 2. Die Männer wandten sich zur anderen Seite. | 3. Gewöhnlich wachte er früh auf. | 4. Der Hund kaut den Knochen. | 5. Ich werde meinem Vater morgen das Geld geben. | 6. Diese Zweifel wurden bestätigt. | 7. Man soll solche Dinge erlauben! | 8. Sie wandte ihr Gesicht zur Sonne. | 9. Diese Entwicklungen stärkten die Partei. | 10. Die Besucher mögen ihre Becher leeren.

9. 1. Parhâi'r gweithiau drwy'r nos. | 2. Pellhaodd yn gyflym. | 3. Datglo drws yr ystafell! | 4. Mwynhasom y bwyd yng ngwesty'r pentref. | 5. Caiff y bachgen fynd adref. | 6. Cosbwyd y plant (oder: Cafodd y plant eu cosbi). | 7. Gwanha'r datblygiad hwn y gwrthwynebiad. | 8. Glanhâi ef yr ystafelloedd bob wythnos. | 9. Cawswn i lawer o anrhegion (Roeddwn i wedi cael llawer o anrhegion). | 10. Mwynhewch eich bwyd!

17 Das Verb bod „sein" und weitere mit bod zusammengesetzte Verben *S. 66*

1. 1. yr (yd)wyf fi (rydw i), bwyf fi, bûm i | 2. (yd)yw / mae, bo, bu | 3. (yr) ydym ni (rydyn ni), bôm ni, buom ni (buon ni) | 4. (yr) y(dy)s, bydder, buwyd | 5. (yr) (yd)wyt ti (rwyt ti), by(ddy)ch di, buost ti (buest ti) | 6. ydynt, (y) maent hwy (maen nhw), bônt hwy, buont hwy (buon nhw)

2. 1. Sie ist keine Lehrerin. | 2. Das Brot ist auf dem Tisch. | 3. Am Nachmittag arbeitete ich gewöhnlich. | 4. Seid ruhig! | 5. Sie ist das Mädchen, das gestern nicht in der Schule war. | 6. Das ist der Hund, der das Kind gebissen hat. | 7. Wirst du hier sein? | 8. Ich war gestern im Dorf. | 9. Ich sah den Jungen, dessen Vater gestorben ist. | 10. Gibt es viele Stühle in dem kleinen Zimmer?

3. 1.byddi di, yr oeddit ti (roeddet ti), buasit ti | 2. byddir, yr oeddid, buasid | 3. byddwch ch(w)i, yr oeddech chwi (roeddech chi) | 4. byddaf fi, yr oeddwn i (roeddwn i), buaswn i | 5. byddwn ni, yr oeddem ni (roedden ni), buasem ni | 6. bydd ef/hi, yr oedd ef/hi (roedd e/o, hi), buasai ef/hi

4. 1. Carreg yw hon. | 2. Pam nad wyt ti'n mynd gyda ni i'r castell? | 3. Archfarchnad yw hwn. | 4. Yr ydych chwi (Rydych chi) yn garedig iawn. | 5. Dyna'r plentyn a chwaraeodd (oder: a oedd yn chwarae) yn yr ardd. | 6. Yr oedd yr hen ysgol yn fach iawn. | 7. Os wyt ti'n credu hynny, ni allaf dy helpu di. | 8. Pwy oedd y dyn a welaist ti? | 9. Pwy sy'n byw yn y tŷ a werthwyd (oder: a gafodd ei werthu)? | 10. Pam nad wyt ti'n dysgu'r wers hon?

18 Andere unregelmäßige Verben *S. 78*

1. 1. ei di, ewch ch(w)i, du gehst / ihr geht | 2. elit ti, elech chwi, du würdest gehen / ihr würdet gehen | 3. elwyf i, elom ni, ich möge gehen / wir mögen gehen | 4. euthum i (es i), aethom ni (aethon ni), ich ging / wir gingen | 5. dos, ewch, geh! / geht! | 6. awn i, aem ni, ich pflegte zu gehen / wir pflegten zu gehen

2. 1. Ich werde meine Arbeit morgen tun. | 2. Sie hätte die Antwort wissen sollen. | 3. Lasst uns morgen zur Kirche gehen! | 4. Du solltest sofort zur Schule gehen. | 5. Geh nach Hause! | 6. „Sei vorsichtig", sagte die Mutter. | 7. Kommt zur Versammlung! | 8. Er sollte dort sein. | 9. Er wurde in Carmarthen geboren. | 10. Am Morgen ging er gewöhnlich zur Universität.

3. 1. gwna, gwnewch, tu! / tut! | 2. gwnelo ef/hi, gwnelont hwy, er/sie möge tun / sie mögen tun | 3. gwnaethit ti, gwnaethech chwi, du hattest getan / ihr hattet getan | 4. gwnaf i, gwnawn ni, ich werde tun / wir werden tun | 5. gwnâi ef/hi, gwnaent hwy, er/sie pflegte zu tun, sie pflegten zu tun | 6. gwnaethost ti (gwnest ti), gwnaethoch ch(w)i, du tatest / ihr tatet

4. 1. Beth a wnaf i? | 2. Daethant hwy (Daethon nhw) o'r ysgol. | 3. Aethom (Aethon) ni i'r castell ddoe. | 4. Dylwn i ddarllen y llyfrau hyn. | 5. Deuai (oder: Dôi) i siop y pentref i brynu bara. | 6. Euthum (Es i) yno i'w gweld hi. | 7. Daeth llawer o bobl i'r gymanfa ganu. | 8. Tyrd (oder: Dere) yma! | 9. Gwelais i'r cynllun a wnaeth. | 10. Beth yw dy ddyddiad geni?

5. 1. delych di, deloch chwi, du mögest kommen / ihr mögt kommen | 2. tyred (tyrd), deuwch (dowch, dewch), komm! / kommt! | 3. delai ef/hi, delent hwy, er würde kommen / sie würden kommen | 4. daethwn i, daethem ni, ich war gekommen / wir waren gekommen | 5. deuaf (dof) i, deuwn (down) ni, ich werde kommen / wir werden kommen | 6. deuai ef/hi, deuent (doent) hwy, er/sie pflegte zu kommen / sie pflegten zu kommen

19 Das Verbalnomen und die unpersönlichen Formen des Verbs S. 87

1. 1. Y mae ef yn ei gweld hi. | 2. Yr wyf yn ei agor ef. | 3. Yr oeddech chi'n ei ddarllen ef. | 4. Yr ydym yn ei ddarparu ef. | 5. Y mae hi wedi eu prynu nhw. | 6. Y mae hi wedi ei werthu ef.

2. 1. Ich war im Begriff, nach Hause zu kommen. | 2. Das Singen war großartig. | 3. Ich hörte das Schreien. | 4. Früh aufstehen ist sehr wichtig. | 5. Arbeiten wird heute Abend schwierig sein. | 6. Das kleine Kind lernt laufen. | 7. Gehen wir ins Esszimmer! | 8. Man muss hart arbeiten. | 9. Die Kinder gingen singend zur Schule. | 10. Er lehnte es ab, zu kommen.

3. 1. Cafodd ysgol newydd ei hagor yn y pentref. | 2. Y mae'r broblem yn cael ei chydnabod. | 3. Cafodd amodau'r gwaith eu gwrthod gan y gweithwyr. | 4. Mae anifeiliaid yn cael eu gwerthu yn y siop hon. | 5. Cafodd y bwyd ei fwynhau yn y lle hwn. | 6. Cafodd y castell hwn ei adeiladu yn y drydedd ganrif ar ddeg.

4. 1. Mynd neu beidio â mynd, dyna'r cwestiwn. | 2. Y mae'r tŷ yn cael ei werthu. | 3. Cafodd ei weld yno. | 4. Adeiladir ysgol newydd yn y pentref (oder: Y mae ysgol newydd yn cael ei hadeiladu yn y pentref). | 5. Gofynnais i Dafydd am beidio â dod yma. | 6. Yr oeddwn yno heb wybod am y peth. | 7. Dylit ti adrodd yr holl stori. | 8. Ceisiodd y fam dawelu'r plant. | 9. Hoffwn i brynu car newydd. | 10. Gall fod.

20 Einfache Präpositionen S. 89

1. 1. at: Ich sandte meinen Eltern einen Brief. | 2. ag: Ich schrieb diesen Brief mit Tinte. | 3. am: Ich hatte jene Geschichte vergessen. | 4. â: Ich stimme euch zu. | 5. am: Er sucht ein Geschenk für seine Frau. | 6. ar: Der Junge ist verrückt nach diesem Mädchen. | 7. i: Ich werde den Besuchern der Burg den Weg zeigen. | 8. rhag: Man muss sich vor jenem Menschen in Acht nehmen.

2. 1. Er hörte ihm zu. | 2. Er klagte über die Arbeitsbedingungen. | 3. Ich sollte ihm einen Brief schreiben. | 4. Ich stimmte ihm zu. | 5. Es freut mich, euch zu sehen. | 6. Sie versprach mir, das Buch zu lesen. | 7. Ich hatte es ihr gesagt. | 8. Ich bekam ein Geschenk von meinen Eltern. | 9. Ihr Vater erlaubte es ihr, dorthin zu gehen. | 10. Zeige mir, wo der Bahnhof ist.

3. 1. – Y mae annwyd arni hi. | 2. Yr oedd y fam yn chwilio amdani hi. | 3. Yr oedd ofn arnynt (arnyn nhw). | 4. Clywais i amdano fe. | 5. Anfonais i lythyr ato. | 6. Cefais anrheg oddi wrthynt (wrthyn nhw). | 7. Dywedodd ef y stori wrtho fe. | 8. Yr oedd yn ddrwg iawn ganddi hi glywed hynny.
4. 1. Yr oeddwn wedi anghofio am yr holl stori. | 2. (Y) Mae'n rhaid ei rwystro rhag prynu'r tŷ. | 3. Dyna'r llyfr a roddodd imi. | 4. Cefnodd arnom (arnon) ni. | 5. Yr wyf yn falch iawn ohonoch chi. | 6. Pwy sy'n galw arnaf i? | 7. Dyna'r car a brynais ganddo. | 8. Y mae'n well gennyf aros yma. | 9. Paid ag aflonyddu arnaf i! | 10. Nid wyf yn cenfigennu wrthot ti.

21 Zusammengesetzte Präpositionen *S. 101*

1. 1. Unter den Besuchern waren viele Waliser. | 2. Das Buch ist oben auf dem Schrank. | 3. Lasst uns einen Rundgang durch die Stadt machen. | 4. Ich wohnte in einem Hotel in der Nähe des Flusses. | 5. Er wartet neben der Kirche auf ihn. | 6. Sie lachten Siân aus. | 7. Die Eltern kauften Essen für die Kinder. | 8. Er ging den Weg entlang. | 9. Nach dem Abendessen wollten wir gehen. | 10. Wir gingen trotz dem kalten Wetter dorthin.
2. 1. eu plith | 2. ei ben | 3. o'i | 4. ei llaw | 5. ei phwys | 6. ei phen | 7. eu cyfer nhw | 8. ei hyd | 9. ei ôl | 10. ei waethaf
3. 1. (Y) Mae ein tŷ (ni) gyferbyn â'r banc. | 2. Aethom (Aethon) ni heibio i'r castell. | 3. (Y) Mae'r ffatri ar gau o achos y streic. | 4. Cefais anrheg oddi wrthi hi. | 5. Eisteddod y teulu o gwmpas y tân. | 6. Cawsom (Cawson) ni y cwestiynau ynghyd â'r atebion. | 7. Ysgrifennodd hi draethawd ynghylch dyfodol ein prifysgol. | 8. Bydd Caerdydd yn chwarae yn erbyn Abertawe yfory. | 9. Safodd hi o'i flaen ef. | 10. Gwnaeth ef hynny er dy fwyn di.

22 Temporal-, Lokal- und Modaladverbien *S. 103*

1. 1. Ich muss sofort zum Bahnhof gehen. | 2. Gestern Abend gingen wir ins Kino, und danach in die Kneipe. | 3. Warum gehst du nicht nach Hause, wenn du dich nicht gut fühlst? | 4. Nehmen Sie die erste Straße links! | 5. Das Wetter ist dieses Jahr so heiß. | 6. Ich zerbrach aus Versehen den alten Becher. | 7. Ich werde morgen zur Schule gehen. | 8. Vorgestern arbeitete ich im Garten.
2. 1. Cafodd y gwesty ei adeiladu y llynedd. | 2. Rydw i'n mynd i'm gwaith bob bore. | 3. Rydw i'n cytuno â chi yn llwyr. | 4. Mae'n rhaid inni gael ateb i'r cwestiwn hwn rywsut. | 5. Yr oedd llawer o ymwelwyr yn y castell echdoe. | 6. Rydw i'n ei weld ef yn anaml iawn. | 7. Byddaf gartref heno. | 8. Ewch ymlaen, arhosaf i yma.

23 Konjunktionaladverbien *S. 105*

1. 1. Das Wetter ist sehr schlecht, seid daher vorsichtig! | 2. Der Plan ist gefährlich. Dennoch muss man ihn in Erwägung ziehen. | 3. Wir waren erfolgreich. Trotzdem ist dies nur ein Anfang. | 4. Die Arbeit ist schwierig. Deswegen sind wir ja hier. | 5. Wir kommen voran. Nichtsdestoweniger gibt es Probleme. | 6. Man muss vorsichtiger sein. Ich werde diesen Plan also nicht unterstützen. | 7. Diese Entwicklung ist vielversprechend. Deswegen muss man sie begrüßen. | 8. Wir haben nicht viel Zeit. Folglich müssen wir sofort eine Entscheidung treffen.

2. 1. Gwelais Dafydd, ond ni siaradais ag ef. | 2. Dylwn i brynu car, neu fydd yn rhaid imi gerdded. | 3. Yr oedd y trên wedi mynd, ac oherwydd hynny cymerais i'r bws. | 4. Yr oedd y tywydd yn ofnadwy ddoe. Serch hynny, gweithiais i yn yr ardd. | 5. Ysgrifennaf rhai lythyrau yn y prynhawn. Ar ben hynny, mae'n rhaid imi baratoi'r wers nesaf. | 6. Mae'r siop ar agor hyd ddeg o'r gloch. O ganlyniad, mae gynnom ni ddigon o amser. | 7. Mae ei thaid (oder: ei thad-cu) wedi marw. Nid aeth i'r ysgol felly. | 8. Ymwelodd â'i dad, ond nid oedd ei fam gartref.

24 Satzadverbien *S. 106*

1. 1. Vielleicht gibt es keine neue Information bezüglich dieses Punkts. | 2. Ich habe leider Husten. | 3. Ich würde gerne dorthin gehen, aber es ist leider zu spät. | 4. Vielleicht fehlt er heute. | 5. Vielleicht kommt er morgen. | 6. Unglücklicherweise war meine Bewerbung erfolglos. | 7. Zum Glück waren die Fragen in der Klausur nicht sehr schwierig. | 8. Vielleicht sind sie bereits gegangen.

2. 1. Yn anffodus, yr oedd y trên wedi cyrraedd cyn inni fynd i'r orsaf. | 2. Gwaetha'r modd, nid oes galw am y cynhyrchion hyn. | 3. Wrth lwc, yr oedd yr atebion i'r cwestiynau hyn yn gywir. | 4. Efallai mai hyn oedd yr achos. | 5. Efallai y gallaf eich helpu chi. | 6. Cafodd y tŷ ei werthu, fwy na thebyg. | 7. Efallai bod ein hathrawes yn sâl heddiw. | 8. Chwarddodd y bechgyn am ei ben, ysywaeth.

25 Affirmativpartikeln *S. 107*

1. 1. Vielleicht solltet ihr eine Minute warten. | 2. Gelacht hat er über sie. | 3. Hier ist etwas, worüber man nachdenken sollte. | 4. Es war in der Schule, dass der Unfall passierte. (Der Unfall passierte in der Schule.) | 5. Hier ist das Mädchen, deren Vater ums Leben kam. | 6. Ich denke, sie werden heute Abend zu Hause sein. | 7. Das ist das Problem, das ich erwähnte. | 8. Ich sprach mit den Leuten, deren Sohn vorgestern hier gewesen war.

2. 1. Fe/Mi fydd digon o amser gyda nhw. / Sie werden genug Zeit haben. | 2. Fe/Mi dorrais i'r cwpan ar ddamwain. / Ich zerbrach den Becher aus Versehen. | 3. Fe/Mi gawson ni'n beirniadu am ein syniadau. / Wir wurden wegen unserer Ideen kritisiert. | 4. Fe/Mi ddaethon ni ar y trên. / Wir kamen mit dem Zug. | 5. Fe/Mi glywais i'r newyddion yn barod. / Ich hörte die Neuigkeiten bereits. | 6. Fe/Mi gaeaf y drws ar unwaith. / Ich werde die Tür sofort schließen. | 7. Fe/Mi brynais i gar newydd y llynedd. / Ich kaufte letztes Jahr einen neuen Wagen. | 8. Fe dalodd ef am yr holl fwyd. / Er bezahlte das ganze Essen.

3. 1. Y mae'r amseroedd wedi newid. | 2. Dyma'r broblem yr oeddynt yn siarad amdani hi'n barod. | 3. Y mae hiraeth ar Gwilym am Gymru. | 4. Dyma'r tŷ yr wyf yn byw ynddo. | 5. Ef oedd piau'r allwedd y chwiliais i amdani hi. | 6. Ef oedd y dyn yr oeddwn i wedi siarad ag ef. | 7. Hon yw'r llythyr yr anfonais i ati hi. | 8. Dyma'r dyn y prynais i'r car ganddo.

26 Negationspartikeln *S. 108*

1. 1. Es ist kein Platz für sie im Haus. | 2. Er hatte eine Erkältung, und darum fühlte er sich nicht gut. | 3. Ich glaube die Geschichte nicht, die sie uns erzählt hat. | 4. So eine dumme Geschichte habe ich noch nie gehört. | 5. Ich weiß nicht, was mit ihr los ist. | 6. Ich hatte keine Zeit. | 7. Ich wusste nicht, was ich tun sollte. | 8. Es war nicht Dafydd, der das Fenster zerbrach.
2. 1. Nid oes digon o amser. (Does dim digon o amser.) | 2. Nid yw Dafydd (Dydy Dafydd ddim) yn gweithio yn yr archfarchnad nawr. | 3. Ni chlywodd ef y newyddion. | 4. Nac ewch i'r ysgol! (Peidiwch â mynd i'r ysgol!) | 5. Nid wyf yn dod nawr. (Dydw i ddim yn dod nawr.) | 6. Gwn na fydd yno mewn pryd. | 7. Ni phrynaist ti'r llyfrau. | 8. Nid oes (Does dim) digon o fwyd yma i bawb.
3. 1. Nid athro yw ef. (Dydy e ddim yn athro.) | 2. Ni fu ef (Fuodd e ddim) yn yr ysgol ddoe. | 3. Nid oedd y gwesty yn ddrud. (Doedd y gwesty ddim yn ddrud.) | 4. Gwn na ddaeth ef. | 5. Dywedodd ef na ddeuai. | 6. Nac ofnwch! (Peidiwch ag ofni!) | 7. Pam na ddywedaist ti ddim wrthyf (wrthof fi) am y peth? | 8. Nid plentyn ydwyf. (Dydw i ddim yn blentyn.)

27 Interrogativpartikeln *S. 109*

1. 1. Sprichst du mit den Kindern? | 2. Lebt er nicht in Cardiff? | 3. Ist dies das Haus, das sie kaufte? | 4. Bekamst du heute einen Brief? | 5. Werdet ihr das tun? Ja. | 6. Kamen sie nicht im Auto? | 7. Schläft sie? | 8. Kam der Zug nicht rechtzeitig an?
2. 1. (Ai) Ti sy'n talu am y bwyd? | 2. A ddeuant yfory? (Ddôn nhw yfory?) | 3. (A) Gerddech chi i'r ysgol pan oeddech chi'n ifanc? | 4. Ai chi a wnaeth hyn? | 5. (A) Orffennodd ef ei waith ddoe? | 6. (A) Wisgai ef y dillad hyn bob dydd? | 7. (A) Fyddai hynny'n well? | 8. A ydyw Dafydd yn athro da?
3. 1. Ni wn a yw hynny'n hollol gywir. | 2. (A) Wyt ti gartref? Nac ydwyf. | 3. (A) Ydych chi wedi gwerthu'r car? | 4. Ai hwn yw'r car a brynaist ti, neu (ynteu) un arall? | 5. Pwy a ŵyr (oder: Pwy sy'n gwybod) a yw'r stori'n wir. | 6. (A) Fuoch chi erioed yn yr Alban? | 7. Oni glywsoch chi'r newyddion? | 8. (A) Wyt ti wedi darllen y llyfr?

28 Konjunktionen *S. 110*

1. 1. Wenn du ihn siehst, grüße ihn von mir. | 2. Es ist eine lange Zeit, seit ich die Freunde sah. | 3. Ich lese das Buch, weil viele Leute darüber gesprochen haben. | 4. Der Junge ist froh, weil er heute nicht in die Schule gehen muss. | 5. Das Haus ist zu verkaufen, weil niemand darin wohnt. | 6. Es wäre großartig, wenn ihr uns helfen könntet. | 7. Wir müssen das Zimmer reinigen, bevor er ankommt. | 8. Wir waren am Bahnhof, als der Zug ankam.
2. 1. Awn yno lawer gwaith, pan oeddwn i'n blentyn. | 2. Dywedaf i wrtho fe, os ydy ef yma. | 3. Y mae'r bachgen yn llawen iawn am / gan fod y gwyliau yn dechrau. | 4. Yr oedd yn absennol ddoe am nad oedd ef yn teimlo'n dda. | 5. Gallen ni ddechrau pe byddai ef yma. | 6. Es i i'r brifysgol i astudio Cymraeg. | 7. Dydw i ddim yn mynd i'r sinema er bod y ffilm yn dda iawn. | 8. Bydd yn rhaid inni fynd ar a bws, os ydy'r trên yn hwyr (oder: gan / am fod y trên yn hwyr).

3. 1. Ewch ar hyd y ffordd, hyd nes y gwelwch chi'r tŷ. | 2. Wedi iddo glywed yr holl stori, yr oedd yn siomedig iawn. | 3. Bydd popeth yn iawn erbyn imi ddod yn ôl. | 4. Y mae'r llyfrau ar werth tra bo galw. | 5. Hoffwn i fynd adref cyn yr elo'n rhy hwyr. | 6. Erbyn inni gyrraedd yr oedd y trên wedi mynd. | 7. Yr wyf yno ar brydiau pan yw'r tywydd yn braf. | 8. Siaradaf â'm rhieni cyn iddynt ddod.

29 Einfache Sätze S. 113

1. 1. Dafydd sy'n gweithio yng Nghaerdydd. | 2. Ni oedd yn sâl ddoe. | 3. Fi sy'n gobeithio mynd i'r brifysgol. | 4. Siân oedd yn gweithio yn yr ardd. | 5. Fi welais y ffilm yn y sinema. | 6. Marged atebodd y cwestiwn. | 7. Nid nhw oedd wedi bod yma. | 8. Y siop hon sydd ar agor.
2. 1. Agorodd ef y drws. | 2. Yr wyf (Rydw i) yn dweud y gwir bob amser. | 3. Est ti i'r sinema ddoe? | 4. Prynais i wisg goch. | 5. Nid yw'r tŷ hwn (Dydy'r tŷ hwn ddim) ar werth. | 6. Torrais i gwpan Dafydd ar ddamwain. | 7. Nid oes (Does dim) peswch arnaf i. | 8. Rhoddodd y tad y llyfr hwn i'w ferch.

30 Komplexe Sätze S. 115

1. 1. Wir wissen, dass sie erfolgreich ist. | 2. Wir waren sicher, dass er kommen würde. | 3. Ich weiß, dass er uns nicht zustimmte. | 4. Ich höre, dass er in einer Fabrik arbeitet. | 5. Wir hoffen, dass das nicht wahr ist. | 6. Ich denke, dass ich dieses Auto nicht kaufen sollte. | 7. Wir sehen, dass niemand hier ist, der mit ihm spricht. | 8. Die Besucher bemerkten, dass die Burg nicht offen war.
2. 1. Rydw i'n meddwl nad ydy'r ateb yn gywir. | 2. Rydw i'n meddwl ei bod hi'n dysgu Cymraeg. | 3. Rydw i'n meddwl y byddan nhw yma mewn pryd. | 4. Rydw i'n meddwl fy mod yn hwyr. | 5. Rydw i'n meddwl bod y tywydd yn rhy boeth. | 6. Rydw i'n meddwl mai ef oedd y dyn. | 7. Rydw i'n meddwl na chlywodd hi'r newyddion drwg. | 8. Rydw i'n meddwl bod ei thaid wedi marw.
3. 1. Ofnaf i'w dad farw (oder: Mae arnaf i ofn fod ei dad wedi marw). | 2. (A) Wyt ti'n credu y bydd y tywydd yn well yfory? | 3. Gwelais i mai ef oedd y dyn. | 4. Y mae'n fwy na thebyg fod yr ateb hwn yn gywir. | 5. Gobeithio eu bod yno mewn pryd. | 6. Tybiwn y byddai'n anodd ateb y cwstiwn hwn. | 7. Yr wyf yn sicr mai ef oedd gyrrwr y car. | 8. Gwelaf mai hon yw'r frawddeg olaf.

Diarhebion – Sprichwörter

Hardd pob newydd. | Alles Neue ist schön.

Mae newid gwaith cystal â gorffwys. | Die Arbeit wechseln ist so gut wie auszuruhen.

A ddringo yn rhy uchel fe dyr y brigyn dano. | Wer zu hoch klettert, unter dem bricht der Zweig.

Nid bach ond a dybio ei hun yn fawr. | Klein ist nur, wer sich selbst für groß hält.

Dallaf o'r dall, dyn diddeall. | Der Blindeste der Blinden: ein unverständiger Mensch.

Ffolaf dyn, y cenfigenllyd. | Der närrischste Mensch: der Neider.

Chwerthin a wna ynfyd yn boddi. | Der Dummkopf lacht beim Ertrinken.

Ateb y ffôl yn ôl ei ffolineb. | Antworte dem Toren entsprechend seiner Torheit.

Gorau llyfr, cof. | Das beste Buch: das Gedächtnis.

Allan o olwg, allan o feddwl. | Aus den Augen, aus dem Sinn.

Lle bo mwg y bydd tân. | Wo Rauch ist, wird Feuer sein.

Rhaid magu lloi i gael ychen. | Um einen Ochsen zu bekommen, muss man ein Kalb großziehen.

Amynedd yw mam pob doethineb. | Geduld ist die Mutter aller Weisheit.

O flewyn i flewyn yr â'r pen yn foel. | Haar für Haar wird der Kopf kahl.

Llysywen mewn dŵr yw arian. | Geld ist ein Aal im Wasser.

Castell pawb, ei dŷ. | Sein Haus ist eines jeden Mannes Burg.

Nid proffwyd neb yn ei wlad ei hun. | Niemand ist Prophet in seinem eigenen Land.

Yr hen a ŵyr a'r ieuanc a dybia. | Der Alte weiß, und der Junge vermutet.

O bob trwm, trymaf henaint. | Von allem Schweren ist das Alter das schwerste.

Doeth a newid ei farn, ffôl a'i ceidw yn gadarn. | Ein Weiser ändert seine Meinung, ein Narr hält stur daran fest.

Gwell yr heddwch gwaethaf a'r rhyfel gorau. | Der schlechteste Frieden ist besser als der beste Krieg.

Nid rhy hen neb i ddysgu. | Niemand ist zu alt, um zu lernen.

Haws llosgi tŷ na'i adeiladu. | Ein Haus ist leichter angezündet als gebaut.

Hy pob ceiliog ar ei domen. | Jeder Hahn ist mutig auf seinem Misthaufen.

Adar o'r un lliw a hedant i'r un lle. | Vögel einer Farbe fliegen zu demselben Ort.

Doeth dyn tra tawo. | Ein Mann ist weise, solange er schweigt.

A ŵyr leiaf a ddywed fwyaf. | Am meisten sagt der, der am wenigsten weiß.

Gorau prinder, prinder geiriau. | Die beste Knappheit ist Wortknappheit.

Allwedd arian a egyr pob clo. | Ein silberner Schlüssel öffnet jedes Schloss.

Meddwl ddwywaith cyn taro unwaith. | Denke zweimal, bevor du einmal zuschlägst.

Rhaid llwy hir i fwyta gyda'r diawl. | Um mit dem Teufel zu essen, braucht es einen langen Löffel.

Ni cheir y melys heb y chwerw. | Man bekommt das Süße nicht ohne das Bittere.

Unllygeidiog a wna frenin yng ngwlad y deillion. | Im Land der Blinden ist der Einäugige König.

Na deffro'r ci sy'n cysgu. | Wecke nicht den Hund, der schläft.

Gwell un gair gwir na chant gair teg. | Besser ein wahres Wort als hundert schöne Worte.

Ni ŵyr neb lai na'r hwn a ŵyr y cafan. | Niemand weiß weniger als der Alleswisser.

Amser a ddengys. | Die Zeit erweist es.

Gwell un aderyn yn y llaw na dau yn y coed. | Besser einen Vogel in der Hand als zwei im Wald.

Gwell tu fewn i fwthyn, na thu allan i gastell. | Besser innerhalb einer Hütte als außerhalb eines Schlosses.

Nid hawdd boddloni pawb. | Es ist nicht leicht, es jedem recht zu machen.

Mwynfeydd copr o Oes yr Efydd ar Ben y Gogarth ger Llandudno.
Bronzeitliche Kupferminen auf dem Great Orme bei Llandudno.

Wortregister Walisisch–Deutsch

A

a[1] *Pron.* der, die, das

a[2] *Interrogativpartikel*

a(c)[3] *Konj.* und

â, ag *Präp.* mit

absennol *Adj.* abwesend

achos *m./f.* (*Pl.* ~ion) Grund *m.*, Ursache *f.*

achubaf *V.t.* (*VN* achub) retten (rhag vor)

achwynaf *V.i.* (*VN* achwyn) klagen (ar über)

adeiladaf *V.t.* (*VN* adeiladu) (er-)bauen

adferaf *V.t.* (*VN* adfer) wiederherstellen

adeg *f.* (*Pl.* ~au) Zeitraum *m.*

aderyn *m.* (*Pl.* adar) Vogel *m.*

adref *Adv.* nach Hause

adroddaf *V.i./t.* (*VN* adrodd) berichten, erzählen

adwaen *V.t.* (*VN* adnabod) (er-)kennen

addawaf *V.i./t.* (*VN* addo) versprechen (i jd*m.*)

addawol *Adj.* vielversprechend

addefaf *V.t.* (*VN* addef) gestehen (wrth jd*m.*)

aelod *m.* (*Pl.* ~au) Mitglied *n.*

af *V.i.* (mynd) gehen:

~ â etw. (hin-)bringen

afal *m.* (*Pl.* ~au) Apfel *m.*

aflonyddaf *V.i./t.* (*VN* aflonyddu) stören (ar jd*n.*)

aflwyddiannus *Adj.* erfolglos

afon *f.* (*Pl.* ~ydd) Fluss *m.*

agoraf *V.i./t.* (*VN* agor) (sich) öffnen

agos *Adj.* nahe (at bei)

agosâf *V.i.* (*VN* agosáu) sich nähern (at jd*m.*)

angel *m.* (*Pl.* angylion) Engel *m.*

angen *m.* (*Pl.* anghenion) Notwendigkeit *f.*, Bedarf *m.*

anghofiaf *V.t.* (*VN* anghofio) vergessen (am etw.)

anghywir *Adj.* falsch, unrichtig

ai *Interrogativpartikel*

Aifft, yr *N.* Ägypten

allwedd *f.* (*Pl.* ~i, ~au) Schlüssel *m.*

Alban, yr *N.* Schottland

Almaen, yr *N.* Deutschland

Almaenwr *m.* (*Pl.* Almaenwyr) Deutscher *m.*

am I. *Präp.* um, über;

II. *Konj.* weil

ambell *Adj.* gelegentlich

amcan *m.* (*Pl.* ~ion) Zweck *m.*

amddifadaf *V.t.* (*VN* amddifadu) berauben (o einer Sache)

amddiffynnaf *V.t.* (*VN* amddiffyn) verteidigen (rhag gegen)

amheuaeth *f.* (*Pl.* ameuaethau) Zweifel *m.*

aml *Adj.* zahlreich, häufig:

yn ~ *Adv.* oft

amod *m./f.* (*Pl.* ~au) Bedingung *f.*

amryw *Pron.* einige

amser *m./f.* (*Pl.* ~au, ~oedd) Zeit *f.*

anaml *Adj.* selten

anelaf *V.i.* (*VN* anelu) zielen (at auf)

anfonaf *V.t.* (*VN* anfon) senden (at jdm.)

anffodus *Adj.* unglücklich:

yn ~ unglücklicherweise

anifail *m.* (*Pl.* anifeiliaid) Tier *n.*

annwyd *f./m.* (*Pl.* anwydau) Erkältung *f.*

anodd *Adj.* schwierig

anrheg *f.* (*Pl.* ~ion) Geschenk *n.*

apêl *m.* (*Pl.* apelau, apeliau) Aufruf (at an)

apeliaf *V.i.* (*VN* apelio) appellieren *V.i.* (at an)

ar *Präp.* auf:

~ adegau *Adv.* mitunter

~ agor *Adv.* offen

~ antur *Adv.* auf gut Glück

~ ben *Präp.* oben auf

~ brydiau *Adv.* gelegentlich

~ bwys *Präp.* neben

~ draws *Präp.* über

~ ddamwain *Adv.* aus Versehen

~ fedr / fin kurz davor

~ gau *Adv.* geschlossen

~ gerdded *Adv.* unterwegs

~ gof a chadw *Adv.* allgemein bekannt

~ goll *Adv.* verloren

~ gyfer *Präp.* für

~ gyfyl *Präp.* in der Nähe von

~ hap *Adv.* zufällig

~ hyd *Präp.* entlang, hindurch

~ ôl *Präp.* nach

~ unwaith *Adv.* sofort

~ werth *Adv.* zu verkaufen

~ y chwith *Adv.* links

~ y dde *Adv.* rechts

arall *Pron.* andere(r, -s)

arbedaf *V.t.* (*VN* arbed) bewahren

arbennig *Adj.* besondere, -r, -s

archaf *V.t.* (*VN* erchi) bitten

archfarchnad *f.* (*Pl.* ~au, ~oedd) Supermarkt *m.*

archwaeth *m./f.* (*Pl.* ~au) Appetit *m.*

ardal *f.* (*Pl.* ~oedd) Bezirk *m.*, Region *f.*

arfer *f./m.* (*Pl.* ~ion) Brauch *m.*, Gewohnheit *f.*

arferaf *V.t.* (*VN* arfer) benutzen

argyhoeddaf *V.t.* (*VN* argyhoeddi) überzeugen (o von)

arholiad *m.* (*Pl.* ~au) Prüfung *f.*

arhosaf *V.i./t.* (*VN* aros) bleiben; warten (am auf); wohnen

arian *m.* Geld *n.*; Silber *n.*

arolwg *m.* (*Pl.* arolygon) Umfrage *f.*

arswydaf *V.i.* (*VN* arswydo) sich erschrecken (rhag vor)

asgell *f.* (*Pl.* ~au, esgyll) Flügel *m.*

asgwrn *m.* (*Pl.* esgyrn) Knochen *m.*

astudiaf *V.i./t.* (*VN* astudio) studieren

at *Präp.* hin zu:

~ ei gilydd *Adv.* insgesamt

~ hynny *Adv.* außerdem

ataliaf *V.t.* (*VN* atal) hindern (rhag an)

ateb *m.* (*Pl.* ~ion) Antwort *f.*

atebaf *V.i./t.* (*VN* ateb) (be)antworten (dros für)

athrawes *f.* (*Pl.* ~au) Lehrerin *f.*

athro *m.* (*Pl.* athrawon) Lehrer *m.*; Professor *m.*

aur *m.* Gold *n.*

awdur *m.* (*Pl.* ~on) Autor *m.*

awr *f.* (*Pl.* oriau) Stunde *f.*:

yn ~ *Adv.* jetzt

B

baban *m.* (*Pl.* ~od) Säugling *m.*

bach *Adj.* klein

bachgen *m.* (*Pl.* bechgyn) Junge *m.*

baich *m.* (*Pl.* beichiau) Last *f.*

balch *Adj.* (*Pl.* beilch, beilchion) stolz; froh

banc *m.* (*Pl.* ~iau) Bank *f.* (Geldinstitut)

Bangor *N.* Bangor

bara *m.* Brot *n.*

bardd *m.* (*Pl.* beirdd) Dichter *m.*

barn *f.* (*Pl.* barnau) Meinung *f.*

barnaf *V.i./t.* (*VN* barnu) urteilen, richten

Barri, y *N.* Barry

basged *f.* (*Pl.* ~i, ~au) Korb *m.*

beiaf *V.i./t.* (*VN* beio) die Schuld geben (ar jdn.)

beic *m.* (*Pl.* ~iau) Fahrrad *n.*, Rad *n.*

beiddiaf *V.i./t.* (*VN* beiddio) wagen

beirniadaf *V.t.* (*VN* beirniadu) kritisieren; beurteilen

benthycaf *V.t.* (*VN* benthyg) leihen (gan von)

benyw *Adj.* weiblich

beth *Pron.* was:

~ bynnag was auch immer

beunos *Adv.* jede Nacht

beunydd *Adv.* jeden Tag

ble *Pron.* wo:

i ~ wohin

o ~ woher

blinaf *V.i./t.* (*VN* blino) ermüden

blodyn *m.* (*Pl.* blodau) Blume *f.*; Blüte *f.*

bloeddiaf *V.i.* (*VN* bloeddio) brüllen

blwyddyn *f.* (*Pl.* blynyddoedd) Jahr *n.*

boddaf *V.i.* (*VN* boddi) ertrinken

bord *f.* (*Pl.* ~au) Tisch *m.*

bore I. *m.* (*Pl.* ~au) Morgen *m.*;

II. *Adj.* früh

braf *Adj.* schön

brathaf *V.i./t.* (*VN* brathu) beißen

brau *Adj.* (*Pl.* breuon) zerbrechlich

brawd[1] *m.* (*Pl.* brodyr) Bruder *m.*

brawd[2] *f.* (*Pl.* ~au, brodiau) Urteil *n.*

brawddeg *f.* (*Pl.* ~au) Satz *m.*

brecwast *m.* (*Pl.* ~au) Frühstück *n.*

brenhines *f.* (*Pl.* breninesau) Königin *f.*

brenin *m.* (*Pl.* brenhinedd) König *m.*

brith *Adj.* (*f.* braith) gefleckt

bron *Adv.* fast

brwd *Adj.* heiß
brwnt *Adj.* (*f.* bront) schmutzig (*SW*), gemein (*NW*)
brych *Adj.* (*f.* brech) gefleckt
bryn *m.* (*Pl.* ~iau) Hügel *m.*
brysiaf *V.i.* (*VN* brysio) eilen
buan *Adj.* (*Pl.* buain) flink
budr *Adj.* (*Pl.* ~on) schmutzig
bugail *m.* (*Pl.* bugeiliaid) Hirte *m.*
buwch *f.* (*Pl.* buchod) Kuh *f.*
bwriadol *Adv.* absichtlich
bws *m.* (*Pl.* bysiau) Bus *m.*
bwyd *m.* Nahrung *f.*, Essen *n.*
bwytaf *V.i./t.* (*VN* bwyta) essen
bychan *Adj.* (*f.* bechan, *Pl.* bychain) klein
byddar *Adj.* (*Pl.* byddair) taub
byr *Adj.* (*f.* ber, *Pl.* ~ion) kurz
bys *m.* (*Pl.* ~edd) Finger *m.*
byth *Adv.* niemals
bywiaf *V.i.* (*VN* byw) leben
bywyd *m.* (*Pl.* ~au) Leben *n.*

C

cadair *f.* (*Pl.* cadeiriau) Stuhl *m.*
cadarnhaf *V.t.* (*VN* cadarnhau) bestätigen
cadno *m.* (*Pl.* ~aid, cedny) Fuchs *m.*
cadwaf *V.t.* (*VN* cadw) behalten; bewahren (rhag vor)
cae *m.* (*Pl.* ~au) Feld *n.*
caeaf *V.t.* (*VN* cau) schließen
Caerdydd *N.* Cardiff
Caerfyrddin *N.* Carmarthen
ca(ffa)f *V.t.* (*VN* cael) bekommen (gan, oddi wrth von); dürfen
cain *Adj.* (*f.* ceinion) elegant
cais *m.* (*Pl.* ceisiadau, ceisiau) Versuch *m.*; Bewerbung *f.*
cangen *f.* (*Pl.* canghennau) Zweig *m.*
caled *Adj.* (*Pl.* ~ion, celyd) hart
call *Adj.* klug, weise
cam[1] *m.* (*Pl.* ~au) Schritt *m.*
cam[2] *Adj.* (*Pl.* ceimion) falsch; gebogen, krumm
cân *f.* (*Pl.* caneuon) Lied *n.*
canaf *V.i./t.* (*VN* canu) singen
canfyddaf *V.t.* (*VN* canfod) bemerken
canlyniad *m.* (*Pl.* ~au) Folge *f.*, Resultat *n.*
canlynol *Adj.* folgend
canmolaf *V.t.* (*VN* canmol) loben
cannwyll *f.* (*Pl.* canhwyllau) Kerze *f.*
cant *Kard.*, *m.* (*Pl.* cannoedd) hundert, Hundert *n.*
cap *m.* (*Pl.* ~au, ~iau) Mütze *f.*
car *m.* (*Pl.* ceir) Auto *n.*
caraf *V.t.* (*VN* caru) lieben
cardotyn *m.* (*Pl.* cardotwyr) Bettler *m.*
caredig *Adj.* freundlich
cariad *m.* (*Pl.* ~au, ~on) Liebe *f.* (at zu); Liebste(r) *m./f.*
cariaf *V.t.* (*VN* cario) tragen
carreg *f.* (*Pl.* cerrig) Stein *m.*
casâf *V.t.* (casáu) hassen
casglaf *V.t.* (casglu) sammeln
castell *m.* (*Pl.* cestyll) Burg *f.*
cath *f.* (*Pl.* ~od) Katze *f.*
cawr *m.* (*Pl.* cewri) Riese *m.*
caws *m.* Käse *m.*
cefn *m.* (*Pl.* ~au) Rücken *m.*
cefnaf *V.i./t.* (*VN* cefnu) im Stich lassen (ar jdn.)
cefnogaf *V.t.* (*VN* cefnogi) unterstützen
ceffyl *m.* (*Pl.* ~au) Pferd *n.*
ceiliog *m.* (*Pl.* ~od) Hahn *m.*
ceisiaf *V.t.* (*VN* ceisio) versuchen
cell *f.* (*Pl.* ~au, ~i) Zelle *f.*
cenedl *f.* (*Pl.* cenhedloedd) Volk *n.*, Nation *f.*
cenfigennaf *V.i.* (*VN* cenfigennu) beneiden (wrth jdn.)
cennad *m.* (*Pl.* cenhadon) Bote *m.*
cerdyn *m.* (*Pl.* cardiau) Karte *f.*
cerddaf *V.i.* (*VN* cerdded) (zu Fuß) gehen:
ar gerdded unterwegs
cerpyn *m.* (*Pl.* carpiau) Fetzen *m.*
ci *m.* (*Pl.* cŵn) Hund *m.*
cinio *m./f.* (*Pl.* ciniawau) Mittagessen *n.*
claddaf *V.t.* (*VN* claddu) begraben
clo(a)f *V.t.* (cloi) verschließen
clwb *m.* (*Pl.* clybiau) Klub *m.*
clywaf *V.t.* (*VN* clywed) hören (am von/über, gan von)
cneuen *f.* (*Pl.* cnau) Nuss *f.*
cnoaf *V.t.* (*VN* cnoi) kauen

coch *Adj.* (*Pl.* ~ion) rot

cochaf *V.i./t.* (*VN* cochi) (er-)röten

codaf *V.i./t.* (*VN* codi) (sich) erheben, aufstehen

coes *f.* (*Pl.* ~au) Bein *n.*

cof *m.* (*Pl.* ~ion) Gedächtnis *n.*, Erinnerung *f.*

cofiaf *V.i./t.* (*VN* cofio) denken (am an); erinnern, grüßen (at jdn.)

collaf *V.t.* (*VN* colli) verlieren

côr *m.* (*Pl.* corau) Chor *m.*

cosb *f.* (*Pl.* ~au) Strafe *f.*

cosbaf *V.t.* (*VN* cosbi) bestrafen

côt *f.* (*Pl.* cotiau) Mantel *m.*

crafanc *f.* (*Pl.* crafangau) Klaue *f.*

crafaf *V.t.* (*VN* crafu) kratzen

creadur *m.* (*Pl.* ~iaid) Geschöpf *n.*

credaf *V.i./t.* (*VN* credu) glauben

crefaf *V.i./t.* (*VN* crefu) beschwören (ar jdn.)

crëwr *m.* (*Pl.* crewyr) Schöpfer *m.*

Cristion *m.* (*Pl.* Cristnogion) Christ *m.*

croesawaf *V.t.* (*VN* croesawu) begrüßen

croyw *Adj.* (*Pl.* ~on) klar

crwm *Adj.* (*f.* crom) krumm

crwn *Adj.* (*f.* cron, *Pl.* crynion) rund

crybwyllaf (*VN* crybwyll) erwähnen (am etw.)

cryf *Adj.* (*f.* cref) stark

cryfhaf *V.t.* (*VN* cryfhau) stärken

cryg *Adj.* (*f.* creg) heiser

cryn *Adj.* beträchtlich

crynhoaf *V.t.* (crynhoi) sammeln

cul *Adj.* (*Pl.* ~ion) eng

cwestiwn *m.* (*Pl.* cwestiynau) Frage *f.*

cwmni *m.* (*Pl.* cwmnïau) Gesellschaft *f.*, Firma *f.*

cwmwl *m.* (*Pl.* cymylau) Wolke *f.*

cwningen *f.* (*Pl.* cwningod) Kaninchen *n.*

cwpan *m.* (*Pl.* ~au) Becher *m.*

cwpwrdd *m.* (*Pl.* cypyrddau) Schrank *m.*

cwta *Adj.* (*f.* cota) kurz

cwympaf *V.i.* (*VN* cwympo) fallen

cwynaf *V.i.* (*VN* cwyno) klagen (ar über)

cyd-ddigwyddiad *m.* (*Pl.* ~au) Zufall *m.*

cydnabyddaf *V.t.* (*VN* cydnabod) anerkennen

cydwelaf *V.i.* (*VN* cydweld) zustimmen (â jd*m.*)

cydymaith *m.* (*Pl.* cymdeithion) Gefährte *m.*

cydymffurfiaf (*VN* cydymffurfio) konform gehen (â mit)

cyfaddefaf *V.t.* (cyfaddef) gestehen

cyfaill *m.* (*Pl.* cyfeillion) Freund *m.*

cyfarfod *m.* (*Pl.* ~ydd) Versammlung *f.*

cyfarfyddaf *V.i./t.* (*VN* cyfarfod) (sich) treffen (â mit)

cyfle *m.* (*Pl.* ~oedd) Gelegenheit *f.*

cyflym *Adj.* schnell

cyfodaf s. codaf

cyfranogaf (*VN* cyfranogi) teilnehmen (o an)

cyfryw *Adj.* solch(e, -r, -s)

cyffroaf *V.t.* (*VN* cyffro) auf-, erregen

cyffyrddaf (*VN* cyffwrdd) berühren (â jdn./etw.)

cyhuddaf (*VN* cyhuddo) beschuldigen (o einer Sache)

cyllell *f.* (*Pl.* cyllyll) Messer *n.*

cymanfa *f.* (*Pl.* ~oedd, cymanfeydd) Zusammenkunft *f.*:

~ ganu Singfestival *n.*

cymeraf *V.t.* (*VN* cymryd) nehmen (gan von):

~ ar vorgeben

cymhellaf *V.t.* (*VN* cymell) antreiben

Cymraeg I. *m./f.* Walisisch *n.* (Sprache);

II. *Adj.* walisisch(-sprachig)

Cymraes *f.* (*Pl.* ~au) Waliserin *f.*

Cymreig *Adj.* walisisch, auf Wales bezogen

Cymro *m.* (*Pl.* Cymry) Waliser *m.*

Cymru *N.* Wales

cyn[1] *Adv.* so

cyn[2] I. *Präp.* vor;

II. *Konj.* bevor

cynhaliaf *V.t.* (*VN* cynnal) er-, abhalten

cynig(i)af (*VN* cynnig) anbieten (i jdm.)

cynllun *m.* (*Pl.* ~iau) Plan *m.*

cynnar *Adj.* früh

cynnydd *m.* Zunahme *f.*, Fortschritt *m.*

cynnyrch *m.* (*Pl.* cynhyrchion) Erzeugnis *n.*

cyntaf *Ord.* erste(r)

cyrhaeddaf *V.i./t.* (*VN* cyrraedd) ankommen; erreichen

cysgaf *V.i.* (*VN* cysgu) schlafen

cysgodaf *V.t.* (*VN* cysgodi) schützen (rhag vor)

cysurus *Adj.* bequem

cytunaf (*VN* cytuno) zustimmen (â jdm.)

cywilydd *m.* Scham *f.*; Schande *f.*

cywir *Adj.* richtig

CH

chwaer *f.* (*Pl.* chwiorydd) Schwester *f.*

chwalaf *V.t.* (*VN* chwalu) zerstreuen

chwarae *m.* (*Pl.* ~on) Spiel *n.*

chwaraeaf *V.i./t.* (*VN* chwarae) spielen

chwarddaf *V.i.* (*VN* chwerthin) lachen: ~ am ben auslachen

chwiliaf *V.t.* (*VN* chwilio) suchen (am jdn./etw.)

D

da *Adj.* gut

dacw *Adv.* dort (ist)

dadl(eu)af *V.i.* (*VN* dadlau) streiten (â mit); eintreten (dros für)

daear *f.* (*Pl.* ~au, ~oedd) Erde *f.*

dafad *f.* (*Pl.* defaid) Schaf *n.*

Dafydd *N.* David

daliaf *V.t.* (*VN* dal) halten

dall *Adj.* (*Pl.* deillion) blind

damwain *m./f.* (*Pl.* damweiniau) Versehen *n.*; Unfall *m.*

dan s. tan, dan

dangosaf *V.t.* (*VN* dangos) zeigen (i jdm.)

dannoedd *f.* Zahnschmerzen *Pl.*

dant *m.* (*Pl.* dannedd) Zahn *m.*

darfyddaf *V.i.* (*VN* darfod) sterben; geschehen

darganfyddaf *V.t.* (*VN* darganfod) entdecken

darllenaf *V.t.* (*VN* darllen) lesen

darparaf *V.t.* (*VN* darparu) vor-, zubereiten

datblygiad *m.* (*Pl.* ~au) Entwicklung *f.*

datgloaf, datglôf (*VN* datgloi) aufschließen

datroaf, datrôf (*VN* datroi) abwenden

dau *Kard.* (*f.* dwy) zwei

deallaf *V.t.* (*VN* deall) verstehen

dechreuaf *V.i./t.* (*VN* dechrau) anfangen, beginnen

deffroaf, deffrôf *V.i./t.* (deffro) auf-, erwachen; wecken

deg *Kard.* zehn

dehongliad *m.* (*Pl.* deongliadau) Deutung *f.*

deigryn *m.* (*Pl.* dagrau) Träne *f.*

deisyfaf *V.i.* anflehen (ar jdn.)

derbyniaf *V.t.* (*VN* derbyn) empfangen, annehmen

deuaf *V.i.* (*VN* dyfod, dod) kommen

deuddeg *Kard.* zwölf

deunaw *Kard.* achtzehn

dewr *Adj.* (*Pl.* ~ion) tapfer

dialaf *V.t.* (*VN* dial) rächen

dichonaf *V.i./t.* (*VN* dichon) können

diferol *Adj.* tropfend

diferyn *m.* (*Pl.* diferion) Tropfen *m.*

digiaf (*VN* digio) zürnen (wrth jdm.)

digon I. *m.* ausreichende/genügende Menge; II. *Adj.* ausreichend, genügend; III. *Adv.* ziemlich

digwyddaf *V.i.* (*VN* digwydd) geschehen, passieren

dihangaf *V.i.* (*VN* dianc) fliehen (rhag vor), entkommen

dihareb *f.* (*Pl.* diarhebion) Sprichwort *n.*

dihunaf *V.i.* (*VN* dihuno) auf-, erwachen

dillad *Pl.* Kleider *Pl.*

dim I. *Pron.* etwas; nichts

diod *f.* (*Pl.* ~ydd) Getränk *n.*

diogelaf *V.t.* (*VN* diogelu) schützen (rhag vor)

diolch *m.* (*Pl.* ~au) Dank *m.*

diolchaf *V.i.* (*VN* diolch) danken (i jdm., am für)

dirmygaf *V.t.* (*VN* dirmygu) verachten

disgwyliaf *V.i./t.* (*VN* disgwyl) erwarten (am jdn.)

diwedd *m.* (*Pl.* ~au, ~ion) Ende *f.*

diwethaf *Adj.* letzte(r)

diwrnod *m.* (*Pl.* ~au) Tag *m.*

doeth *Adj.* (*Pl.* ~ion) weise

dôl *f.* (*Pl.* dolydd) Wiese *f.*

dotiaf *V.i.* (*VN* dotio) einen Narren gefressen haben (ar an)

drachefn *Adj.* wieder

draw *Adv.* dort

Drenewydd, y *N.* Newtown

dros s. tros, dros

drud *Adj.* billig

drwg *Adj.* schlecht

drws *m.* (*Pl.* drysau) Tür *f.*

drwy s. trwy, drwy

du *Adj.* (*Pl.* ~on) schwarz

duaf *V.i./t.* (*VN* duo) schwarz werden; schwärzen

dwfn *Adj.* (*f.* dofn, *Pl.* dyfnion) tief

dŵr *m.* (*Pl.* dyfroedd) Wasser *n.*

dy *Pron.* dein(e)

dychwelaf *V.i./t.* (*VN* dychwelyd) zurückkehren; zurückgeben

dydd *m.* (*Pl.* ~iau) Tag *m.*:

~ Sadwrn Samstag *m.*

dyddiad *m.* (*Pl.* ~au) Datum *n.*

dyfodol *m.* Zukunft *f.*

dygaf *V.t.* (*VN* dwyn, dygu) bringen

dylaf *V.i.* (*VN* dylu) sollen

dyled *m./f.* (*Pl.* ~ion) Schuld *f.*, Schulden *Pl.*

dyma *Adv.* hier (ist)

dyn *m.* (*Pl.* ~ion) Person *f.*; Mann *m.*

dyna *Adv.* da, dort (ist)

dyrchafaf *V.t.* (*VN* dyrchafu) erheben

dysgaf *V.t.* (*VN* dysgu) lernen (gan von); lehren (i jdn.)

dywedaf *V.i./t.* (*VN* dywedyd, dweud) sagen (wrth jdm.)

DD

ddoe *Adv.* gestern

E

eb(e) *V.i.* sprach, spricht

echdoe *Adv.* vorgestern

echnos *Adv.* vorgestern Abend

edifarhaf *V.i.* (*VN* edifarhau) bereuen (am etw.)

edrychaf *V.i.* (*VN* edrych) aussehen; schauen:

~ am jdn./etw. suchen

~ ar jdn./ etw. ansehen

efallai *Adv.* vielleicht

efo *Präp.* mit

effeithiaf *V.i.* (*VN* effeithio) sich auswirken (ar auf)

eglwys *f.* (*Pl.* ~i, ~ydd) Kirche *f.*

enghraifft *f.* (*Pl.* enghreifftiau) Beispiel *n.*

ei *Pron.* sein (*3. Sg. m.*); ihr (*3. Sg. f.*)

Eidal, yr *N.* Italien

eira *m.* Schnee *m.*

eiriolaf *V.i.* (*VN* eiriol) Fürbitte einlegen (dros für)

eisiau *m.* Bedarf *m.*

eisteddaf *V.i.* (*VN* eistedd) sitzen

eleni *Adv.* in diesem Jahr

emyn *m.* (*Pl.* ~au) geistliches Lied *n.*

enillaf *V.i./t.* (*VN* ennill) gewinnen; verdienen

enw *m.* (*Pl.* ~au) Name *m.*

er *Präp.* trotz; wegen:

~ budd *Präp.* zugunsten

~ cof *Präp.* im Gedenken (am an)

~ coffa *Präp.* zur Erinnerung (am an)

~ enghraifft zum Beispiel

~ gwaethaf *Präp.* trotz

~ gwell, ~ gwaeth wohl oder übel

~ gwybodaeth zur Information

~ hynny *Adv.* trotzdem

~ lles *Präp.* zugunsten

~ mwyn *Präp.* um … willen

~ pan *Konj.* seit

erbyn I. *Präp.* bis:

~ hyn(ny) mittlerweile;

II. *Konj.* bis

erioed *Adv.* jemals; niemals

esgid *f.* (*Pl.* ~iau) Schuh *m.*

esgob *m.* (*Pl.* ~ion) Bischof *m.*

esgus *m.* (*Pl.* ~ion) Entschuldigung *f.*

estynnaf *V.t.* (*VN* estyn) reichen (i jdm.)

F

fe *Affirmativpartikel*

fel (ag) *Konj.* wie

felly *Adv.* so

Fenni, y *N.* Abergavenny

fodd bynnag *Adv.* nichtsdestoweniger

fwy na thebyg *Adv.* höchstwahrscheinlich

fy *Pron.* mein(e)

FF

ffäen *f.* (*Pl.* ffa) Bohne *f.*

ffatri *f.* (*Pl.* ffatrïoedd) Fabrik *f.*

ffenestr *f.* (*Pl.* ~i) Fenster *n.*

ffermwr *m.* (*Pl.* ffermwyr) Landwirt *m.*, Bauer *m.*

ffilm *f.* (*Pl.* ~iau) Film *m.*

ffoaf *V.i.* (*VN* ffoi) fliehen

ffodus *Adj.* glücklich

ffolaf *V.i.* (*VN* ffoli) verrückt sein (ar nach)

ffordd *f.* (*Pl.* ffyrdd) Weg *m.*, Straße *f.*

Ffrainc *N.* Frankreich

ffrâm *f.* (*Pl.* fframiau) Rahmen *m.*

ffrind *m./f.* (*Pl.* ~iau) Freund(in) *m./f.*

ffrwd *f.* (*Pl.* ffrydiau) Strom *m.*, Fluss *m.*

ffurflen *f.* (*Pl.* ~ni) Formular *n.*

G

gadaf *V.t.* (*VN* gadael) lassen, erlauben (i jdm.)

galw *m.* Ruf *m.*; Nachfrage *f.*

galwaf *V.i./t.* (*VN* galw) rufen (ar jdn.)

gallaf *V.t.* (*VN* gallu) können

gan I. *Präp.* mit; von:
~ hynny *Adv.* also;
II. *Konj.* weil

*ganaf *V.i.* (*VN* geni) geboren werden

gardd *f.* (*Pl.* gerddi) Garten *m.*

gartref *Adv.* zu Hause

garw *Adj.* (*Pl.* geirw, geirwon) rau

gau *Adj.* falsch

gelyn *m.* (*Pl.* ~ion) Feind *m.*

Gelli, y *N.* Hay-on-Wye

gêm *f.* (*Pl.* gemau) Spiel *n.*

ger *Präp.* bei

gerbron *Präp.* vor, in Gegenwart von

gerllaw *Präp.* in der Nähe von

giât *f.* (*Pl.* giatiau) Tor *n.*

gilydd *Pron.* einander

glan *f.* (*Pl.* ~nau) (Fluss-)Ufer *n.*

glanhaf *V.t.* (*VN* glanhau) reinigen

glas *Adj.* (*Pl.* gleision) blau

glaw *m.* (*Pl.* ~ogydd) Regen *m.*

glynaf *V.i.* (*VN* glynu) kleben

go *Adv.* ziemlich

gobeithiaf *V.i./t.* (*VN* gobeithio) hoffen

gobeithio *Adv.* hoffentlich

goddefaf *V.i./t.* (*VN* goddef) leiden; ertragen

goddiweddaf *V.t.* (goddiweddyd) ein-, überholen

gofalus *Adj.* vorsichtig

gofynnaf *V.i.* (*VN* gofyn) fragen, bitten (i jdn.)

gogwyddaf *V.i.* (*VN* gogwyddo) tendieren (at zu)

golau *m.* (*Pl.* goleuadau) Licht *n.*, Lampe *f.*

goleuni *m.* Licht *n.*

golff *m.* Golf *n.* (Sport)

golwg *m./f.* Sicht *f.*; Erscheinung *f.*:
yn ôl pob ~ allem Anschein nach

gomeddaf *V.i./t.* (*VN* gomedd) verweigern

gorchmynnaf *V.t.* (*VN* gorchymyn) anordnen, befehlen

gorfyddaf *V.i./t.* (*VN* gorfod) (be-)siegen; müssen

gorffennaf *V.i./t.* (*VN* gorffen) aufhören; beenden

gorsaf *f.* (*Pl.* ~oedd) Bahnhof *m.*

gosodaf *V.t.* (*VN* gosod) legen

graddfa *f.* (*Pl.* graddfeydd, graddfâu) Maßstab *m.*, Tonleiter *f.*

grât *f./m.* (*Pl.* gratau, gratiau) Gitter *n.*

grudd *f./m.* (*Pl.* ~iau) Wange *f.*, Backe *f.*

gwadaf *V.t.* (*VN* gwadu) leugnen

gwaeddaf *V.i.* (*VN* gweiddi) schreien

gwacâf *V.t.* (*VN* gwacáu) leeren

gwaeddaf *V.i.* (*VN* gweiddi) anschreien (at jdn.)

gwag *Adj.* (*Pl.* gweigion) leer

gwaith[1] *m.* (*Pl.* gweithiau) Arbeit *f.*

gwaith[2] *f.* (*Pl.* gweithiau) Mal *n.*, Gelegenheit *f.*

gwanaf *V.t.* (*VN* gwanu) durchbohren

gwanhaf *V.t.* (*VN* gwanhau) schwächen

gwar *f./m.* (*Pl.* ~rau) Genick *n.*

gwaredaf *V.t.* (*VN* gwaredu) befreien, erlösen (rhag von)

gwasanaethaf *V.i./t.* (*VN* gwasanaethu) (be-)dienen

gwasgaf *V.t.* (*VN* gwasgu) pressen

gwawdiaf *V.i./t.* (*VN* gwawdio, gwawdian) (ver-)spotten

gweddaf *V.i.* (*VN* gweddu) sich gehören

gweddi *f.* (*Pl.* gweddïau) Gebet *n.*

gweddïaf *V.i.* (*VN* gweddïo) beten (am um, ar zu, dros für)

gweddol I. *Adj.* angemessen, leidlich;
II. *Adv.* ziemlich

gweithiaf *V.i.* (*VN* gweithio) arbeiten; funktionieren

gweithiwr *m.* (*Pl.* gweithwyr) Arbeiter *m.*

gweithwraig *f.* (*Pl.* gweithwragedd) Arbeiterin *f.*

gwelaf *V.i./t.* (*VN* gweld) sehen
gwelw *Adj.* (*Pl.* ~on) bleich
gwely *m.* (*Pl.* ~au) Bett *n.*
gwên *f.* (*Pl.* gwenau) Lächeln *n.*
gwenaf *V.i.* (*VN* gwenu) lächeln
gwenieithaf *V.i.* (*VN* gwenieithio) schmeicheln (i jdm.)
gwenynen *f.* (*Pl.* gwenyn) Biene *f.*
gwerin *f.* (*Pl.* ~oedd) Volk *n.*, Leute *Pl.*
gwers *f.* (*Pl.* ~i, ~au, ~oedd) Lektion *f.*
gwerthaf *V.t.* (*VN* gwerthu) verkaufen
gwesty *m.* (*Pl.* gwestai) Gasthaus *n.*, Hotel *n.*
gwin *m.* (*Pl.* ~au, ~oedd) Wein *m.*
gwir I. *Adj.* echt; wahrheitsgemäß;
II. *m.* Wahrheit *f.*
gwisg *f.* (*Pl.* ~oedd) Kleid *n.*
gwlad *f.* (*Pl.* gwledydd) Land *n.*
gwlân *m.* (*Pl.* gwlanau) Wolle *f.*
gwledig *Adj.* ländlich
gwleidyddol *Adj.* politisch
gwlyb *Adj.* feucht
gwn *V.t.* (*VN* gwybod) wissen (am von)
gwnaf *V.t.* (*VN* gwneuthur, gwneud) tun, machen
gŵr *m.* (*Pl.* gwŷr) Mann *m.*
gwraig *f.* (*Pl.* gwragedd) Frau *f.*, Ehefrau *f.*
gwrandawaf *V.i./t.* (*VN* gwrando) hören, zuhören (ar jdm.)
gwres *m.* Hitze *f.*
gwresogaf *V.i./t.* (*VN* gwresogi) (sich) erwärmen
gwrthodaf *V.t.* (*VN* gwrthod) ablehnen
gwrthwynebiad *m.* (*Pl.* ~au) Widerstand *m.*
gwryw *Adj.* männlich
gwybodaeth *f.* (*Pl.* ~au) Wissen *n.*, Information *f.*
gwych *Adj.* großartig
gwyliaf *V.i./t.* (*VN* gwylio) sich vorsehen (rhag vor); bewachen
gwyllt *Adj.* (*Pl.* ~ion) wild
gwymp *Adj.* (*f.* gwemp) schön
gwyn *Adj.* (*f.* gwen, *Pl.* ~ion) weiß
gwynnaf *V.t.* (*VN* gwynnu) bleichen
gwyrdd *Adj.* (*f.* gwerdd, *Pl.* ~ion) grün
gyda *Präp.* mit
gyferbyn â *Präp.* gegenüber
gynt *Adv.* früher
gyrrwr *m.* (*Pl.* gyrwyr) Fahrer *m.*

H

haf *m.* (*Pl.* ~au) Sommer *m.*
hagr *Adj.* hässlich
hanfyddaf *V.i.* (hanfod) abstammen
hardd *Adj.* (*Pl.* heirdd, heirddion) hübsch
haul *m.* (*Pl.* heuliau) Sonne *f.*
hawdd *Adj.* leicht
heb *Präp.* ohne
heblaw *Präp.* außer
heddiw *Adv.* heute
hefyd *Adv.* auch
heibio *Adv.* vorbei, vorüber:
heibio i *Präp.* an ... vorbei
help(i)af *V.t.* (*VN* helpio und helpu) helfen
hen *Adj.* alt
heno *Adv.* heute Abend
het *f.* (*Pl.* ~au, ~iau) Hut *m.*
hi *Pron.* (*3. Sg. f.*) sie
hir *Adj.* (*Pl.* ~ion) lang
hiraeth *m.* Sehnsucht *f.*, Heimweh *n.*
hiraethaf (*VN* hiraethu) sich sehnen (am nach)
hoff *Adj.* zugeneigt(o jdm./einer Sache)
hoffaf *V.t.* (*VN* hoffi) mögen, gerne tun wollen
hogen *f.* (*Pl.* ~nod) Mädchen *n.*
hogyn *m.* (*Pl.* hogiau) Junge *m.*
holaf *V.i.* (*VN* holi) forschen
holl *Pron.* alle(s), ganz
hollalluog *Adj.* allmächtig
hon *Pron.* diese (*f. Sg.*)
hoyw *Adj.* (*Pl.* ~on) lebhaft
hun(an) *Pron.* sich; selbst; eigen
hwyaden *f.* (*Pl.* hwyaid) Ente *f.*
hwyr *Adj.* spät
hyd *Präp.* bis:
hyd nes, hyd oni(d) *Konj.* bis
hyll *Adj.* (*f.* hell, *Pl.* ~ion) hässlich
hyn *Pron.* diese (*Pl.*), dies
hynny *Pron.* jene (*Pl.*), das, jenes:
ar, wedi ~ *Adv.* danach
gan ~ *Adv.* deswegen
serch, er ~ *Adv.* trotzdem
hynod *Adj.* bemerkenswert
hysb *Adj.* (*f.* hesb) trocken

I

i *Präp.* für, zu:
~ fyny *Adv.* hinauf
~ lawr *Adv.* hinunter
iach *Adj.* gesund, wohl
iaith *f.* (*Pl.* ieithoedd) Sprache *f.*
iâr *f.* (*Pl.* ieir) Henne *f.*
iechyd *m.* Gesundheit *f.*
Iesu, yr *N.* Jesus
ifanc *Adj.* (*Pl.* ifainc) jung
inc *m.* (*Pl.* ~iau) Tinte *f.*
Iorddonen *N.* Jordan
isel *Adj.* niedrig
isod *Adv.* unten (in einem Text)

L

lawer gwaith *Adv.* oft
lôn *f.* (*Pl.* lonydd) Gasse *f.*
lorri *f.* (*Pl.* ~s, lorïau) Lastwagen *m.*
lwc *m./f.* Glück *n.*

LL

lladdaf *V.i./t.* (*VN* lladd) töten:
~ ar schlechtmachen
llafar *Adj.* gesprochen, mündlich
llall, y *Pron.* der, die andere (von zweien)
llan *f.* (*Pl.* ~nau) Kirche *f.*
llanc *m.* (*Pl.* ~iau) Junge *m.*
llanwaf *V.t.* (*VN* llenwi) füllen
llaw *f.* (*Pl.* dwylo) Hand *f.*
llawen *Adj.* froh:
yn ~ *Adv.* gern
llawenydd *m.* Freude *f.*
llawer *Pron.* viel(e, -es)
llen *f.* (*Pl.* ~ni, ~nau) Vorhang *m.*
llên *f.* (*Pl.* llennau) Literatur *f.*
lleol *Adj.* örtlich
llif[1] *f.* (*Pl.* ~iau) Säge *f.*
llif[2] *m.* (*Pl.* ~oedd) Strom *m.*
lliw *m.* (*Pl.* ~iau) Farbe *f.*
llon *Adj.* fröhlich
llong *f.* (*Pl.* ~au) Schiff *n.*
llwfr *Adj.* (*f.* llofr) feige
llwm *Adj.* (*f.* llom) nackt
llwy *f.* (*Pl.* ~au) Löffel *m.*
llwybr *m.* (*Pl.* ~au) Pfad *m.*
llwyd *Adj.* (*Pl.* ~ion) grau
llwydaf *V.i.* (*VN* llwydo) grau werden
llwyddaf (*VN* llwyddo) Erfolg haben
llwyddiannus *Adj.* erfolgreich
llwyddiant *m.* (*Pl.* llwyddiannau) Erfolg *m.*
llwynog *m.* (*Pl.* ~od) Fuchs *m.*
llwyr *Adj.* vollständig
llydan *Adj.* (*Pl.* llydain) breit
llyfaf *V.i./t.* (*VN* llyfu) lecken
llyfn *Adj.* (*Pl.* ~ion) glatt
llyfr *m.* (*Pl.* ~au) Buch *n.*
llygad *m./f.* (*Pl.* llygaid) Auge *n.*
llym *Adj.* (*f.* llem) spitz
llyn *f./m.* (*Pl.* ~nau, ~noedd) See *m.*
llyncaf *V.t.* (*VN* llyncu) verschlingen
llynedd, y *Adv.* voriges Jahr
llys *m./f.* (*Pl.* ~oedd) Gericht *n.*, Hof *m.*
llythyr *m.* (*Pl.* ~au) Brief *m.*
llywiaf *V.t.* (*VN* llywio) lenken

M

mab *m.* (*Pl.* meibion) Sohn *m.*
maddeuaf *V.t.* (*VN* maddau) vergeben (i jdm.)
maes *m.* (*Pl.* meysydd) (Spiel-)Feld *n.*:
~ parcio Parkplatz *m.*
Mai *m.* Mai *m.*
mai *Konj.* dass
main *Adj.* (*Pl.* meinion) schlank
malaf *V.i./t.* (*VN* malu) mahlen
mam *f.* (*Pl.* ~au) Mutter *f.*
mam-gu *f.* Großmutter *f.*
man *f./m.* (~nau) Ort *m.*
maneg *f.* (*Pl.* menig) Handschuh *m.*
marw *Adj.* (*Pl.* meirw, meirwon) tot
marwaf *V.i.* (*VN* marw) sterben
mawr *Adj.* (*Pl.* ~ion) groß
mechnïaf *V.i.* (*VN* mechnïo) sich verbürgen (dros für)
medaf *V.t.* (*VN* medi) ernten

medraf *V.t.* (*VN* medru) können
meddalwedd *f./m.* Software *f.*
meddiant *m.* (*Pl.* meddiannau) Besitz *m.*
meddaf *V.t.* (*VN* meddu) beherrschen, besitzen
meddyg *m.* (*Pl.* ~on) Arzt *m.*
meddyliaf *V.i.* (meddwl) denken (am an), meinen
megis (ag) *Konj.* wie
meiddiaf *V.i./t.* (*VN* meiddio) (es) wagen
melyn *Adj.* (*f.* melen, *Pl.* ~ion) gelb
melys *Adj.* süß
Menai *N.* Menaistraße
mennaf *V.i./t.* (*VN* mennu) betreffen (ar jdn.)
merch *f.* (*Pl.* ~ed) Tochter *f.*; Mädchen *n.*
methaf *V.i.* (*VN* methu) versagen (â bei)
mewn *Präp.* in:
~ pryd *Adv.* rechtzeitig
mi *Affirmativpartikel*
mil[1] *f.* (*Pl.* ~oedd) Tausend *n.*
mil[2] *m.* (*Pl.* ~od) Tier *n.*
milltir *f./m.* (*Pl.* ~au, ~oedd) Meile *f.*
mis *m.* (*Pl.* ~oedd) Monat *m.*
mochyn *m.* (*Pl.* moch) Schwein *n.*
molaf *V.t.* (*VN* moli) loben
mor *Adv.* (eben-)so
môr *m.* (*Pl.* moroedd) Meer *n.*
mud *Adj.* (*Pl.* ~ion) stumm
mudiad *m.* (*Pl.* ~au) Bewegung *f.*
munud *f./m.* (*Pl.* ~au) Minute *f.*
mwynhaf *V.t.* (*VN* mwynhau) genießen
myfyriaf *V.i.* (*VN* myfyrio) nachdenken (ar über)
mynegaf *V.t.* (*VN* mynegu) ausdrücken (i jdm.)
mynnaf *V.t.* (*VN* mynnu) wollen
mynydd *m.* (*Pl.* ~oedd) Berg *m.*

N

na(c) *Negationspartikel*
na(d) *Negationspartikel*
Nadolig *m./f.* Weihnachten
naddaf *V.i./t.* (*VN* naddu) schnitzen
nai *m.* (*Pl.* neiaint) Neffe *m.*
naill, y *Pron.* der /die eine (von zweien)
nain *f.* (*Pl.* neiniau) Großmutter *f.*
nant *f.* (*Pl.* nentydd) Bach *m.*
naw *Kard.* neun
nawr *Adv.* jetzt (= yn awr)
neb *Pron.* niemand, keiner
nef *f.* (*Pl.* ~oedd) Himmel *m.*
neidiaf *V.i.* (*VN* neidio) springen
neithiwr *Adv.* gestern Abend
nes *Konj.* bis
nesâf *V.i.* (*VN* nesáu) sich nähern (at jdm.)
neu *Konj.* oder
newidiaf *V.i./t.* (*VN* newid) (sich) ändern
newydd *Adj.* neu
newyddion *Pl.* Neuigkeiten *Pl.*
nhw *Pron.* (*3. Pl.*) sie
ni[1] *Pron.* (*1. Pl.*) wir
ni(d)[2] *Negationspartikel*
niweidiaf *V.t.* (*VN* niweidio) schaden
nofiaf *V.i.* (*VN* nofio) schwimmen
nos *f.* (*Pl.* ~au) Nacht *f.*
noswaith *f.* (*Pl.* nosweithiau) Abend *m.*

O

o *Präp.* von:
~ achos I. *Präp.* wegen;
II. *Konj.* weil
~ amgylch *Präp.* um … herum
~ flaen *Präp.* vor
~ ganlyniad *Adv.* folglich
~ gwmpas I. *Präp.* um … herum;
II. *Adv.* herum
~'r blaen *Adv.* zuvor
oblegid I. *Präp.* wegen;
II. *Konj.* weil
ochr *f.* (*Pl.* ~au) Seite *f.*
odiaeth *Adv.* äußerst
oddi wrth *Präp.* von
oer *Adj.* kalt
oeraf *V.i./t.* (*VN* oeri) (aus-)kühlen
oes *f.* (*Pl.* ~au, ~oedd) Zeitalter *n.*
ofer *Adj.* vergeblich
ofn *m.* (*Pl.* ~au) Furcht *f.*
ofnadwy *Adj.* furchtbar, schrecklich
ofnaf *V.i./t.* (*VN* ofni) (sich) fürchten

oherwydd I. *Präp.* wegen:
~ hynny *Adv.* deswegen;
II. *Konj.* weil
olaf *Adj.* letzte(r, -s)
oll *Pron.* alle(s), ganz
ond *Konj.* aber
oni(d)[1] *Interrogativpartikel*
oni(d)[2] *Konj.* bis
os *Konj.* wenn, falls

P

pa *Pron.* welche(r, -s):
~ fath welche Art
pa(ha)m *Pron.* warum
pan *Konj.* wenn, als
papur *m.* (*Pl.* ~au) Papier *n.*:
~ newydd(ion) Zeitung *f.*
paraf *V.t.* (*VN* peri) verursachen
paratoaf *V.t.* (*VN* paratoi) vorbereiten
parciaf *V.i./t.* (*VN* parcio) parken
parhaf *V.i.* (*VN* parhau) (an-, fort-)dauern
pawb *Pron.* jeder(-mann)
pedwerydd *Ord.* (*f.* pedwaredd) vierte(r)
peidiaf *V.i.* (*VN* peidio) aufhören; nicht tun
pêl *f.* (*Pl.* pelau, peli) Ball *m.*
pellhaf *V.i./t.* (*VN* pellhau) (sich) entfernen
pellter *m.* (*Pl.* ~au, ~oedd) Ferne *f.*; Entfernung *f.*
pen *m.* (*Pl.* ~nau) Kopf *m.*
penderfyniad *m.* (*Pl.* ~au) Entscheidung *f.*:
gwneud ~ eine Entscheidung treffen
pennod *f./m.* (*Pl.* penodau) Kapitel *n.*
pennog *m.* (*Pl.* penwaig) Hering *m.*
pentref *m.* (*Pl.* ~i, ~ydd) Dorf *n.*
perthynaf *V.i.* (*VN* perthyn) gehören (i zu)
peryglus *Adj.* gefährlich
peswch *m.* Husten *m.*
peth *m.* (*Pl.* ~au) Ding *n.*
pigiad *m.* (*Pl.* ~au) Stich *m.*
plaid *f.* (*Pl.* pleidiau) Partei *f.*
planhigyn *m.* (*Pl.* planhigion) Pflanze *f.*
plât *m.* (*Pl.* ~au, ~iau) Teller *m.*
plentyn *m.* (*Pl.* plant) Kind *n.*
pleser *m.* (*Pl.* ~au) Vergnügen *n.*
pluen *f.* (*Pl.* plu) Feder *f.*
plwyf *m.* (*Pl.* ~i, ~ydd) Gemeinde *f.*
plygaf *V.i./t.* (*VN* plygu) (sich) biegen
pob *Pron.* jede(r, -s)
pobl *f.* (*Pl.* ~oedd) Volk *n.*; Leute *Pl.*
poced *f.* (*Pl.* ~au, ~i) Tasche *f.*
poen *m.* (*Pl.* ~au) Schmerz *m.*
poeth *Adj.* heiß
pont *f.* (*Pl.* ~ydd) Brücke *f.*
poraf *V.i.* (*VN* pori) grasen
porth *m.* (*Pl.* pyrth) Pforte *f.*
pregethwr *m.* (*Pl.* pregethwyr) Prediger *m.*
prif *Adj.* hauptsächlich
prifysgol *f.* (*Pl.* ~ion) Universität *f.*
prin *Adv.* kaum
problem *f.* (*Pl.* ~au) Problem *n.*
pryd I. *m.* (*Pl.* ~au) Zeit *f.*; Gestalt *f.*, Aussehen *n.*:
mewn ~ rechtzeitig
o bryd i'w gilydd von Zeit zu Zeit;
II. *Pron.* wann;
III. *Konj.* wenn
prynaf *V.t.* (*VN* prynu) kaufen (gan von)
prynhawn *m.* (*Pl.* ~au) Nachmittag *m.*
punt *f.* (*Pl.* punnau, punnoedd) Pfund *n.*
pur I. *Adj.* rein;
II. *Adv.* ziemlich
pwnc *m.* (*Pl.* pynciau) Punkt *m.*
pwy *Pron.* wer:
~ bynnag wer auch immer
pwysig *Adj.* wichtig
pymtheg *Kard.* fünfzehn
pysgodyn *m.* (*Pl.* pysgod) Fisch *m.*

R

rŵan *Adv.* jetzt
rywbryd *Adv.* irgendwann
rywle *Adv.* irgendwo

RH

rhad *Adj.* billig
rhag *Präp.* vor
rhai *Pron.* einige

rhaid I. *m.* (*Pl.* rheidiau) Notwendigkeit *f.*;
II. *Adj.* notwendig
rhain, y *Pron.* diese
rhannaf *V.t.* (*VN* rhannu) teilen
rhedaf *V.i.* (*VN* rhedeg) laufen
rheini, y *Pron.* jene
rhes *f.* (*Pl.* ~i) Reihe *f.*
rheswm *m.* (*Pl.* rhesymau) Grund *m.*; Vernunft *f.*
rhieni *Pl.* Eltern *Pl.*
rho(dda)f *V.t.* (*VN* rhoi) geben (i jdm.)
rhosyn *m.* (*Pl.* ~nau) Rose *f.*
Rhufain *N.* Rom
rhwng *Präp.* zwischen
rhwystraf *V.t.* (*VN* rhwystro) abhalten (rhag von)
rhy *Adv.* (all-)zu
rhydd *Adj.* frei
rhyddhaf *V.t.* (*VN* rhyddhau) befreien
rhyfeddol *Adj.* wunderbar, erstaunlich
rhyngwladol *Adj.* international
rhyw I. Art *f.*, Geschlecht *n.*;
II. *Pron.* irgendein
rhywbeth *Pron.* (irgend-)etwas
rhywfaint *Pron.* etwas, ein bisschen
rhywun *Pron.* (irgend-)jemand

S

saethaf *V.i./t.* (*VN* saethu) schießen
safaf *V.i.* (*VN* sefyll) stehen
safle *m.* (*Pl.* ~oedd) Standpunkt *m.*, Position *f.*, Haltestelle *f.*
saith *Kard.* sieben
sâl (*Pl.* salion, seilion) krank
salm *f.* (*Pl.* ~au) Psalm *m.*
sant *m.* (*Pl.* saint) Heiliger *m.*
sathraf *V.i./t.* (*VN* sathru) (zer-)trampeln
sawl *Pron.* wie viele; der-, die-, dasjenige
serch[1] *m.* (*Pl.* ~au) Liebe *f.* (at zu)
serch[2] *Präp.* trotz; wegen:
~ hynny *Adv.* trotzdem
siaradaf *V.i.* (*VN* siarad) sprechen (â mit, am über)
sicr *Adj.* gewiss
sicrwydd *m.* Gewissheit *f.*
sinema *f.* (*Pl.* sinemâu) Kino *n.*
siomedig *Adj.* enttäuscht
siop *f.* (*Pl.* ~au) Laden *m.*, Geschäft *n.*
soddaf *V.i.* (*VN* soddi) versinken
soniaf (*VN* sôn) erwähnen (am etw.)
stori *f.* (*Pl.* storïau) Geschichte *f.*
streic *m./f.* (*Pl.* ~iau) Streik *m.*
sur *Adj.* (*Pl.* ~ion) sauer
swper *m./f.* (*Pl.* ~au, ~i) Abendessen *n.*
swyddfa *f.* (*Pl.* swyddfeydd) Büro *n.*, Amt *n.*
sych *Adj.* (*f.* sech) trocken
sychaf *V.i./t.* (*VN* sychu) trocknen
syched *m.* Durst *m.*
syflaf *V.i./t.* (*VN* syflu) (sich) rühren
syfrdanol *Adj.* erstaunlich
sylwaf *V.t.* (*VN* sylwi) bemerken (ar etw.)
syml *Adj.* (*f.* seml) einfach
symudaf V.i/t. (*VN* symud) (sich) bewegen
syrthiaf *V.i.* (*VN* syrthio) fallen
syth *Adj.* gerade

T

tad *m.* (*Pl.* ~au) Vater *m.*
tafarn *f.* (*Pl.* ~au) Gasthaus *n.*, Kneipe *f.*
tafell *f.* (*Pl.* ~i, ~au) Scheibe *f.*
taflaf *V.t.* (*VN* taflu) werfen
tafod *m.* (*Pl.* ~au) Zunge *f.*
tafodiaith *f.* (*Pl.* tafodieithoedd) Dialekt *m.*
Tafwys *N.* Themse
taid *m.* (*Pl.* teidiau) Großvater *m.*
taith *f.* (*Pl.* teithiau) Reise *f.*
tal *Adj.* groß, hochgewachsen
talaf *V.i./t.* (*VN* talu) bezahlen (am etw., i jdn.)
tan, dan *Präp.* unter
tân *m.* (*Pl.* tanau) Feuer *n.*
tant *m.* (*Pl.* tannau) Saite *f.*
tarddaf *V.i.* (*VN* tarddu) entstehen
tarw *m.* (*Pl.* teirw) Stier *m.*
taw *Konj.* dass
tawaf *V.i.* (*VN* tewi) schweigen
tawel *Adj.* ruhig
tawelaf *V.i./t.* (*VN* tawelu) (sich) beruhigen
te *m.* Tee *m.*

tebyg *Adj.* ähnlich, gleich

teclyn *m.* (*Pl.* taclau) Werkzeug *n.*

teg *Adj.* schön

teilwng *Adj.* würdig

teimlaf *V.i./t.* (*VN* teimlo) (sich) fühlen

teledu *m.* Fernsehen *n.*, Fernsehgerät *n.*

tenau *Adj.* (*Pl.* teneuon) dünn

teulu *m.* (*Pl.* ~oedd) Familie *f.*

tew *Adj.* (*Pl.* ~ion) dick

tlawd *Adj.* (*Pl.* tlodion) arm

tlws *Adj.* (*f.* tlos, *Pl.* tlysion) schön, hübsch

toddaf *V.i./t.* (*VN* toddi) schmelzen

toliaf *V.i./t.* (*VN* tolio) sparen

ton *f.* (*Pl.* ~nau) Welle *f.*

toriad *m.* (*Pl.* ~au) Schnitt *m.*, Unterbrechung *f.*, Ausfall *m.*

torraf *V.i./t.* (*VN* torri) (zer-)brechen

tosturiaf *V.i.* (*VN* tosturio) Mitleid haben (wrth mit)

tra[1] *Adv.* sehr

tra[2] *Konj.* während

traethawd *m./f.* (*Pl.* traethodau) Aufsatz *m.*

Trallwng, y *N.* Welshpool

trannoeth *Adv.* am folgenden Tag

treiddiaf *V.t.* (*VN* treiddio) durchdringen

trên *m.* (*Pl.* trenau) Zug *m.*

trigolion *Pl.* Einwohner *Pl.*

trist *Adj.* traurig

tro(a)f *V.i./t.* (*VN* troi) (sich) drehen, wenden, sich zuwenden (at jdm.)

tros, dros *Präp.* über

truan *Adj.* (*Pl.* truain) erbärmlich

trugarhaf *V.i.* (*VN* trugarhau) sich erbarmen (wrth jds.)

trwm *Adj.* (*f.* trom, *Pl.* trymion) schwer

trwsgl *Adj.* (*f.* trosgl) ungeschickt

trwy, drwy *Präp.* durch

trydan *m.* Strom *m.*, Elektrizität *f.*

trydydd *Ord.* (*f.* trydedd) dritte(r)

tu *m.* Seite *f.*, Gegend *f.*:
- (y) ~ allan draußen
- (y) ~ mewn drinnen

tua *Präp.* gegen, in Richtung auf

tudalen *f./m.* (*Pl.* ~nau) Seite *f.* (eines Buchs)

tueddaf *V.i.* (*VN* tueddu) neigen (at zu)

twp *Adj.* dumm

twpsyn *m.* (*Pl.* twpsod) Dummkopf *m.*

tŷ *m.* (*Pl.* tai) Haus *n.*

tyb(i)af *V.i.* (*VN* tybied, tybio) vermuten

tyciaf *V.i.* (*VN* tycio) nützen

Tyddewi *N.* St. David's

tyngaf *V.i.* (*VN* tyngu) schwören

tynnaf *V.t.* (*VN* tynnu) ziehen

tywydd *m.* Wetter *n.*

tywyll *Adj.* dunkel

TH

therapi *m./f.* (*Pl.* therapïau) Therapie *f.*

U

uchel *Adj.* hoch

uchod *Adv.* oben (in einem Text)

ufuddhaf *V.i.* (*VN* ufuddhau) gehorchen (i jdm.)

ugain *Kard.* zwanzig

ugeinfed *Ord.* zwanzigste(r)

unig *Adj.* einzig; einsam

unigolyn *m.* (*Pl.* unigolion) Individuum *n.*

union *Adj.* direkt

unrhyw *Pron.* irgendein

uwchben I. *Präp.* über, oberhalb;
II. *Adv.* oben

uwchlaw I. *Präp.* über, oberhalb;
II. *Adv.* oben

W

wedi I. *Präp.* nach:
- ~ hynny *Adv.* danach;

II. *Konj.* nachdem

wedyn *Adv.* danach

weithiau *Adv.* manchmal

wrth *Präp.* bei, an

wy *m.* (*Pl.* ~au) Ei *n.*

Wyddfa, yr *N.* Snowdon

Wyddgrug *N.* Mold

wyf *V.i.* (*VN* bod) sein:
- ~ am etw. tun wollen

wylaf *V.i.* (wylo) weinen (dros um)
wyneb *m.* (*Pl.* ~au) Gesicht *n.*; Oberfläche *f.*
wyth *Kard.* acht
wythnos *f.* (*Pl.* ~au) Woche *f.*

Y

y (yr, 'r)[1] *Art.* der, die, das
y(r)[2] *Affirmativpartikel*
ych *m.* (*Pl.* ~en) Ochse *m.*
ychwanegaf *V.t.* (*VN* ychwanegu) hinzufügen (at zu)
ychydig *Pron.* etwas
yfaf *V.t.* (*VN* yfed) trinken
yfory *Adv.* morgen
ynghŷd *Adv.* zusammen:
  ~ â *Präp.* zusammen mit
ynghylch *Präp.* bezüglich
yma *Adv.* hier(-her):
  ~ a thraw hier und da
ymaith *Adv.* fort
ymdrechaf *V.i.* (*VN* ymdrech) sich anstrengen
ymddiddanaf *V.i.* (*VN* ymddiddan) sich unterhalten
ymddiriedaf *V.i.* (*VN* ymddiried) anvertrauen (i jdm.)
ymguddiaf (*VN* ymguddio) sich verstecken (rhag vor)
ymhell *Adv.* weit
ymhlith *Präp.* unter, inmitten, zwischen
ymladdaf (*VN* ymladd) kämpfen (â mit)
ymlaen *Adv.* vorwärts
ymosodaf *V.i.* (*VN* ymosod) angreifen (ar jdn.)
ymwelaf *V.i./t.* (*VN* ymweld) besuchen (â jdn.)
ymwelwr *m.* (*Pl.* ymwelwyr) Besucher *m.*
ymyl *m./f.* (~on, ~au) Rand *m.*
yn *Präp.* in:
  ~ awr *Adv.* jetzt
  ~ erbyn *Präp.* gegen
  ~ ôl I. *Präp.* zufolge, entsprechend;
  II. *Adv.* zurück, her
  ~ ystod *Präp.* während
yna *Adv.* dann
yno *Adv.* dort
yr s. y (yr, 'r)
ysgafn *Adj.* (*Pl.* ysgeifn) leicht
ysgol *f.* (*Pl.* ~ion) Schule *f.*
ysgrifennaf *V.t.* (*VN* ysgrifennu) schreiben (at jdm.)
ysgyfaint *Pl.* Lunge *f.*
ystafell *f.* (*Pl.* ~oedd) Raum *m.*, Zimmer *n.*
ystyriaf *V.t.* (*VN* ystyried) berücksichtigen, bedenken, in Erwägung ziehen
ysywaeth *Adv.* leider

Wortregister Deutsch–Walisisch

A

Abend *m.* noswaith *f.* (*Pl.* nosweithiau)

Abendessen *n.* swper *m./f.* (~au, ~i)

aber *Konj.* ond

Abergavenny *N.* y Fenni

abhalten *V.t.* (= hindern) rhwystraf (*VN* rhwystro) (**von** rhag);

(= veranstalten) cynhaliaf (*VN* cynnal)

ablehnen *V.t.* gwrthodaf (*VN* gwrthod)

absichtlich *Adj.* bwriadol

abstammen *V.i.* hanfyddaf (*VN* hanfod)

abwenden *V.t.* datroaf, datrôf (*VN* datroi)

abwesend *Adj.* absennol

acht *Kard.* wyth

achtzehn *Kard.* deunaw

Ägypten *N.* yr Aifft

ähnlich *Adj.* tebyg

ändern *V.t.* newidiaf (*VN* newid)

ändern, sich *V.refl.* newidiaf *V.i.* (*VN* newid)

äußerst *Adv.* odiaeth

alle(s) *Pron.* holl, oll

allmächtig *Adj.* hollalluog

als *Konj.* pan

also *Adv.* gan hynny

alt *Adj.* hen

Amt *n.* swyddfa *f.* (*Pl.* swyddfeydd)

an *Präp.* gerllaw, wrth:

an … vorbei heibio i

anbieten *V.t.* cynig(i)af (*VN* cynnig) (**jdm.** i)

andauern *V.i.* parhaf (*VN* parhau)

andere(r, -s) *Pron.* arall

anerkennen *V.t.* cydňabyddaf (*VN* cydnabod)

anfangen *V.i./t.* dechreuaf (*VN* dechrau)

anflehen *V.t.* deisyfaf (*VN* deisyf) (**jdn.** ar)

angemessen *Adj.* gweddol

angreifen *V.i./t.* ymosodaf (*VN* ymosod) (**jdn.** ar)

ankommen *V.i.* cyrhaeddaf (*VN* cyrraedd)

annehmen *V.t.* derbyniaf (*VN* derbyn)

Anschein *m.* golwg *m.*:

allem ~ nach yn ôl pob golwg

anschreien *V.t.* gwaeddaf (*VN* gweiddi) (**jdn.** ar)

ansehen *V.t.* edrychaf (NV edrych) (**jdn.** ar)

anstrengen, sich *V.refl.* ymdrechaf (*VN* ymdrech)

antreiben *V.t.* cymhellaf *V.t.* (*VN* cymell)

Antwort *f.* ateb *m.* (*Pl.* ~ion)

antworten *V.i.* atebaf (*VN* ateb) (**für** dros)

anvertrauen *V.i.* ymddiriedaf (*VN* ymddiried) (**jdm.** i)

Apfel *m.* afal *m.* (*Pl.* ~au)

appellieren *V.i.* apeliaf (*VN* apelio) (**an** at)

Appetit *m.* archwaeth *m./f.* (*Pl.* ~au)

Arbeit *f.* gwaith *m.* (*Pl.* gweithiau)

arbeiten *V.i.* gweithiaf (*VN* gweithio)

Arbeiter *m.* gweithiwr *m.* (*Pl.* gweithwyr)

Arbeiterin *f.* gweithwraig *f.* (*Pl.* gweithwragedd)

arm *Adj.* tlawd (*Pl.* tlodion)

Arzt *m.* meddyg *m.* (*Pl.* ~on)

auch *Adv.* hefyd

auf *Präp.* ar

aufhören *V.i.* gorffennaf (*VN* gorffen), peidiaf (*VN* peidio) (**mit** â)

aufregen *V.t.* cyffroaf (*VN* cyffro)

Aufruf *m.* apêl *m.* (*Pl.* apelau, apeliau) (**an** at)

Aufsatz *m.* traethawd *m./f.* (*Pl.* traethodau)

aufschließen *V.t.* datgloaf, datglôf (*VN* datgloi)

aufstehen *V.i.* codaf (*VN* codi)

aufwachen *V.i.* deffroaf, deffrôf (*VN* deffro), dihunaf (*VN* dihuno)

Auge *n.* llygad *m./f.* (*Pl.* llygaid)

ausdrücken *V.t.* mynegaf (*VN* mynegu) (**jdm.** i)

Ausfall *m.* toriad *m.* (*Pl.* ~au)

auskühlen *V.i.* oeraf (*VN* oeri)

ausreichend *Adj.* digon

Aussehen *n.* pryd *m.* (*Pl.* ~au)

aussehen *V.i.* edrychaf (*VN* edrych)

außer *Präp.* heblaw

außerdem *Adv.* at hynny, ar ben hynny

auswirken, sich *V.refl.* effeithiaf (*VN* effeithio) (**auf** ar)

Auto *n.* car *m.* (*Pl.* ceir)

Autor *m.* awdur *m.* (*Pl.* ~on)

B

Bach *m.* nant *f.* (*Pl.* nentydd)

Backe *f.* grudd *f./m.* (*Pl.* ~iau)

Bahnhof *m.* gorsaf *f.* (*Pl.* ~oedd)

Ball *m.* pêl *f.* (pelau, peli)

Bangor *N.* Bangor

Bank *f.* (= Geldinstitut) banc *m.* (*Pl.* ~iau)

Barry *N.* y Barri

bauen *V.t.* adeiladaf (*VN* adeiladu)

Bauer *m.* ffermwr *m.* (*Pl.* ffermwyr)

beantworten *V.t.* atebaf (*VN* ateb)

Becher *m.* cwpan *m.* (*Pl.* ~au)

Bedarf *m.* angen *m.* (*Pl.* anghenion), eisiau *m.*

bedenken *V.t.* ystyriaf (*VN* ystyried)

bedienen *V.t.* gwasanaethaf (*VN* gwasanaethu)

Bedingung *f.* amod *m./f.* (*Pl.* ~au)

beenden *V.t.* gorffennaf (*VN* gorffen)

befreien *V.t.* rhyddhaf (*VN* rhyddhau), gwaredaf (*VN* gwaredu)

beginnen *V.i./t.* dechreuaf (*VN* dechrau)

begraben *V.t.* claddaf (*VN* claddu)

begrüßen *V.t.* croesawaf *V.t.* (*VN* croesawu)

behalten *V.t.* cadwaf (*VN* cadw)

beherrschen *V.t.* meddaf (*VN* meddu)

bei *Präp.* ger, wrth

Bein *n.* coes *f.* (*Pl.* ~au)

Beispiel *n.* enghraifft *f.* (*Pl.* enghreifftiau)

beißen *V.i./t.* brathaf (*VN* brathu)

bekommen *V.t.* ca(ffa)f (*VN* cael) (**von** gan)

bemerken *V.t.* sylwaf (*VN* sylwi) (**etw.** ar), canfyddaf (*VN* canfod)

beneiden *V.t.* cenfigennaf (*VN* cenfigennu) (**jdn.** wrth)

benutzen *V.t.* arferaf (*VN* arfer)

bequem *Adj.* cysurus

berauben *V.t.* amddifadaf (*VN* amddifadu) (**einer Sache** o)

bereits *Adv.* yn barod

bereuen *V.t.* edifarhaf (*VN* edifarhau) (**etw.** am)

Berg *m.* mynydd *m.* (*Pl.* ~oedd)

berichten *V.i./t.* adroddaf (*VN* adrodd)

berücksichtigen *V.t.* ystyriaf (*VN* ystyried)

berühren *V.t.* cyffyrddaf (*VN* cyffwrdd) (**jdn.** â)

beruhigen *V.t.* tawelaf (*VN* tawelu)

beruhigen, sich *V.refl.* tawelaf (*VN* tawelu)

beschuldigen *V.t.* cyhuddaf (*VN* cyhuddo) (**einer Sache** o)

beschwören *V.t.* crefaf (*VN* crefu) (**jdn.** ar)

besiegen *V.t.* gorfyddaf (*VN* gorfod)

Besitz *m.* meddiant *m.* (*Pl.* meddiannau)

besitzen *V.t.* meddaf (*VN* meddu)

besondere(r, -s)*Adj.* arbennig

bestätigen *V.t.* cadarnhaf (*VN* cadarnhau)

bestrafen *V.t.* cosbaf (*VN* cosbi)

besuchen *V.t.* ymwelaf (*VN* ymweld) (**jdn.** â)

Besucher *m.* ymwelwr *m.* (*Pl.* ymwelwyr)

beten *V.i.* gweddïaf (*VN* gweddïo) (**um** am, **zu** ar, **für** dros)

beträchtlich *Adj.* cryn

betreffen *V.t.* mennaf (*VN* mennu) (**jdn./etw.** ar)

Bett *n.* gwely *m.* (*Pl.* ~au)

Bettler *m.* cardotyn *m.* (*Pl.* cardotwyr)

beurteilen *V.t.* beirniadaf (*VN* beirniadu)

bevor *Konj.* cyn

bewachen *V.t.* gwyliaf *V.t.* (*VN* gwylio)

bewahren *V.t.* arbedaf (*VN* arbed), cadwaf (*VN* cadw) (**vor** rhag)

bewegen, sich ~ *V.i./t.* symudaf (*VN* symud)

Bewegung *f.* mudiad *m.* (*Pl.* ~au)

Bewerbung *f.* cais *m.* (*Pl.* ceisiadau, ceisiau)

bezahlen *V.t.* talaf (*VN* talu) (**etw.** am, **jdn.** i)

Bezirk *m.* ardal *f.* (*Pl.* ~oedd)

bezüglich *Präp.* ynghylch

biegen *V.t.* plygaf (*VN* plygu)

biegen, sich *V.refl.* plygaf (*VN* plygu)

Biene *f.* gwenynen *f.* (*Pl.* gwenyn)

billig *Adj.* rhad, drud

bis I. *Präp.* hyd, erbyn;
II. *Konj.* (hyd) oni(d), (hyd) nes

Bischof *m.* esgob *m.* (*Pl.* ~ion)

bisschen, ein *Pron.* rhywfaint

bitten *V.t.* gofynnaf (*VN* gofyn) (**jdn.** i), archaf (*VN* erchi)

blau *Adj.* glas (*Pl.* gleision)

bleiben *V.i.* arhosaf (*VN* aros)

bleich *Adj.* gwelw (*Pl.* ~on)

bleichen *V.t.* gwynnaf (*VN* gwynnu)

blind *Adj.* dall (*Pl.* deillion)

Blüte *f.* blodyn *m.* (*Pl.* blodau)

Blume *f.* blodyn *m.* (*Pl.* blodau)
Bohne *f.* ffäen *f.* (*Pl.* ffa)
Bote *m.* cennad *m.* (*Pl.* cenhadon)
Brauch *m.* arfer *f./m.* (*Pl.* ~ion)
brechen *V.i./t.* torraf (*VN* torri)
breit *Adj.* llydan (*Pl.* llydain)
Brief *m.* llythyr *m.* (*Pl.* ~au)
bringen *V.t.* dygaf (*VN* dwyn, dygu);
(= hinbringen) af (mynd) â;
(= herbringen) deuaf, dof (dyfod, dod) â
Brot *n.* bara *m.*
Bruder *m.* brawd *m.* (*Pl.* brodyr)
Brücke *f.* pont *f.* (*Pl.* ~ydd)
brüllen *V.i.* bloeddiaf (*VN* bloeddio)
Buch *n.* llyfr *m.* (*Pl.* ~au)
Büro *n.* swyddfa *f.* (*Pl.* swyddfeydd)
Burg *f.* castell *m.* (*Pl.* cestyll)
Bus *m.* bws *m.* (*Pl.* bysiau)

C

Cardiff *N.* Caerdydd
Carmarthen *N.* Caerfyrddin
Chor *m.* côr *m.* (*Pl.* corau)
Christ *m.* Cristion *m.* (*Pl.* Cristnogion)
Club *m.* clwb *m.* (*Pl.* clybiau)

D

da (ist) *Adv.* dyma, dyna
danach *Adv.* ar hynny, wedi hynny, wedyn
Dank *m.* diolch *m.* (*Pl.* ~au)
danken *V.i.* diolchaf (*VN* diolch) (**jdm.** i, **für** am)
dann *Adv.* yna
dass *Konj.* mai, taw
dein(e) *Pron.* dy
das *Art.* n, y (yr, 'r)
Datum *n.* dyddiad *m.* (*Pl.* ~au)
David *N.* Dafydd
denken *V.i./t.* meddyliaf (*VN* meddwl) (**an** am), cofiaf (*VN* cofio) (**an** am)
der *Art. m.* y (yr, 'r)
deswegen *Adv.* gan hynny, oherwydd hynny
Deutschland *N.* yr Almaen
Deutung *f.* dehongliad *m.* (*Pl.* deongliadau)
Dialekt *m.* tafodiaith *f.* (*Pl.* tafodieithoedd)
Dichter *m.* bardd *m.* (*Pl.* beirdd)
dick *Adj.* tew (*Pl.* ~ion)
die *Art. f. Sg., m./f./n. Pl.* y (yr, 'r)
dienen *V.i.* gwasanaethaf (*VN* gwasanaethu)
diese(r) *Pron.* hwn (*f.* hon, *Pl.* hyn)
Ding *N.* peth *m.* (*Pl.* ~au)
direkt *Adv.* yn union
Dorf *n.* pentref *m.* (*Pl.* ~i, ~ydd)
dort *Adv.* yno; draw: ~ ist dacw
drehen *V.i./t.* tro(a)f (*VN* troi)
dritte(r) *Ord.* trydydd (*f.* trydedd)
dünn *Adj.* tenau (*Pl.* teneuon)
dürfen *V.t.* ca(ffa)f (*VN* cael)
dumm *Adj.* twp
Dummkopf *m.* twpsyn *m.* (*Pl.* twpsod)
dunkel *Adj.* tywyll
durch *Präp.* trwy, drwy
durchbohren *V.t.* gwanaf (*VN* gwanu)
durchdringen *V.t.* treiddiaf (*VN* treiddio)
Durst *m.* syched *m.*

E

ebenso *Adv.* cyn, mor
echt *Adj.* gwir
Ehefrau *f.* gwraig *f.* (*Pl.* gwragedd)
Ei *n.* wy *m.* (*Pl.* ~au)
eigen *Pron.* hun(an)
eilen *V.i.* brysiaf (*VN* brysio)
eilends *Adv.* ar frys
einander *Pron.* gilydd
einfach *Adj.* syml (*f.* seml)
einholen *V.t.* goddiweddaf (*VN* goddiweddyd)
einige *Pron.* rhai, amryw
einsam *Adj.* unig
eintreten *V.i.* (= sich einsetzen) dadl(eu)af (*VN* dadlau) (**für** dros)
Einwohner *Pl.* trigolion *Pl.*
einzig *Adj.* unig
elegant *Adj.* cain (*Pl.* ceinion)
Elektrizität *f.* trydan *m.*
Eltern *Pl.* rhieni *Pl.*

empfangen *V.t.* derbyniaf (*VN* derbyn)

Ende *n.* diwedd *m.* (*Pl.* ~au, ~ion)

eng *Adj.* cul (*Pl.* ~ion)

Engel *m.* angel *m.* (*Pl.* angylion)

entdecken *V.t.* darganfyddaf (*VN* darganfod)

Ente *f.* hwyaden *f.* (*Pl.* hwyaid)

entfernen *V.t.* pellhaf (*VN* pellhau)

Entfernung *f.* pellter *m.* (*Pl.* ~au, ~oedd)

entkommen *V.i.* dihangaf (*VN* dianc)

entlang *Präp.* ar hyd

Entscheidung *f.* penderfyniad *m.* (*Pl.* ~au):
eine ~ treffen gwneud penderfyniad

Entschuldigung *f.* esgus *m.* (*Pl.* ~ion)

entsprechend *Präp.* yn ôl

entstehen *V.i.* tarddaf (*VN* tarddu)

enttäuscht *Adj.* siomedig

Entwicklung *f.* datblygiad *m.* (*Pl.* ~au)

erbärmlich *Adj.* truan (*Pl.* truain)

erbarmen, sich *V.refl.* trugarhaf (*VN* trugarhau) (**jds.** wrth)

Erde *f.* daear *f.* (*Pl.* ~au, ~oedd)

Erfolg *m.* llwyddiant *m.* (*Pl.* llwyddiannau):
~ haben llwyddaf (*VN* llwyddo)

erfolglos *Adj.* aflwyddiannus

erfolgreich *Adj.* llwyddiannus

erhalten *V.t.* cynhaliaf (*VN* cynnal)

erheben *V.t.* dyrchafaf (*VN* dyrchafu), c(yf)odaf (*VN* codi)

erheben, sich *V.refl.* c(yf)odaf (*VN* codi)

Erinnerung *f.* cof *m.* (*Pl.* ~ion), coffa *m.*

Erkältung *f.* annwyd *f./m.* (*Pl.* anwydau)

erkennen *V.t.* adwaen (*VN* adnabod)

erlauben *V.t.* gadaf (*VN* gadael) (**jdm.** i)

erlösen *V.t.* gwaredaf (*VN* gwaredu) (**von** rhag)

ermüden *V.i./t.* blinaf (*VN* blino)

ernten *V.t.* medaf (*VN* medi)

erregen *V.t.* cyffroaf (*VN* cyffro)

erreichen *V.t.* cyrhaeddaf (*VN* cyrraedd)

erröten *V.i.* cochaf (*VN* cochi)

Erscheinung *f.* golwg *f.*

erschrecken, sich *V.refl.* arswydaf (*VN* arswydo) (**vor** rhag)

erstaunlich *Adj.* rhyfeddol, syfrdanol

erste(r) *Ord.* cyntaf

ertragen *V.t.* goddefaf (*VN* goddef)

ertrinken *V.i.* boddaf (*VN* boddi)

erwachen *V.i.* deffroaf, deffrôf (*VN* deffro), dihunaf (*VN* dihuno)

Erwägung *f.* ystyriaeth *f.* (*Pl.* ~au):
in ~ ziehen ystyriaf *V.t.* (*VN* ystyried)

erwähnen *V.t.* soniaf (*VN* sôn) (**jdn.**/etw. am), crybwyllaf (*VN* crybwyll) (**jdn.**/etw. am)

erwärmen *V.t.* gwresogaf (*VN* gwresogi)

erwärmen, sich *V.refl.* gwresogaf (*VN* gwresogi)

erwarten *V.t.* disgwyliaf (*VN* disgwyl) (**jdn.** am)

erzählen *V.t.* adroddaf (*VN* adrodd)

Erzeugnis *n.* cynnyrch *m.* (*Pl.* cynhyrchion)

essen *V.t.* bwytaf (*VN* bwyta)

Essen *n.* (= Nahrung) bwyd *m.*

etwas *Pron.* ychydig, peth, rhywbeth, dim

F

Fabrik *f.* ffatri *f.* (*Pl.* ffatrïoedd)

Fahrer *m.* gyrrwr *m.* (*Pl.* gyrwyr)

Fahrrad *n.* beic *m.* (*Pl.* ~iau)

fallen *V.i.* cwympaf (*VN* cwympo), syrthiaf (*VN* syrthio)

falls *Konj.* os

falsch *Adj.* anghywir, gau, cam

Familie *f.* teulu *m.* (*Pl.* ~oedd)

Farbe *f.* lliw *m.* (*Pl.* ~iau)

fast *Adv.* bron

Feder *f.* pluen *f.* (*Pl.* plu)

fehlen *V.i.* (= abwesend sein) bod yn absennol

feige *Adj.* llwfr (*f.* llofr)

Feind *m.* gelyn *m.* (*Pl.* ~ion)

Feld *n.* cae *m.* (*Pl.* ~au),
(= Spielfeld) maes *m.* (*Pl.* meysydd)

Fenster *n.* ffenestr *f.* (*Pl.* ~i)

Ferne *f.* pellter *m.* (*Pl.* ~au, ~oedd)

ferner *Adv.* yn ogystal

Fernsehen *n.* teledu *m.*

Fernsehgerät *n.* teledu *m.*

Fetzen *m.* cerpyn *m.* (*Pl.* carpiau)

feucht *Adj.* gwlyb

Feuer *n.* tân *m.* (*Pl.* tanau)

Film *m.* ffilm *f.* (*Pl.* ~iau)

Finger *m.* bys *m.* (*Pl.* ~edd)

Firma *f.* cwmni *m.* (*Pl.* cwmnïau)

Fisch *m.* pysgodyn *m.* (*Pl.* pysgod)

fliehen *V.i.* ffoaf (*VN* ffoi), dihangaf (*VN* dianc) (**vor** rhag)

flink *Adj.* buan (*Pl.* buain)

Flügel *m.* asgell *f.* (*Pl.* ~au, esgyll)

Fluss *m.* afon *f.* (*Pl.* ~ydd)

Flut *f.* llif *m.* (*Pl.* ~oedd)

Folge *f.* canlyniad *m.* (*Pl.* ~au)

folgend *Adj.* canlynol

folglich *Adv.* o ganlyniad

Formular *n.* ffurflen *f.* (*Pl.* ~ni)

forschen *V.i.* holaf *V.i.* (*VN* holi)

fort *Adv.* ymaith

fortdauern *V.i.* parhaf (*VN* parhau)

Frage *f.* cwestiwn *m.* (*Pl.* cwestiynau)

fragen *V.t.* gofynnaf (*VN* gofyn) (**jdn.** i)

Frankreich *N.* Ffrainc

Frau *f.* gwraig *f.* (*Pl.* gwragedd)

frei *Adj.* rhydd

Freude *f.* llawenydd *m.*

Freund *m.* ffrind *m.* (*Pl.* ~iau), cyfaill *m.* (*Pl.* cyfeillion)

Freundin *f.* ffrind *f.* (*Pl.* ~iau)

freundlich *Adj.* caredig

froh *Adj.* llawen, balch (*Pl.* beilch, beilchion)

fröhlich *Adj.* llon

früh *Adj.* cynnar, bore

früher *Adv.* gynt

Frühstück *n.* brecwast *m.* (*Pl.* ~au)

Fuchs *m.* cadno *m.* (*Pl.* ~aid, cedny), llwynog *m.* (*Pl.* ~od)

fühlen *V.t.* teimlaf (*VN* teimlo)

fühlen, sich *V.refl.* teimlaf (*VN* teimlo)

füllen *V.t.* llanwaf (*VN* llenwi)

fünfzehn *Kard.* pymtheg

für *Präp.* i, ar gyfer, er mwyn

Fürbitte *f.* eiriol *m.* (*Pl.* ~au):

~ einlegen eiriolaf (*VN* eiriol) (**für** dros)

fürchten *V.t.* ofnaf (*VN* ofni)

fürchten, sich *V.refl.* ofnaf (*VN* ofni)

funktionieren *V.i.* gweithiaf (*VN* gweithio)

Furcht *f.* ofn *m.* (*Pl.* ~au)

furchtbar *Adj.* ofnadwy

G

ganz *Adj.* holl

Garten *m.* gardd *f.* (*Pl.* gerddi)

Gasse *f.* lôn *f.* (*Pl.* lonydd)

Gasthaus *n.* tafarn *f.* (*Pl.* ~au), gwesty *m.* (*Pl.* gwestai)

geben *V.t.* rho(dda)f (*VN* rhoi) (**jdm.** i)

Gebet *n.* gweddi *f.* (*Pl.* gweddïau)

gebogen *Adj.* cam (*Pl.* ceimion)

geboren *Adj.* ganedig:

~ werden *ganaf (*VN* geni)

Gedächtnis *n.* cof *m.* (*Pl.* ~ion)

gefährlich *Adj.* peryglus

Gefährte *m.* cydymaith *m.* (*Pl.* cymdeition)

gefleckt *Adj.* brith (*f.* braith), brych (*f.* brech)

gegen *Präp.* yn erbyn, tua

gegenüber *Präp.* gyferbyn â

Gegenwart *m./f.* presenoldeb *m.*:

in ~ von gerbron

gehen *V.i.* af (*VN* mynd),

(= zu Fuß gehen) cerddaf (*VN* cerdded)

gehören *V.i.* perthynaf (*VN* perthyn) (**zu** i)

gehören, sich *V.refl.* gweddaf (*VN* gweddu)

gehorchen *V.i.* ufuddhaf (*VN* ufuddhau)

gelb *Adj.* melyn (*f.* melen, *Pl.* ~ion)

Geld *n.* arian *m.*

Gelegenheit *f.* cyfle *m.* (*Pl.* ~oedd)

gelegentlich I. *Adj.* ambell;

II: *Adv.* ar brydiau

Gemeinde *f.* plwyf *m.* (*Pl.* ~i, ~ydd)

Genick *n.* gwar *f./m.* (*Pl.* ~rau)

genießen *V.t.* mwynhaf (*VN* mwynhau)

genügend *Adj.* digon

geradewegs *Adv.* yn syth

Gericht *n.* llys *m./f.* (*Pl.* ~oedd)

gerne *Adv.* yn llawen:

~ tun wollen hoffaf *V.i./t.* (*VN* hoffi)

Geschäft *n.* siop *f.* (*Pl.* ~au)

geschehen *V.i.* digwyddaf (*VN* digwydd), darfyddaf (*VN* darfod)

Geschenk *n.* anrheg *f.* (*Pl.* ~ion)

Geschichte *f.* stori *f.* (*Pl.* storïau)

Geschöpf *n.* creadur *m.* (*Pl.* ~iaid)

Gesellschaft *f.* (= Firma) cwmni *m.* (*Pl.* cwmnïau)

Gesicht *n.* wyneb *m.* (*Pl.* ~au)

gesprochen *Adj.* llafar

Gestalt *f.* (= Aussehen) pryd *m.* (*Pl.* ~au)

gestehen *V.t.* cyfaddefaf (*VN* cyfaddef), addefaf (*VN* addef) (**jdm.** wrth)

gestern *Adv.* ddoe:

~ Abend neithiwr

gesund *Adj.* iach

Gesundheit *f.* iechyd *m.*

Getränk *n.* diod *f.* (*Pl.* ~ydd)

gewinnen *V.i./t.* enillaf (*VN* ennill)

gewiss *Adj.* sicr

Gewissheit *f.* sicrwydd *m.*

Gewohnheit *f.* arfer *f./m.* (*Pl.* ~ion)

Gitter *n.* grât *m.* (*Pl.* gratau, gratiau)

glatt *Adj.* llyfn (*Pl.* ~ion)

glauben *V.i./t.* credaf (*VN* credu)

gleich *Adj.* tebyg

Glück *n.* lwc *m./f.*:

auf gut ~ ar antur

glücklicherweise *Adv.* yn ffodus

Gold *n.* aur *m.*

Golf *n.* golff *m.*

grasen *V.i.* poraf (*VN* pori)

grau *Adj.* llwyd (*Pl.* ~ion):

~ werden llwydaf (*VN* llwydo)

groß *Adj.* mawr (*Pl.* ~ion),

(= hochgewachsen) tal

großartig *Adj.* gwych

Großmutter *f.* mam-gu *f.*, nain *f.* (*Pl.* neiniau)

Großvater *m.* tad-cu *m.*, taid *m.* (*Pl.* teidiau)

grün *Adj.* gwyrdd (*f.* gwerdd, *Pl.* ~ion)

grüßen *V.t.* cofiaf (*VN* cofio) (**jdn.** at)

Grund *m.* achos *m./f.* (*Pl.* ~ion), rheswm *m.* (*Pl.* rhesymau)

gut *Adj.* da

H

hässlich *Adj.* hagr, hyll (*f.* hell, *Pl.* ~ion)

häufig *Adj.* aml

Hahn *m.* ceiliog *m.* (*Pl.* ~od)

halten *V.t.* daliaf (*VN* dal)

Haltestelle *f.* safle *m.* (*Pl.* ~oedd)

Hand *f.* llaw *f.* (*Pl.* dwylo)

Handschuh *m.* maneg *f.* (*Pl.* menig)

hart *Adj.* caled (*Pl.* ~ion, celyd)

hassen *V.t.* casâf (*VN* casáu)

hauptsächlich *Adj.* prif

Haus *n.* tŷ *m.* (*Pl.* tai):

nach ~e adref

zu ~e gartref

Hay-on-Wye *N.* y Gelli

Heiliger *m.* sant *m.* (*Pl.* saint)

Heimweh *n.* hiraeth *m.*

heiser *Adj.* cryg (*f.* creg)

heiß *Adj.* poeth, brwd

helfen *V.i.* help(i)af (*VN* helpio und helpu)

Henne *f.* iâr *f.* (*Pl.* ieir)

her *Adv.* yn ôl

Hering *m.* pennog *m.* (*Pl.* penwaig)

heute *Adv.* heddiw:

~ Abend heno

hier *Adv.* yma:

~ und da yma a thraw

~ (ist) dyma

hierher *Adv.* yma

Himmel *m.* nef *f.* (*Pl.* ~oedd)

hin zu *Präp.* at

hindern *V.t.* ataliaf (*VN* atal) (**an** rhag)

hinzufügen *V.t.* ychwanegaf (*VN* ychwanegu)

Hirte *m.* bugail *m.* (*Pl.* bugeiliaid)

Hitze *f.* gwres *m.*

hoch *Adj.* uchel

höchstwahrscheinlich *Adv.* fwy na thebyg

hören *V.i./t.* clywaf (*VN* clywed) (**von/über** am, **von** gan), gwrandawaf (*VN* gwrando)

Hof *m.* llys *m./f.* (*Pl.* ~oedd)

hoffen *V.i.* gobeithiaf (*VN* gobeithio)

hoffentlich *Adv.* gobeithio

Hotel *n.* gwesty *m.* (*Pl.* gwestai)

hübsch *Adj.* hardd (*Pl.* heirdd, ~ion), tlws (*f.* tlos, *Pl.* tlysion)

Hügel *m.* bryn *m.* (*Pl.* ~iau)

Hund *m.* ci *m.* (*Pl.* cŵn)

hundert/Hundert *Kard.*, *n.* cant *m.* (*Pl.* cannoedd)

Husten *m.* peswch *m.*

Hut *m.* het *f.* (*Pl.* ~au, ~iau)

I

ihr(e) *Pron.(3. Sg. f.)* ei

in *Präp.* mewn, yn

Individuum *n.* unigolyn *m.* (*Pl.* unigolion)

Information *f.* gwybodaeth *f.* (*Pl.* ~au)

inmitten *Präp.* ymhlith

insgesamt *Adv.* at ei gilydd

international *Adj.* rhyngwladol

irgendein *Pron.* unrhyw, rhyw

irgendetwas *Pron.* rhywbeth

irgendjemand *Pron.* rhywun

irgendwann *Adv.* rywbryd, rywdro

irgendwie *Adv.* rywsut

irgendwo *Adv.* rywle

Italien *N.* yr Eidal

J

Jahr *n.* blwyddyn *f.* (*Pl.* blynyddoedd):
 in diesem ~ eleni
 voriges ~ y llynedd

jede(r, -s) *Pron.* pob

jeder(mann) *Pron.* pawb

jemals *Adv.* byth, erioed

Jesus *N.* yr Iesu

jetzt *Adv.* yn awr, nawr, rŵan

Jordan, der *N.* (yr) Iorddonen

jung *Adj.* ifanc (*Pl.* ifainc)

Junge *m.* bachgen *m.* (*Pl.* bechgyn), hogyn *m.* (*Pl.* hogiau), llanc *m.* (*Pl.* ~iau)

K

kämpfen *V.i.* ymladdaf (*VN* ymladd) (**mit** â)

Käse *m.* caws *m.*

kalt *Adj.* oer

Kapitel *n.* pennod *f./m.* (*Pl.* penodau)

Karte *f.* cerdyn *m.* (*Pl.* cardiau)

Katze *f.* cath *f.* (*Pl.* ~od)

kauen *V.t.* cnoaf (*VN* cnoi)

kaufen *V.t.* prynaf (*VN* prynu) (**von** gan)

kaum *Adv.* prin

keiner *Pron.* neb

kennen *V.t.* adwaen (*VN* adnabod)

Kerze *f.* cannwyll *f.* (*Pl.* canhwyllau)

Kind *n.* plentyn *m.* (*Pl.* plant)

Kino *n.* sinema *f.* (*Pl.* sinemâu)

Kirche *f.* eglwys *f.* (*Pl.* ~i, ~ydd), llan *f.* (*Pl.* ~nau)

klagen *V.i.* achwynaf (*VN* achwyn) (über ar), cwynaf (*VN* cwyno) (**über** ar)

klar *Adj.* croyw (*Pl.* ~on)

Klaue *f.* crafanc *f.* (*Pl.* crafangau)

kleben *V.i.* glynaf (*VN* glynu)

Kleid *n.* gwisg *f.* (*Pl.* ~oedd)

Kleider *Pl.* dillad *Pl.*

klein *Adj.* bach, bychan (*f.* bechan, *Pl.* bychain)

klug *Adj.* call

Kneipe *f.* tafarn *f.* (*Pl.* ~au)

Knochen *m.* asgwrn *m.* (*Pl.* esgyrn)

König *m.* brenin *m.* (*Pl.* brenhinedd)

Königin *f.* brenhines *f.* (*Pl.* breninesau)

können *V.t.* gallaf (*VN* gallu), medraf (*VN* medru), dichonaf (*VN* dichon)

kommen *V.i.* deuaf (*VN* dyfod, dod)

konform gehen *V.i.* cydymffurfiaf (*VN* cydymffurfio) (**mit** â)

Kopf *m.* pen *m.* (*Pl.* ~nau)

Korb *m.* basged *f.* (*Pl.* ~i, ~au)

krank *Adj.* sâl (*Pl.* salion, seilion)

kratzen *V.t.* crafaf (*VN* crafu)

kritisieren *V.t.* beirniadaf *V.t.* (*VN* beirniadu)

krumm *Adj.* crwm (*f.* crom), cam

kühlen *V.t.* oeraf (*VN* oeri)

Kuh *f.* buwch *f.* (*Pl.* buchod)

kurz *Adj.* byr (*f.* ber, ~ion), cwta (*f.* cota)

L

lachen *V.i.* chwarddaf (*VN* chwerthin)

Laden *m.* siop *f.* (*Pl.* ~au)

lächeln *V.i.* gwenaf (*VN* gwenu)

Lächeln *n.* gwên *f.* (*Pl.* gwenau)

ländlich *Adj.* gwledig

Lampe *f.* golau *m.* (*Pl.* goleuadau)

Land *n.* gwlad *f.* (*Pl.* gwledydd)

Landwirt *m.* ffermwr *m.* (*Pl.* ffermwyr)

lang *Adj.* hir (*Pl.* ~ion)

lassen *V.t.* gadaf (*VN* gadael) (**jdn.** i)

Last *f.* baich *m.* (*Pl.* beichiau)

Lastwagen *m.* lorri *f.* (*Pl.* ~s, lorïau)
laufen *V.i.* rhedaf (*VN* rhedeg)
leben *V.i.* bywiaf (*VN* byw)
Leben *n.* bywyd *m.* (*Pl.* ~au)
lebhaft *Adj.* hoyw (*Pl.* ~on)
lecken *V.i./t.* llyfaf (*VN* llyfu)
leer *Adj.* gwag (*Pl.* gweigion)
leeren *V.t.* gwacâf *V.t.* (*VN* gwacáu)
legen *V.t.* gosodaf (*VN* gosod)
lehren *V.t.* dysgaf (*VN* dysgu)
Lehrer *m.* athro *m.* (*Pl.* athrawon)
Lehrerin *f.* athrawes *f.* (*Pl.* ~au)
leicht *Adj.* (= nicht schwierig) hawdd,
(= nicht schwer an Gewicht) ysgafn (*Pl.* ysgeifn)
leiden *V.i.* goddefaf (*VN* goddef)
leider *Adv.* ysywaeth
leidlich *Adj.* gweddol
leihen *V.t.* benthycaf (*VN* benthyg) (**von** gan)
lenken *V.t.* llywiaf (*VN* llywio)
lernen *V.t.* dysgaf (*VN* dysgu)
lesen Vt. darllenaf (*VN* darllen)
letzte(r) *Adj.* diwethaf, olaf
Lektion *f.* gwers *f.* (*Pl.* ~i, ~au ~oedd)
leugnen *V.t.* gwadaf (*VN* gwadu)
Leute *Pl.* pobl *f.*
Licht *n.* goleuni *m.*;
(= Lampe) golau *m.* (*Pl.* goleuadau)
Liebe *f.* cariad *m.* (*Pl.* ~au, ~on), serch *m.* (*Pl.* ~au) (**zu** at)
lieben *V.t.* caraf (*VN* caru)
Liebste(r) *m./f.* cariad *m.* (*Pl.* ~au, ~on)
Lied *n.* cân *f.* (*Pl.* caneuon);
(= geistliches Lied) emyn *m./f.* (*Pl.* ~au)
Literatur *f.* llên *f.* (*Pl.* llennau)
loben *V.t.* molaf (*VN* moli), canmolaf (*VN* canmol)
Löffel *m.* llwy *f.* (*Pl.* ~au)
Lunge *f.* ysgyfaint *Pl.*

M

machen *V.t.* gwnaf (*VN* gwneuthur, gwneud)
Mädchen *n.* merch *f.* (*Pl.* ~ed), hogen *f.* (*Pl.* ~nod)
männlich *Adj.* gwryw
mahlen *V.i./t.* malaf (*VN* malu)
Mai *m.* Mai
Mal *n.* gwaith *f.* (*Pl.* gweithiau)
manchmal *Adv.* weithiau
Mann *m.* gŵr *m.* (*Pl.* gwŷr), dyn *m.* (*Pl.* ~ion)
Mantel *m.* côt *f.* (*Pl.* cotiau)
Maßstab *m.* graddfa *f.* (*Pl.* graddfeydd, graddfâu)
Meer *n.* môr *m.* (*Pl.* moroedd)
Meile *f.* milltir *f./m.* (*Pl.* ~au, ~oedd)
mein(e) *Pron.* fy
meinen *V.i.* meddyliaf (*VN* meddwl)
Meinung *f.* barn *f.* (*Pl.* ~au)
Menaistraße, die *N.* Menai, y Fenai
Messer *n.* cyllell *f.* (*Pl.* cyllyll)
Minute *f.* munud *f./m.* (*Pl.* ~au)
mit *Präp.* â (ag), efo, gan, gyda
Mitglied *n.* aelod *m.* (*Pl.* ~au)
Mitleid *n.* tostur *m.*:
~ haben tosturiaf (*VN* tosturio) (**mit** wrth)
Mittagessen *n.* cinio *m./f.* (*Pl.* ciniawau)
mittlerweile *Adv.* erbyn hyn(ny)
mitunter *Adv.* ar adegau
mögen *V.t.* hoffaf (*VN* hoffi)
Mold *N.* yr Wyddgrug
Monat *m.* mis *m.* (*Pl.* ~oedd)
morgen *Adv.* yfory
Morgen *m.* bore *m.* (*Pl.* ~au)
mündlich *Adj.* llafar
müssen *V.i.* gorfyddaf (*VN* gorfod)
Mütze *f.* cap *m.* (*Pl.* ~au, ~iau)
Mutter *f.* mam *f.* (*Pl.* ~au)

N

Nachmittag *m.* prynhawn *m.* (*Pl.* ~au)
nach *Präp.* wedi, ar ôl
nachdenken *V.i.* myfyriaf (*VN* myfyrio) (**über** ar)
Nachfrage *f.* galw *m.*
Nacht *f.* nos *f.* (*Pl.* ~au):
jede ~ beunos
nackt *Adj.* llwm (*f.* llom)
Nähe *f.* agosrwydd *m.*:
in der ~ von gerllaw, ar gyfyl

nähern, sich *V.refl.* agosâf (*VN* agosáu), nesâf (*VN* nesáu) (**jdm.** at)

nahe *Adj.* agos (**bei** at)

Nahrung *f.* bwyd *m.*

Name *m.* enw *m.* (*Pl.* ~au)

Narr *m.* ffôl *m.* (*Pl.* ffolion):

einen ~en gefressen haben dotiaf (*VN* dotio) (**an** ar)

nass *Adj.* gwlyb

Nation *f.* cenedl *f.* (*Pl.* cenhedoedd)

neben *Präp.* wrth, ar bwys

Neffe *m.* nai *m.* (*Pl.* neiaint)

nehmen *V.t.* cymeraf (*VN* cymryd) (**von** gan)

neigen *V.i.* tueddaf (*VN* tueddu) (**zu** at)

neu *Adj.* newydd

Neuigkeiten *Pl.* newyddion

neun *Kard.* naw

Newtown *N.* y Drenewydd

nicht *Negationspartikel* ni(d), na(d)

nichts *Pron.* dim

nichtsdestoweniger *Adv.* fodd bynnag

niedrig *Adj.* isel

niemals *Adv.* byth, erioed

niemand *Pron.* neb

notwendig *Adj.* rhaid

Notwendigkeit *f.* angen *m.* (*Pl.* anghenion), rhaid *m.* (*Pl.* rheidiau)

nützen *V.i.* tyciaf (*VN* tycio)

Nuss *f.* cneuen *f.* (*Pl.* cnau)

O

oben *Adv.* uwchben, uwchlaw, (**in einem Text**) uchod:

~ auf ar ben

Oberfläche *f.* wyneb *m.* (*Pl.* ~au)

oberhalb *Präp.* uwchben, uwchlaw

Ochse *m.* ych *m.* (*Pl.* ychen)

oder *Konj.* neu

öffnen *V.t.* agoraf (*VN* agor)

öffnen, sich *V.refl.* agoraf (*VN* agor)

örtlich *Adj.* lleol

oft *Adv.* lawer gwaith

ohne *Präp.* heb

Ort *m.* man *f./m.* (*Pl.* ~nau)

P

Papier *n.* papur *m.* (*Pl.* ~au)

parken *V.i./t.* parciaf (*VN* parcio)

Parkplatz *m.* maes parcio

Partei *f.* plaid *f.* (*Pl.* pleidiau)

passieren *V.i.* digwyddaf (*VN* digwydd)

Person *f.* dyn *m.* (*Pl.* ~ion)

Pfad *m.* llwybr *m.* (*Pl.* ~au)

Pferd *n.* ceffyl *m.* (*Pl.* ~au)

Pflanze *f.* planhigyn *m.* (*Pl.* planhigion)

Pforte *f.* porth *m.* (*Pl.* pyrth)

Pfund *n.* punt *f.* (*Pl.* punnau, punnoedd)

Plan *m.* cynllun *m.* (*Pl.* ~iau)

politisch *Adj.* gwleidyddol

Position *f.* safle *m.* (*Pl.* ~oedd)

Prediger *m.* pregethwr *m.* (*Pl.* pregethwyr)

pressen *V.t.* gwasgaf (*VN* gwasgu)

Problem *n.* problem *f.* (*Pl.* ~au)

Professor *m.* athro *m.* (*Pl.* athrawon)

Prüfung *f.* arholiad *m.* (*Pl.* ~au)

Psalm *m.* salm *f.* (*Pl.* ~au)

Punkt *m.* pwnc *m.* (*Pl.* pynciau)

R

rächen *V.t.* dialaf (*VN* dial)

Rahmen *m.* ffrâm *f.* (*Pl.* fframau)

Rand *m.* ymyl *m.* (*Pl.* ~on, ~au)

rau *Adj.* garw (*Pl.* geirw, geirwon)

Raum *m.* ystafell *f.* (*Pl.* ~oedd)

rechtzeitig *Adv.* mewn pryd

Regen *m.* glaw *m.* (*Pl.* ~ogydd)

Region *f.* ardal *f.* (*Pl.* ~oedd)

reichen *V.t.* estynnaf (*VN* estyn) (**jdm.** i)

Reihe *f.* rhes *f.* (*Pl.* ~i)

rein *Adv.* pur

reinigen *V.t.* glanhaf (*VN* glanhau)

Reise *f.* taith *f.* (*Pl.* teithiau)

Resultat *n.* canlyniad *m.* (*Pl.* ~au)

retten *V.t.* achubaf (*VN* achub) (**vor** rhag)

richten *V.i./t.* barnaf (*VN* barnu)

richtig *Adj.* cywir

Riese *m.* cawr *m.* (*Pl.* cewri)

röten *V.t.* cochaf (*VN* cochi)

Rom *N.* Rhufain

Rose *f.* rhosyn *m.* (*Pl.* ~nau)

rot *Adj.* coch (*Pl.* ~ion)

Rücken *m.* cefn *m.* (*Pl.* ~au)

rühren *V.t.* syflaf (*VN* syflu)

rühren, sich *V.refl.* syflaf (*VN* syflu)

rufen *V.i./t.* galwaf (*VN* galw) (**jdn.** ar)

ruhig *Adj.* tawel

rund *Adj.* crwn (*f.* cron, *Pl.* crynion)

S

Säge *f.* llif *f.* (*Pl.* ~iau)

Säugling *m.* baban *m.* (*Pl.* ~od)

sagen *V.t.* dywedaf (*VN* dywedyd, dweud) (**jdm.** wrth)

St. David's *N.* Tyddewi

Saite *f.* tant *m.* (*Pl.* tannau)

sammeln *V.t.* casglaf (*VN* casglu), crynhoaf (*VN* crynhoi)

Samstag *m.* dydd Sadwrn

Satz *m.* brawddeg *f.* (*Pl.* ~au)

sauer *Adj.* sur (*Pl.* ~ion)

schaden *V.t.* niweidiaf (*VN* niweidio)

Schaf *n.* dafad *f.* (*Pl.* defaid)

Scham *f.* cywilydd *m.*

Schande *f.* cywilydd *m.*

Scheibe *f.* tafell *f.* (*Pl.* ~i, ~au)

schießen *V.i./t.* saethaf (*VN* saethu)

Schiff *n.* llong *f.* (*Pl.* ~au)

schlafen *V.i.* cysgaf (*VN* cysgu)

schlank *Adj.* main (*Pl.* meinion)

schlecht *Adj.* drwg

schlechtmachen *V.t.* lladdaf (*VN* lladd) (**jdn.** ar)

schließen *V.t.* caeaf (*VN* cau)

Schlüssel *m.* allwedd *f.* (*Pl.* ~i, ~au)

schmeicheln *V.i.* gwenieithiaf (*VN* gwenieithio) (**jdm.** i)

schmelzen *V.i./t.* toddaf (*VN* toddi)

Schmerz *m.* poen *m.* (*Pl.* ~au)

schmutzig *Adj.* brwnt (*f.* bront) (SW), budr (*Pl.* ~on)

Schnee *m.* eira *m.*

schnell *Adj.* cyflym

Schnitt *m.* toriad *m.* (*Pl.* ~au)

schnitzen *V.i./t.* naddaf (*VN* naddu)

schön *Adj.* braf, teg, tlws (*f.* tlos, *Pl.* tlysion), gwymp (*f.* gwemp)

Schöpfer *m.* crëwr *m.* (*Pl.* crewyr)

schon *Adv.* yn barod

Schotte *m.* Albanwr *m.* (*Pl.* Albanwyr)

Schottland *N.* yr Alban

Schrank *m.* cwpwrdd *m.* (*Pl.* cypyrddau)

schrecklich *Adj.* ofnadwy

schreiben *V.t.* ysgrifennaf (*VN* ysgrifennu) (**jdm.** at)

schreien *V.i.* gwaeddaf (*VN* gweiddi)

Schritt *m.* cam *m.* (*Pl.* ~au)

schützen *V.t.* diogelaf (*VN* diogelu), cysgodaf (*VN* cysgodi) (**vor** rhag)

Schuh *m.* esgid *f.* (*Pl.* ~iau)

Schuld *f.* dyled *m./f.* (*Pl.* ~ion):

die ~ geben beiaf (*VN* beio) (**jdm.** ar)

Schule *f.* ysgol *f.* (*Pl.* ~ion)

schwächen *V.t.* gwanhaf (*VN* gwanhau)

schwärzen *V.t.* duaf (*VN* duo)

schwarz *Adj.* du (*Pl.* ~on):

~ werden duaf (*VN* duo)

schweigen *V.i.* tawaf (*VN* tewi)

Schwein *n.* mochyn *m.* (*Pl.* moch)

schwer *Adj.* trwm (*f.* trom, *Pl.* trymion)

Schwester *f.* chwaer *f.* (*Pl.* chwiorydd)

schwierig *Adj.* anodd

schwimmen *V.i.* nofiaf (*VN* nofio)

schwören *V.i.* tyngaf (*VN* tyngu)

sechs *Kard.* chwech

See *m.* llyn *f./m.* (*Pl.* ~nau, ~noedd)

sehen *V.i./t.* gwelaf (*VN* gweld)

sehnen, sich *V.refl.* hiraethaf (*VN* hiraethu) (**nach** am)

Sehnsucht *f.* hiraeth *m.*

sehr *Adv.* iawn, tra

sein *V.i.* wyf (*VN* bod)

sein(e) *Pron. (3. Sg. m.)* ei

seit *Konj.* er pan

Seite *f.* (= Flanke) ochr *f.* (*Pl.* ~au), (eines Buch) tudalen *f./m.* (*Pl.* ~nau)

selbst *Pron.* hun(an)

selten *Adj.* anaml

senden *V.t.* anfonaf (*VN* anfon) (**jdm.** at)

sich *Pron.* hun(an)
Sicht *f.* golwg *m.*
sie *Pron.* (*3. Sg. f.*) hi,
(*3. Pl.*) nhw
sieben *Kard.* saith
siegen *V.i.* gorfyddaf (*VN* gorfod)
siehe (da) (Ausruf) wele
Silber *n.* arian *m.*
singen *V.i./t.* canaf (*VN* canu)
Singfestival *n.* cymanfa ganu
sitzen *V.i.* eisteddaf (*VN* eistedd)
Snowdon *N.* yr Wyddfa
so *Adv.* cyn, mor, felly
sofort *Adv.* ar unwaith
Software *f.* meddalwedd *f./m.*
Sohn *m.* mab *m.* (*Pl.* meibion)
solch(e, -r, -s) *Adj.* cyfryw
sollen *V.i.* dylaf (*VN* dylu)
Sommer *m.* haf *m.* (*Pl.* ~au)
Sonne *f.* haul *m.* (*Pl.* heuliau)
spät *Adj.* hwyr
sparen *V.i./t.* toliaf (*VN* tolio)
Spiel *n.* chwarae *m.* (*Pl.* ~on),
(= Partie) gêm *f.* (*Pl.* gemau)
spielen *V.i./t.* chwaraeaf (*VN* chwarae)
spitz *Adj.* llym (*f.* llem)
spotten *V.i.* gwawdiaf (*VN* gwawdio, gwawdian)
Sprache *f.* iaith *f.* (*Pl.* ieithoedd)
sprechen *V.i.* siaradaf (*VN* siarad) (**mit** â, **von** am)
Sprichwort *n.* dihareb *m.* (*Pl.* diarhebion)
springen *V.i.* neidiaf (*VN* neidio)
stärken *V.t.* cryfhaf (*VN* cryfhau)
Standpunkt *m.* safle *m.* (*Pl.* ~oedd)
stark *Adj.* cryf (*f.* cref)
stehen *V.i.* safaf (*VN* sefyll)
sterben *V.i.* marwaf (*VN* marw), darfyddaf (*VN* darfod)
Stein *m.* carreg *f.* (*Pl.* cerrig)
Stich *m.* pigiad *m.* (*Pl.* ~au)
im ~ lassen cefnaf (*VN* cefnu) (**jdn.** ar)
Stier *m.* tarw *m.* (*Pl.* teirw)
stören *V.i./t.* aflonyddaf (*VN* aflonyddu) (**jdn.** ar)
stolz *Adj.* balch (*Pl.* beilch, beilchion)
Strafe *f.* cosb *f.* (*Pl.* ~au)
Straße *f.* ffordd *f.* (*Pl.* ffyrdd)
Streik *m.* streic *m./f.* (*Pl.* ~iau)
streiten *V.i.* dadl(eu)af (*VN* dadlau) (**mit** â)
Strom *m.* (= Fluss) ffrwd *f.* (*Pl.* ffrydiau);
(= Elektrizität) trydan *m.*
studieren *V.i./t.* astudiaf *V.i./t.* (*VN* astudio)
Stuhl *m.* cadair *f.* (*Pl.* cadeiriau)
stumm *Adj.* mud (*Pl.* ~ion)
Stunde *f.* awr *f.* (*Pl.* oriau)
suchen *V.t.* edrychaf (*VN* edrych) am, chwiliaf (*VN* chwilio) am
süß *Adj.* melys
Supermarkt *m.* archfarchnad *f.* (*Pl.* ~au, ~oedd)

T

Tag *m.* dydd *m.* (*Pl.* ~iau), diwrnod *m.* (*Pl.* ~au):
jeden ~ beunydd
am folgenden ~ trannoeth
tapfer *Adj.* dewr (*Pl.* ~ion)
Tasche *f.* poced *f.* (*Pl.* ~au, ~i)
taub *Adj.* byddar (*Pl.* byddair)
Tausend *n.* mil *f.* (*Pl.* ~oedd)
Tee *m.* te *m.*
teilen *V.t.* rhannaf (*VN* rhannu)
teilnehmen *V.i.* cyfranogaf (*VN* cyfranogi) (**an** o)
Teller *m.* plât *m.* (*Pl.* ~au, ~iau)
tendieren *V.i.* gogwyddaf (*VN* gogwyddo) (**zu** at)
Themse, die *N.* Tafwys
Therapie *f.* therapi *m./f.* (*Pl.* therapïau)
tief *Adj.* dwfn (*f.* dofn, *Pl.* dyfnion)
Tier *n.* anifail *m.* (*Pl.* anifeiliaid), mil *m.* (*Pl.* ~od)
Tinte *f.* inc *m.* (*Pl.* ~iau)
Tisch *m.* bord *f.* (*Pl.* ~au)
Tochter *f.* merch *f.* (*Pl.* ~ed)
töten *V.t.* lladdaf (*VN* lladd)
Tonleiter *f.* graddfa *f.* (*Pl.* graddfeydd, graddfâu)
Tor *n.* giât *f.* (*Pl.* giatiau)
tot *Adj.* marw (*Pl.* meirw, meirwon)
Träne *f.* deigryn *m.* (*Pl.* dagrau)
tragen *V.t.* cariaf (*VN* cario)
trampeln *V.i.* sathraf (*VN* sathru)
traurig *Adj.* trist
treffen *V.t.* cyfarfyddaf (*VN* cyfarfod)

treffen, sich *V.refl.* cyfarfyddaf (*VN* cyfarfod) (**mit** â)

trinken *V.t.* yfaf (*VN* yfed)

trocken *Adj.* sych (*f.* sech), hysb (*f.* hesb)

trocknen *V.i./t.* sychaf (*VN* sychu)

Tropfen *m.* diferyn *m.* (*Pl.*diferion)

tropfend *Adj.* diferol

trotz *Präp.* er, er gwaethaf

trotzdem *Adv.* serch hynny, er hynny

Tür *m.* drws *m.* (*Pl.* drysau)

tun *V.t.* gwnaf (*VN* gwneuthur, gwneud)

U

über *Präp.* am, tros, dros, uwchben, uwchlaw, ar draws

überholen *V.t.* goddiweddaf (*VN* goddiweddyd)

überzeugen *V.t.* argyhoeddiaf (*VN* argyhoeddi)

Ufer *n.* glan *f.* (*Pl.* ~nau)

um *Präp.* am:

~ … herum o gwmpas, o amgylch

Umfrage *f.* arolwg *m.* (*Pl.* arolygon)

und *Konj.* a(c)

Unfall *m.* damwain *f.* (*Pl.* damweiniau)

ungeschickt *Adj.* trwsgl (*f.* trosgl)

unglücklicherweise *Adv.* yn anffodus

unrichtig *Adj.* anghywir

unten *Adv.* isod

unter *Präp.* (= unterhalb von) tan, dan,

(= zwischen) ymhlith

Unterbrechung *f.* toriad *m.* (*Pl.* ~au)

unterhalten, sich *V.refl.* ymddiddanaf (*VN* ymddiddan)

unterstützen *V.t.* cefnogaf *V.t.* (*VN* cefnogi)

unterwegs *Adv.* ar gerdded

Ursache *f.* achos *m./f.* (*Pl.* ~ion)

Urteil *n.* brawd *f.* (*Pl.* ~au, brodiau)

urteilen *V.i.* barnaf (*VN* barnu)

V

Vater *m.* tad *m.* (*Pl.* ~au)

verachten *V.t.* dirmygaf (*VN* dirmygu)

verbürgen, sich *V.refl.* mechnïaf (*VN* mechnïo) (**für** dros)

verdienen *V.t.* enillaf (*VN* ennill)

vergeben *V.t.* maddeuaf (*VN* maddau) (**jdm.** i)

vergebens *Adv.* yn ofer

vergessen *V.t.* anghofiaf (*VN* anghofio) (**etw.** am)

Vergnügen *n.* pleser *m.* (*Pl.* ~au)

verkaufen *V.t.* gwerthaf (*VN* gwerthu):

zu ~ ar werth

verlieren *V.t.* collaf *V.t.* (*VN* colli):

verloren ar goll

vermuten *V.i.* tyb(i)af (*VN* tybied, tybio)

Vernunft *f.* rheswm *m.*

verrückt *Adj.* ffôl:

~ sein ffoliaf (*VN* ffoli) (**nach** ar)

versagen *V.i.* methaf (*VN* methu) (**bei** â)

Versammlung *f.* cyfarfod *m.* (*Pl.* ~ydd)

verschließen *V.t.* clo(a)f (*VN* cloi)

verschlingen *V.t.* llyncaf (*VN* llyncu)

Versehen *n.* damwain *m./f.* (*Pl.* damweiniau):

aus ~ ar ddamwain

versinken *V.i.* soddaf (*VN* soddi)

verspotten *V.t.* gwawdiaf (*VN* gwawdio, gwawdian)

versprechen *V.t.* addawaf (*VN* addo) (**jdm.** i)

Verstand *m.* pwyll *m.*

verstecken, sich *V.refl.* ymguddiaf (*VN* ymguddio) (**vor** rhag)

verstehen *V.t.* deallaf (*VN* deall)

Versuch *m.* cais *m.* (*Pl.* ceisiadau, ceisiau)

versuchen *V.t.* ceisiaf (*VN* ceisio)

verteidigen *V.t.* amddiffynnaf (*VN* amddiffyn) (**gegen** rhag)

verursachen *V.t.* paraf (*VN* peri)

verweigern *V.i./t.* gomeddaf (*VN* gomedd)

viel(e, -es) *Pron.* llawer

vielleicht *Adv.* efallai

vielversprechend *Adj.* addawol

vierte(r) pedwerydd (*f.* pedwaredd)

Vogel *m.* aderyn *m.* (*Pl.* adar)

Volk *n.* (= Nation) cenedl *f.* (*Pl.* cenhedloedd),

(= Leute) pobl *f.* (*Pl.* ~oedd), gwerin *f.* (*Pl.* ~oedd)

vollständig *Adj.* llwyr

von *Präp.* o, oddi wrth

vor *Präp.* cyn, rhag, o flaen, gerbron

vorankommen *V.i.* gwneud cynnydd

vorbei *Adv.* heibio

vorbereiten *V.t.* paratoaf (*VN* paratoi), darparaf (*VN* darparu)

vorgeben *V.t.* cymeraf (*VN* cymryd) ar

vorgestern *Adv.* echdoe:

~ Abend echnos

Vorhang *m.* llen *f.* (*Pl.* ~ni, ~nau)

vorsehen, sich *V.refl.* gwyliaf (*VN* gwylio) (**vor** rhag)

vorsichtig *Adj.* gofalus

vorüber *Adv.* heibio

W

während I. *Präp.* yn ystod;

II. *Konj.* tra

wagen *V.i./t.* beiddiaf (*VN* beiddio)

wahr(-heitsgemäß) *Adj.* gwir

Wahrheit *f.* gwir *m.*

Wales *N.* Cymru

Waliser *m.* Cymro *m.* (*Pl.* Cymry)

Waliserin *f.* Cymraes *f.* (*Pl.* ~au)

Walisisch *n.* (Sprache) Cymraeg *m./f.*

walisisch *Adj.* (= walisischsprachig) Cymraeg;

(= auf Wales bezogen) Cymreig

Wange *f.* grudd *f./m.* (*Pl.* ~iau)

warten *V.i.* arhosaf (*VN* aros)

warum *Pron.* pa(ha)m

was *Pron.* beth:

~ auch immer beth bynnag

Wasser *n.* dŵr *m.* (*Pl.* dyfroedd)

Weg *m.* ffordd *f.* (*Pl.* ffyrdd)

wegen *Präp.* o achos, er

weiblich *Adj.* benyw

Weihnachten Nadolig *m./f.*

weil *Konj.* am, gan, o achos, oblegid, oherwydd

Wein *m.* gwin *m.* (*Pl.* ~au, ~oedd)

weinen *V.i.* wylaf (*VN* wylo) (**um** dros)

weise *Adj.* doeth (*Pl.* ~ion), call

weiß *Adj.* gwyn (*f.* gwen, *Pl.* ~ion)

weit *Adv.* ymhell

welche(r, -s) *Pron.* pa:

~ Art pa fath

Welle *f.* ton *f.* (*Pl.* ~nau)

Welshpool *N.* y Trallwng

wenden *V.i./t.* tro(a)f (*VN* troi)

wenn *Konj.* (= dann, wenn) pan, pryd, erbyn;

(= falls) os

wer *Pron.* pwy:

~ auch immer pwy bynnag

werfen *V.t.* taflaf (*VN* taflu)

Werkzeug *m.* teclyn *m.* (*Pl.* taclau)

Wetter *n.* tywydd *m.*

wichtig *Adj.* pwysig

Widerstand *m.* gwrthwynebiad *m.* (*Pl.* ~au)

wie *Konj.* fel (ag), megis (ag)

wieder *Adv.* drachefn

wiederherstellen *V.t.* adferaf (*VN* adfer)

Wiese *f.* dôl *f.* (*Pl.* dolydd)

wie viel(e) *Pron.* faint; sawl

wild *Adj.* gwyllt (*Pl.* ~ion)

wir *Pron.* ni

wissen *V.t.* gwn (*VN* gwybod) (**von** am)

Wissen *n.* gwybodaeth *f.* (*Pl.* ~au)

wo *Pron.* ble

Woche *f.* wythnos *f.* (*Pl.* ~au)

woher *Pron.* o ble

wohin *Pron.* i ble

wohl *Adv.* yn dda:

~ oder übel er gwell, er gwaeth

Wolke *f.* cwmwl *m.* (*Pl.* cymylau)

Wolle *f.* gwlân *m.* (*Pl.* gwlanau)

wollen *V.t.* mynnaf (*VN* mynnu), wyf (*VN* bod) am

würdig *Adj.* teilwng

wunderbar *Adj.* rhyfeddol

Z

zahlreich *Adj.* aml

Zahn *m.* dant *m.* (*Pl.* dannedd)

Zahnschmerzen *Pl.* dannoedd *f.*

zehn *Kard.* deg

zeigen *V.t.* dangosaf (*VN* dangos) (**jdm.** i)

Zeit *f.* amser *m./f.* (*Pl.* ~au, ~oedd), pryd *m.* (*Pl.* ~au):

von ~ zu ~ o bryd i'w gilydd

Zeitalter *n.* oes *f.* (*Pl.* ~au, ~oedd)

Zeitraum *m.* adeg *f.* (*Pl.* ~au)

Zeitung *f.* papur newydd(ion)
Zelle *f.* cell *f.* (*Pl.* ~au, ~i)
zerbrechen *V.i./t.* torraf (*VN* torri)
zerbrechlich *Adj.* brau (*Pl.* breuon)
zerstreuen *V.t.* chwalaf (*VN* chwalu)
zertrampeln *V.t.* sathraf (*VN* sathru)
ziehen *V.t.* tynnaf (*VN* tynnu)
zielen *V.i.* anelaf (*VN* anelu) (**auf** at)
ziemlich *Adv.* digon, go, gweddol, pur
Zimmer *n.* ystafell *f.* (*Pl.* ~oedd)
zu *Präp.* i
zu *Adv.* (= allzu) rhy
zubereiten *V.t.* darparaf (*VN* darparu)
zürnen *V.i.* digiaf (*VN* digio) (**jdm.** wrth)
zufällig *Adv.* ar ddamwain, ar hap
Zufall *m.* cyd-ddigwyddiad *m.* (*Pl.* ~au), damwain *f.* (*Pl.* damweiniau)
zufolge *Präp.* yn ôl
Zug *m.* trên *m.* (*Pl.* trenau)
zugeneigt *Adj.* hoff (**jdm./einer Sache** o)
zugunsten *Präp.* er lles, er budd
zuhören *V.i.* gwrandawaf (*VN* gwrando) (**jdm.** ar)
Zukunft *f.* dyfodol *m.*
Zunge *f.* tafod *m.* (*Pl.* ~au)
zurück *Adv.* yn ôl
zurückgeben *V.t.* rhoddaf, rhof (*VN* rhoi) yn ôl, dychwelaf (*VN* dychwelyd)
zurückkehren *V.i.* dychwelaf (*VN* dychwelyd)
zusammen *Adv.* ynghyd:
~ mit ynghyd â
Zusammenkunft *f.* cymanfa *f.* (~oedd, cymanfeydd)
zustimmen *V.i.* cytunaf (*VN* cytuno) (**jdm.** â), cydwelaf (*VN* cydweld) (**jdm.** â)
zuvor *Adv.* o'r blaen
zuwenden, sich *V.refl.* troaf (*VN* troi) (**jdm.** at)
zwanzig *Kard.* ugain
zwanzigste(r) *Ord.* ugeinfed
Zweck *m.* amcan *m.* (*Pl.* ~ion)
zwei *Kard.* dau (*f.* dwy)
Zweifel *m.* amheuaeth *f.* (*Pl.* ameuaethau)
Zweig *m.* cangen *f.* (*Pl.* canghennau)
zwischen *Präp.* rhwng,
(= unter) ymhlith
zwölf *Kard.* deuddeg

Stichwortregister

Das Stichwortregister enthält die wichtigsten Stellen zu einem Grammatikthema sowie einige walisische Wörter, die für die Grammatik von besonderer Bedeutung sind, darunter auch die unregelmäßigen Verben. Wenn sich die betreffenden Erläuterungen über mehrere Seiten erstrecken, ist jeweils nur die erste Seite angeführt.